DER BUG

Constantin Gillies

DER BUG

CSW Edition Digitalkultur

Bibliografische Information Der Deutschen Bibliothek
Die Deutsche Bibliothek verzeichnet diese Publikation
in der Deutschen Nationalbibliografie;
detaillierte bibliografische Daten sind im Internet
unter http://dnb.ddb.de abrufbar

2. Auflage, August 2010

Weidenstraße 13/1, 71364 Winnenden
www.csw-verlag.de

Lektorat Ulrike Floßdorf
Umschlaggestaltung und Satz redtrump.weimar, Weimar
Bilder Lynn Conway, Flylogic, Michael Huth, Fred Huettig, Lajos Kintli,
Matthias Schäfer
Druck und Bindung Druckhaus Köthen, Köthen
Schriften Thesis von LucasFonts, Adore 64 und Cosmic Alien von Freaky Fonts,
Times New Roman von Microsoft, FG Nando von Font Garden

ISBN 978-3-941287-47-1

Printed in Germany

»Durch die Verschiebung der Chip-Produktion ins Ausland [...] entsteht die Möglichkeit, nicht-autorisierte Merkmale in integrierte Schaltkreise einzuschleusen. Mithilfe subtiler Verschiebungen im Layout etwa ließe sich die Lebensdauer von Komponenten drastisch verkürzen.«

aus dem Bericht »High Performance Microchip Supply«
(Februar 2005), verfasst vom Defense Science Board,
einem Komitee, das den US-Verteidigungsminister berät

$004B Wir müssen weiter, Alter, wir müssen weiter.

Nur noch eine Meile, dann haben wir ihn endlich abgehängt und es geht nach Hause. Nach Hause!

Doch der Beifahrer will nicht mehr.

Er liegt auf dem Boden und zittert.

Willst du, dass sie uns fertigmachen, wie Irving?

Was sagst du?

Pass auf: Ich helf dir, und dann geben wir nochmal richtig Gas. Denk doch an Sabina, die braucht dich, gerade jetzt.

Und ich kann doch hier nicht ohne dich weitermachen, Alter. Geht nicht, wer erzählt mir denn dann was vom 6502-Prozessor?

Komm schon, nur ein kleines Grinsen.

Du weißt doch, dass ich das alleine nicht schaffe.

Bin halt nicht wie du, keiner, der richtig was kann.

Richtig was können, das wollte ich auch immer, weißt du?

$0000 Es ist genau halb zehn, als wir aus dem Bahnhof kommen. Wir knöpfen die Sakkos zu und schlängeln uns zwischen den Taxis auf den Vorplatz durch. Auf einmal hört der Schatten auf, und mit ihm der Winter: Die Sonne grillt von oben so freundlich runter wie seit Monaten nicht mehr; im Nacken fühlt es sich fast so warm an, als würde man unter einem Heizstrahler im Biergarten sitzen. Noch ist alles neu und ungewohnt, die Leute laufen langsam, als müssten sie sich nach einem langen Winterschlaf erst mal aufwärmen.

Der Vorplatz ist so leergefegt wie eine Dorfstraße am Sonntagvormittag, wenn der Fußballverein auswärts spielt. Wir bleiben kurz stehen und lassen eine Straßenbahn vorbeirattern. Es ist eines dieser alten, taxigelb lackierten Modelle mit runden Scheinwerfern. Der Himmel über der Oberleitung strahlt mit dem Schöller-Fähnchen um die Wette, das der Kiosk in der Mitte des Platzes rausgehängt hat. Der Besitzer, ein alter Mann mit Schiebermütze, hockt zufrieden hinter seinem Fensterchen und wartet darauf, dass die Schüler große Pause haben.

Alles sieht danach aus, als könnte es dieser magische erste Frühlingstag werden, an dem alle Leute wie irrsinnig Weizen in sich hineinschütten, mit Baseballkappe und voll aufgedrehter Sitzheizung Cabrio fahren oder auf der Straße tanzen, zumindest wenn Kevin Bacon in der Szene mitspielt. Einfach nur weil es wieder geht. Es ist der perfekte Tag, um sich zu verlieben, den zweiten Knopf oben am Hemd aufzumachen oder auf der Straße Jack Johnson zu hören.

Wir werden ihn damit verbringen, in einem abgedunkelten fensterlosen Raum zu sitzen und alten Männern dabei zuzuhören, wie sie über Computer schwadronieren, was zumindest nach Nicks Definition ein perfekter Tag ist. Denn für ihn existiert so was wie Wetter gar nicht. Schlimmer noch: Er sitzt *gerne* bei so einem Kaiserwetter drinnen – und das nervt irrsinnig.

Deshalb mache ich ein paar Sachen, von denen ich weiß, dass sie *ihn* irrsinnig nerven, zum Beispiel beim ersten Sonnenkontakt das Jackett ausziehen und die Hemdsärmel hochkrempeln. Der Beifahrer schluckt den Köder und schaut missbilligend rüber, sofern sich das durch seine dunkle, mittlerweile völlig unmodische Oakley-Sonnenbrille erkennen lässt. So, als wollte er sagen: »Aha, der Herr macht auf *Casual Friday*!« Als Retourkutsche zupft er demonstrativ seine Manschetten unten aus dem Sakkoärmel raus und macht gleichzeitig mit seinem Kinn eine völlig alberne Bewegung, die wohl den Hemdkragen justieren soll.

Er ist so verdammt glücklich darüber, jetzt auch endlich »Business-Zeugs«, wie er sagt, anziehen zu dürfen. Deshalb kann man ihm seine neue Liebe zur Korrektheit nicht wirklich übel nehmen.

Und korrekt sieht er heute wirklich mal wieder aus, einfach vorbildlich, der Beifahrer: Sein hellblaues Button-down-Hemd knarrt vor lauter Sprühstärke und steht oben genau einen Knopf auf – so wie bei allen in der Firma. Kein Härchen verschandelt den dunkelgrauen Flanellanzug, und sogar die Absätze seiner Schuhe glänzen, als hätte er sie stundenlang poliert, was er sicher auch getan hat. Es ist halt wie in der Kirche: Je später die Leute eintreten, desto genauer nehmen sie die ganze Sache. Das T-Shirt mit dem Pinguin Tux vorne drauf hat Nick vorletztes Jahr, nachdem er den Anzug-Äquator überschreiten durfte, wahrscheinlich rituell verbrannt.

Doch eigentlich ist der Tag zu schade für Zickereien, also lasse ich die Kleidungsfrage auf sich beruhen. »Cause everybody knows it's spring again.« Jawohl, Herr BizMarkie, der Frühling kommt, und damit leider auch die Legacy Systems Conference, in der Branche LegaSys abgekürzt – eine Messe mitten im alten Europa, für alte Menschen, die sich mit alten Rechnern beschäftigen und die Zukunft lieber anderen überlassen.

Ein sehr lästiger Pflichttermin, zumal bei dem Wetter. Also ist Zeitspiel angesagt. Immer schön links und rechts gucken, bevor man über die Straßenbahnschienen geht – könnte ja ein Kind in der Nähe sein! Kurz anhalten, Rechnertasche abstellen, Tragehand wechseln, weiterlaufen. Am Kiosk extra langsam vorbeilaufen und die Eiskarte scannen.

Ich schubse Nick an. »Guck mal, *Ed von Schleck* gibt's immer noch, lustig.«

Der Feind von Tageslicht und Sonne schubst genervt zurück.

»Mach mal hin. Ey, ich will echt nicht wieder den Anfang verpassen.«

Dabei ist der Weg vom Bahnhof zur LegaSys das Beste an dem Trip. Man muss nämlich auf dem Weg ins Messezentrum durch den Zoo, oder, besser gesagt, über den Zoo, denn über das Gelände des Tierparks spannt sich in großem Bogen eine Fußgängerbrücke. Wenn man ganz oben angekommen ist, riecht es da immer so herrlich nach einer Mischung aus Fritten und Elefantendung, nach einem warmen Kinder-Tag, nach einem Tag wie heute.

Auf dem Kanal, der sich unter der Brücke durchschlängelt, gleiten ein paar Tretboote vorbei. Ich halte an und schaue runter – noch eine berechnete Provokation.

»Was ist denn jetzt?«, drängelt Nick.

Ich lehne mich ans Geländer und stelle den Rechner ab.

»Mann, wir haben doch noch ewig Zeit!«

Erst tut Nick so, als wolle er weiterlaufen, postiert sich dann aber doch neben mir. Das nächste Boot zuckelt vorbei. Man sieht dem hellblauen Fiberglaskörper an, dass er heute nach einer langen Winterpause zum ersten Mal wieder raus darf. Die makellose orangefarbene Haube glänzt im Licht des frühen Vormittags, und da, wo das Wasser an den weißen Bootsrand schlägt, zieht sich noch keine grüne Algenlinie entlang.

Mutter und Tochter sitzen im Boot. Das Mädchen, vielleicht fünfundzwanzig, trägt ein lila Top, Jeans und – leicht optimistisch – Flipflops. Sie lümmelt in ihrem Sitz und tut so, als würde sie ihre Füße bewegen. In Wirklichkeit konzentriert sie sich total darauf, ihr Gesicht, das zu 95 Prozent von einer Sonnenbrille bedeckt ist, auf die Sonnenstrahlen auszurichten, die durch die kahlen Bäume am Ufer funzeln. Dabei lächelt sie ununterbrochen. Sieht immer ein bisschen nach »The Day After« aus, dieses Sonnen, bevor das erste Laub da ist.

Ihre Mutter, grauhaarig und mit einer deutlich kleineren Sonnenbrille, ist das, was man wohl »rüstig« nennt. Sie tritt so energisch in die Pedale, wie es ihre Escada-Rüstung zulässt, und bewegt dazu ununterbrochen ihre pfirsichfarbenen faltigen Lippen. Verstehen kann man nichts von dem, was sie sagt, aber wahrscheinlich geht es in die Richtung von »Wenn die Blätter so hellgrün sind, das ist doch das Schönste«.

Und sie hat Recht. War das letztes Jahr? Oder vorletztes? Jedenfalls gab es da diesen Tag, diesen Moment, von dem einem die Eltern früher immer erzählt hatten und von dem man annahm, dass er im eigenen Leben niemals kommen würde. Und dann kommt er doch, und zum ersten Mal bemerkt man, wie die Welt jenseits der Eingabezeile eigentlich ausschaut. Dass die Blätter im Frühling eben echt hellgrün sind und ganz anders aussehen als im Sommer. Überhaupt, dass es Jahreszeiten gibt, die Zeit vergeht und eigentlich schon lange Halbzeit ist – rein statistisch.

Auf einmal nimmst du diese alten Häuser wahr – genau wie die hier neben dem Tierpark; ihre Fassaden haben solche Einkerbungen, und die Balkons sind verschnörkelt wie der Rand eines Lebkuchenherzens. Natürlich hast du auch vorher gesehen, dass da alte Häuser sind. Aber jetzt guckst du sie dir echt an. Und sie sind wirklich schön. Was geht denn jetzt ab? Erschrocken über die unverhoffte Softness bläst du am Bildschirm fünf Stunden hintereinander Zombies die Hirne raus, doch es hilft nichts: Wenn du aus dem Fenster siehst, sind die schönen alten Häuser trotzdem noch da.

Ob Nick sie auch bemerkt hat? Eher nicht, Frühlings- oder Herbstgefühle sind nicht so sein Ding. Nachdem er ungefähr zwanzig Sekunden in den Kanal gestarrt hat, beschließt er, dass es Zeit ist, sich wieder den wirklich wichtigen Dingen zu widmen – und bei ihm bedeutet das: den gleichen Themen, über die wir schon auf dem Schulhof vor fünfundzwanzig Jahren gesprochen haben. Er fängt an, aus dem Brotkästchen zu plaudern – ein Gesprächsthema, das kaum weniger zur Stimmung passen könnte.

»Also ich hab nochmal überlegt: Es gibt keinen Todes-Poke. Das ist Stuss«, legt er los.

Ich brauche ein paar Sekunden, um in den Retro-Modus umzuschalten, und halte erst mal ein bisschen dagegen.

»Aber sicher – wir haben's doch selbst ausprobiert!«

$0001 Fünfundachtzig muss das gewesen sein. Unter den Geeks in der Schule ging damals das Gerücht rum, man könne den Commodore 64 durch ein einfaches Poke-Kommando zerstören, und zwar endgültig.

War natürlich völliger Schwachsinn, schließlich schreibt der Befehl Poke nur eine Zahl in den Speicher. Eine reine Software-Operation, als ob man bei einem Digitalwecker die Alarmzeit eingibt. Dabei kann nichts ernsthaft kaputtgehen.

Die Legende hielt sich trotzdem hartnäckig. Ganz sicher, die geheimnisvolle Zahlenkombination sollte den Brotkasten nicht nur zum Absturz bringen, sondern den Rechner richtiggehend zerstören. Irgendein Chip würde dann durchbrutzeln, munkelte man in der Geek-Ecke des Pausenhofs, die direkt neben dem gefürchteten Eingang zum Büro des Direx lag. Gefürchtet war er natürlich nur von den anderen Schülern, denn wir, die Harmlosen, wurden noch nie wegen einer eingeschlagenen Scheibe oder Nase dort hinzitiert. Dafür waren wir viel zu sehr mit Theorien beschäftigt, wie der vom Todes-Poke. Eine sehr gewagte Theorie, selbst für Dreizehnjährige.

Klar, dass man sie trotzdem testen musste. Klar auch, dass dafür der eigene Rechner, ein Hightech-Produkt im Wert von immerhin 500 Mark, nicht infrage kam. Also war mal wieder ein Besuch bei Herrn Betz fällig.

Herr Betz war Verkäufer bei Hertie, ein leicht untersetzter Mann mit schütterem Haar in den Dreißigern. Er hatte sowohl meinen als auch Nicks Eltern den C64 aufgeschwatzt, und er war es auch, der uns mit dem passenden Einsteigersortiment an Spielen versorgt hatte. Alles Raubkopien natürlich. Heute unvorstellbar: Jedem Kunden, der ein Gerät samt Datasette kaufte, legte er einen Stapel selbst aufgenommener Agfa-Kassetten mit schwarz kopierter Software bei.

»Immer erst die *ch*ier mit Turbo-Tape laden. Dann statt LOAD nur <-L ein*gäh*ben. Geht schneller.« So unschuldig erklärte er den Eltern, wie man das Urheberrecht bricht. In seinem breiten Akzent klangt jedes »h« wie das »ch« in »Rachen«, und genau da kam der Sound auch her. Herr Betz sei wohl »von drüben«, vermutete mein Vater, wobei mir nicht ganz klar war, was er mit »drüben« eigentlich meinte. Irgendwo hinter dem Eisernen Vorhang halt.

Jedenfalls hatte Betz im Westen schnell gelernt, was Kapitalismus bedeutet und wie man Käufer dazu bringt, wiederzukommen. Er wusste: Seine kleinen Kunden, die er mit *Beachhead*, *Blue Max* und *Boulder Dash* angefixt hatte, würden ihm lange die Treue halten.

Und seine Rechnung ging auf. Fast zwei Jahre lang kamen wir immer wieder in Betz' Reich zurück, eine kleine, nach Teenieschweiß miefende Ecke in der dritten Etage der Hertie-Filiale am Markt. Schräg links hinter den Stereoanlagen lag das Paradies. Da schauten wir dann vorbei, um den anderen Geeks beim Zocken zuzuschauen – schweigend natürlich, denn für uns Dorfdeppen war es undenkbar, mit den Jungs aus der Stadt einfach so zu reden.

Wir mochten Betz. Und deshalb fühlten wir uns besonders mies, als wir an diesem Nachmittag die Rolltreppe in den dritten Stock nahmen – schließlich wollten wir ja einen seiner geliebten Rechner kaputt machen. Einfach so. Beißt man in die Hand, die einen füttert?

Doch der Aufriss, um in die Stadt zu kommen, war zu groß gewesen, um jetzt noch einen Rückzieher zu machen. Eine Dreiviertelstunde im heißen Bus von unserer Trabantenhölle in die City zuckeln, zwei Mark fürs Ticket zahlen – die Schülerkarte galt so weit weg von zuhause nicht mehr. Die Pomadewolke des Fahrers mit Porschebrille ertragen – und sein »Flippers«-Tape. Außerdem den anderen Jungs absagen, die an diesem Nachmittag versuchen wollten, in »Rambo II« reinzukommen.

Für solche Zerstreuungen hatten *wir* keine Zeit. Wir waren schließlich Wissenschaftler – Wissenschaftler mit einer Mission, die ein wichtiges Experiment durchführen mussten. Wissenschaftler, die ohnehin niemals ins Kino reingelassen worden wären, da der Film ab achtzehn war.

So langsam wie möglich, ohne dass man vor dem anderen als Feigling dasteht, pirschten wir uns also an die Computer-Ecke ran.

»*Ch*allo Jungs!«, begrüßte uns Betz, der gottseidank gerade damit beschäftigt war, einer aus unserer damaligen Sicht steinalten Mutter – wahrscheinlich war sie jünger als wir heute – den Brotkasten schmackhaft zu machen.

»Ja, hallo«, hauchten wir im Chor.

Nachdem sich Betz umgedreht hatte, schlichen wir zum erstbesten C64. Nick schaltete die Kiste an, wartete, bis das hellblaue READY erschien – und legte los. Blitzschnell hackte er den Befehl rein.

POKE 59458,62 – am Speicherplatz 59458 den Wert 62 hinterlegen.

Oder so ähnlich. Wie die Zahlenfolge genau ging, könnte Nick noch heute mit 100-prozentiger Sicherheit sagen, aber ihn jetzt zu fragen wäre ein Zeichen der Schwäche – und außerdem der Beginn einer halbstündigen Belehrung aus seinem unerschöpflichen Wissensreservoir.

Mit einem lauten Klack drückte Nick die RETURN-Taste runter. Der Moment der Wahrheit war gekommen. Hatten wir die Kiste echt gekillt?

Zumindest gelähmt: Der Cursor fror sofort ein, keine weitere Eingabe war möglich, egal, auf welche Taste wir hämmerten. Abgestürzt war der Rechner also auf jeden Fall. Jetzt ging es um die Wurst: Hatte der Befehl tatsächlich die Hardware zerstört? Dann hätte der Rechner auch nach einem Reset nicht mehr funktionieren dürfen, also wenn man ihn einmal aus- und wieder angeschaltet hat. Ein schneller Blick nach hinten, ein schneller Blick zur Seite. Betz stand immer noch mit dem Rücken zu uns; hinten auf seinem Hawaiihemd schien das 3K-Logo durch, Edith Kumar, ihre Shirts musste man damals einfach haben.

Nick drückte den Netzschalter einmal kurz runter und gleich wieder hoch. Der Bildschirm wurde schwarz ... und er blieb schwarz! Der Cevi wachte nicht mehr auf. Wir hatten ihn getötet.

Jetzt bloß nicht rumschreien oder sonst wie auffallen! Langsam, und ohne ein weiteres Wort zu verlieren, schlichen wir uns aus der Computerecke. Zur Rolltreppe, durch den Haupteingang – und dann nur noch rennen, rennen, rennen. Sicher ist sicher. Erst als wir wieder am Busbahnhof waren, gönnten wir uns eine Pause und fielen keuchend auf die Wartebank.

Nick erinnert sich noch an jede Einzelheit jenes Tages.

»Ja ja, ich weiß noch, die Sache bei Betz. Wahrscheinlich hab ich die Kiste damals einfach zu schnell wieder angeschaltet«, sagt er und nimmt seine Rechnertasche hoch. Das ist das Signal zum Aufbruch.

Ohne mich zu fragen, marschiert er los. Ich stehe noch eine Sekunde am Geländer rum und eise mich dann auch los. Vielleicht lässt er sich ja mit einer Zwischenfrage ausbremsen?

»Wer weiß. Möglich, dass der Todes-Poke doch gewirkt hat ...«

Nick legt die Stirn in Falten. Er liebt diese Art von Meinungsaustausch einfach: Ich komme mit meiner Meinung – und gehe mit seiner Meinung. Deshalb lässt er die Sache nicht auf sich beruhen: »Beim Commodore PET ...«

»Die Kisten mit eingebautem Monitor, die im Physiksaal standen und dann irgendwann abgeräumt wurden, um Platz für den Apple II zu machen?«, unterbreche ich ihn.

Der Beifahrer schaut etwas genervt, akzeptiert den Zwischenruf dann doch, weil er mit der von ihm so geliebten Vergangenheit zu tun hat. »Genau. Ob es jetzt genau *das* Modell war, bin ich mir nicht sicher ...«

Wie jetzt, *nicht sicher*? Nickybaby, ich bin enttäuscht. Du wirst alt.

Er spürt, dass die Begeisterung seines Publikums nachlässt, und legt technisches Bonusmaterial drauf, um seinen Ruf als Lexikon zu retten.

»... also beim PET gab es jedenfalls so einen Todes-Befehl, *Fast Print Poke* genannt. Wenn man den eingab, drehte der Videochip durch und die analoge Elektronik im Monitor brannte durch.«

Ich bin nicht überzeugt: »Einspruch. Also meine Definition von einem Killer Poke ist, dass ein reiner Software-Befehl die digitale Hardware zerstört, nicht irgendwelche analoge Peripherie. Wenn du einen Röhrenfernseher hundertmal pro Minute umschaltest, brennt der ja auch irgendwann durch.«

Holla, jetzt geht die Fahrt natürlich richtig los. Die Ehre des Beifahrers, eines Menschen mit abgebrochenem Informatik-Studium, steht auf dem Spiel. Aus dem Stand startet Nick eine Gardinenpredigt, die sich gewaschen hat: Seine Stimme überschlägt sich, die Adern an seiner Schläfe pochen, er verschluckt erst Worte, dann halbe Sätze, bis sich seine gesamte Leidenschaft in einer wahren Explosion von EDV-Sprech entlädt:

»... und was ist, wenn du die Firmware in einem Router per PDOS phlashst. Dann ist das Gerät gebrickt. Das müsste ja dann nach deiner tollen Definition ein Killer Poke sein.«

Zeit für die kalte Dusche.

»Ja, da haste wohl Recht«, sage ich unbeeindruckt.

Zischsch. Eine Wolke, dunkler als aus dem Monitor eines gekillten Commodore PET, quillt aus Nicks Ohren. Blitzschnell dreht er sein Gesicht nach vorne. Gerne würde er mehr sagen, aber er quetscht nur ein »So schaut's aus« aus dem Mundwinkel; das »du Ignorant!« denkt er so laut hinterher, dass man es fast hören kann.

$0002 Langsam kommt das Kongresszentrum in Sicht. Direkt daneben grüßt zum letzten Mal die analoge Lebensfreude – ein Straßencafé. Lachende Studenten haben die ersten Reihe besetzt und Weizenbiere vor sich aufgebaut; es sind genau solche Cliquen, in denen wir früher gerne Mitglied gewesen wären. Welche Pärchen sind wohl zusammen, und welche nur *friends with benefits*?, fragt sich der dreckige alte Mann. Einige der Studentinnen sehen echt top aus. Was allerdings nicht viel bedeutet. Schließlich sehen an Tagen wie diesem ohnehin alle Mädels aus, als hätte sie Frank Fazella gemalt.

Eine Horde Achtklässler, die uns gerade überholt, sieht die Sache anscheinend ähnlich. »Hi!«, grölt der Anführer zu einer Studentin in der ersten Reihe rüber, die gut und gerne zehn Jahre älter als er ist. Die Angegrölte lacht. Vor lauter Aufregung schubsen sich die kleinen Pupsis ein bisschen gegenseitig rum, schalten dann aber schnell wieder auf cool und verschwinden um die Ecke.

Während ich im Vorbeigehen neidisch die angehenden Sonnenbrände auf der Stirn der Studenten mustere, marschiert Nick gnadenlos weiter.

Ein letzter Sonnenstrahl, ein letzter Blick zurück in den Frühling, dann verschluckt uns der Tagungsbunker.

$0003

Die coolsten Leute auf jeder Konferenz sind die, die eigentlich nicht dazugehören. Also nicht die Teilnehmer, sondern der Rest, die ganzen Technikleute und so. Das gilt überall, ganz besonders auf der Legacy Systems und noch viel besonderer im Raum C3, wo wir gerade eingesperrt sind.

Der Sound-Typ in der hintersten Ecke des Saales zum Beispiel: Sitzt ganz entspannt neben seinem Mischpult und spielt am Handy, während um ihn herum die Empfangsgeräte der drahtlosen Mikros, Equalizer und Vorverstärker blinken. Sein schwarzes Maiden-T-Shirt spannt sich über die angehende Bierwampe, die Matte nähert sich der traurigen Sorte *vodühila* – vorne-dünn-hinten-lang. Und trotzdem sieht er total zufrieden aus, in seinem Paradies von Standalone-Geräten im 19-Zoll-Rack.

Oder der Typ vom Malteser-Hilfsdienst. Die Sorte begleitet einen ja echt durchs Leben – vom Pfarrfest über den Abi-Ball bis zur Ersti-Fete: Überall stehen die Malteser gelangweilt rum und ärgern sich, dass sie nichts trinken dürfen.

Klares Highlight des Vortrags – das lässt sich jetzt schon sagen – ist das Mikro-Babe am Ende unserer Stuhlreihe. Drittes Semester vielleicht, knallenger Messe-Hosenanzug, die braunen Haare mit einem Gummi zu so einer Tolle gebunden, wie sie vor ein paar Jahren mal in war. Obwohl das Podium nach wie vor absolut leer ist, starrt sie konzentriert nach vorne – wahrscheinlich, um nicht den gierigen Geek-Blicken zu begegnen, die aus dem ganzen Raum auf sie abgefeuert werden. Sie hat die Beine übereinandergeschlagen und umklammert das Frage-Mikro auf dem Schoß. Ihr Blick sprüht vor Überlegenheit, so, als wollte sie sagen »Scheiß Nerds«. Nur die wippende Spitze ihrer Pumps vom Typ Lufthansa-Stewardess verrät, dass sie sich verdammt unwohl fühlt. Mal sehen, wer sich nachher nicht zu schade dazu ist, sie mit dem Mikro rüberzuwinken.

Ich mustere unauffällig den Beifahrer. Wenn er nicht so ein totaler Nerd wäre und ständig mit dieser Schlaftablette Sabina rumglucken würde, hätte Nick echt Chancen – selbst bei einem solchen Spitzen-Babe. Andie hat mir anvertraut, dass die Frauen in der Firma total auf seine hellblauen Augen stehen – was ich ihm natürlich nicht mal auf dem Sterbebett verraten würde. Aber obwohl er es mit der Managertour etwas übertreibt, steht ihm sein neuer Look eigentlich gut, das muss man zugeben. Vor allem seit der Administrator-Pferdeschwanz ab ist.

Doch, doch, wir machen schon was her. Wir sind coole Geeks. Ach was, wir sind überhaupt keine mehr! Deshalb muss auch nicht darüber geredet werden, wo wir uns hinsetzen, nämlich nach ganz hinten. Wir sind doch schließlich die lässigen Player aus der letzten Reihe, die alles mit professioneller Duldungsstarre aussitzen, oder? Die nicht aufpassen, sondern lieber Hockey mit den kleinen Perlchen spielen, die sie vorher aus Geha-Tintenpatronen rausgepult haben. Oder? Oder??

Leider nicht. Nick ist beim Reinkommen gleich links abgebogen, weil der Vortrag »der Hammer« werde, wie er meinte, und hat uns zwei *supercoole* Plätze in der zweiten Reihe reserviert. In der zweiten Reihe! Das bittere Fazit des Tages steht damit fest. Es lautet: Wir sind Millhouse, und nicht Bart.

Das Licht wird gedimmt. Auf der Leinwand erscheint die Ankündigung des nächsten Vortrags.

Dr. Charles Irving: Induced Electromigration in Legacy Systems.

Wow. Definitiv der Hammer.

Immerhin scheint der Mann was älter zu sein, und das bedeutet, er hat keine Interaktions-Flausen im Kopf, sondern liefert einen soliden Vortrag ab, bei dem man sich zurücklehnen und berieseln lassen kann.

Schnell, Ablenkung! Der Raum bietet bis auf das Mikro-Babe nichts, was den Augen nicht weh tut. Über die Decke ergießt sich ein Meer von kleinen Glasstäbchen mit Glühbirnen dazwischen, von denen die Hälfte kaputt ist. Im grauen Marmorboden gespiegelt sehen sie aus wie die Raumschiffe in »Unheimliche Begegnungen der Dritten Art«. Damit es nicht zu sehr hallt, sind die Wände mit gelöcherten Schallschutzpaneelen aus hellem Holz zugeknallt. Eine Siebzigerjahre-Oase eben.

Vor jedem Teilnehmer steht die Konferenzverpflegung nach DIN-Norm: ein Mineralwasser, eine Cola – die letzte in Westeuropa mit Zucker –, eine kleine Flasche Orangensaft von Granini, alles fein säuberlich auf kleinen Spitzendeckchen aus Papier arrangiert. Dazu spendiert uns der große Kongressdiktator ein Tellerchen mit *Bahlsen Selection* Gebäck, den Nick natürlich innerhalb weniger Minuten abgeräumt hat. Und wie üblich wird der Keksberg seiner Figur nicht schaden. Die Ernährung – das ist echt eines der wenigen Dinge, bei denen er noch ganz Student ist. Seinen Zuckerschock baut er gerade mit wildem Gehibbel auf dem Stahlrohr-Stuhl ab und sorgt so dafür, dass der auberginefarbige Bezug am Rand noch ein bisschen mehr abscheuert.

Aber passt schon. Legacy heißt schließlich Erbe. Da ist es nur logisch, die Konferenz an einem Ort abzuhalten, der so aussieht wie eine Kreuzung zwischen Erichs Lampenladen und Caesar's Palace.

Dabei geht es auf der LegaSys nicht um so ein Erbe, das jeder gerne hat, sondern um ein ungeliebtes Erbe: all jene alten Computer auf dieser Welt, die zwar reif fürs Museum sind – die aber mangels Geld niemand ersetzen kann. Wie sagen sie im Radio immer: das Schlimmste aus den Siebzigern, Achtzigern, Neunzigern und der Schrott von heute.

Vor allem Bankenheinis turnen auf der LegaSys rum, und zwar aus gutem Grund, denn die haben die meisten Leichen im Keller: Da stehen noch reihenweise Mainframe-Dinosaurier rum, die auf Programmcode aus den frühen Achtzigern rumkauen. Und wenn diese Dinos müde werden, kann es sein, dass die Londoner Börse eben mal locker sieben Stunden am Stück nicht erreichbar ist, wie zuletzt im Herbst 2008.

Doch solche Totalabstürze kommen eher selten vor. Meistens rückt die Datacorp, unser Arbeitgeber, schon vorher aus und überspielt die wichtigen Daten von einem alten auf ein neues System – Kundendaten, wissenschaftliche Auswertungen und so was. Immer reinspaziert, wir nehmen jedes Medium an, ganz egal, wie mausetot es sein mag. Vom Stapel unsortierter Lochkarten über Speichertapes bis zu Laserdiscs – wir retten alles ins neue Jahrtausend!

Dass für das Überspielen manchmal Millionenbeträge fließen, ist ein offenes Geheimnis. Warum auch nicht? Für die Kunden ist die Rechnung ganz einfach: Alle Daten nochmal komplett neu zu beschaffen – wenn das überhaupt möglich ist –, würde viel mehr kosten als das Honorar der freundlichen und ach so diskreten Experten der Datacorp hinzublättern. Und wer nicht zu uns kommt, geht zur Konkurrenz von Big Blue oder Vintagetech in Livermore.

Damit der ganze Schrott aus dem 20. Jahrhundert auch im 21. schön weiterfunzt, gibt es jedenfalls die LegaSys – die Fachmesse für Computerprofis von gestern. Und die Altvorderen im Saal C3 sind schon ziemlich aufgeregt, dass gleich Herr Irving zu ihnen sprechen wird.

Fump, der Typ am Mischpult reißt den Mikrofon-Kanal auf, ein Raunen geht durch die Menge. Türen klappern. Dann verglüht das UFO an der Decke, bis nur noch die grünen Notausgangsschilder im Zwielicht tanzen.

Dr. Irving tritt ans Rednerpult, besser gesagt: in den Strahl des Beamers. Der alte Mann merkt nicht, wie seine Schulter einen breiten Schatten auf die Leinwand wirft und seinen Namen bis auf das »ing« verschluckt.

»Der Typ ist ’ne Legende. Kommt immer in letzter Sekunde, falls er überhaupt kommt«, flüstert Nick rüber.

»Echt?«

Wie eine Legende sieht er gar nicht aus. Eher spröde, wie Q, der Typ, der James Bond immer seine Gadgets verpasst hat. Die Uhr mit Laser, der Hubschrauber mit Laser und das Mini-U-Boot mit Laser – zum Kampf gegen Haie, die ihrerseits mit Lasern ausgerüstet sind.

Irving biegt sich das Mikrofon runter und merkt dabei, dass sein Tweedsakko – es hat tatsächlich Lederflicken an den Ellenbogen– offen ist. Mit zittriger Hand schließt er die Hornknöpfe. Wie alt wird er sein? Sechzig? Siebzig? Schwer zu sagen. Mit seinem karierten Hemd im Landhausstil sieht er unfassbar englisch aus, nahe an der Karikatur. Der wahre Lord British. Und wären da nicht diese schulterlangen grauen Strähnen, die neben den Bügeln seiner Hornbrille hin- und herbaumeln, käme wahrscheinlich niemand auf die Idee, dass er einen Computerpionier vor sich hat.

Dr. Irving räuspert sich und setzt an.

$0004

»Hello World.«

Ein einsames Giggeln von hinten. Irving grinst – stolz über seinen eigenen Witz. Wie ein schüchterner Junge, der zum ersten Mal ein Mädchen anspricht. Dann ist sein Auftritt aber auch schon vorbei.

Krach! Ein Stuhl fällt um. Jemand springt auf. Irvings Gesicht taucht aus dem Beamerstrahl ab und rast Richtung Boden, sein Körper hinterher. Er klappt zusammen wie so eine kleine Kinderfigur, wo man unten draufdrückt und das Holz-Hündchen auseinanderfällt. Fünfzig Kehlen ziehen erschrocken Luft ein. Einen

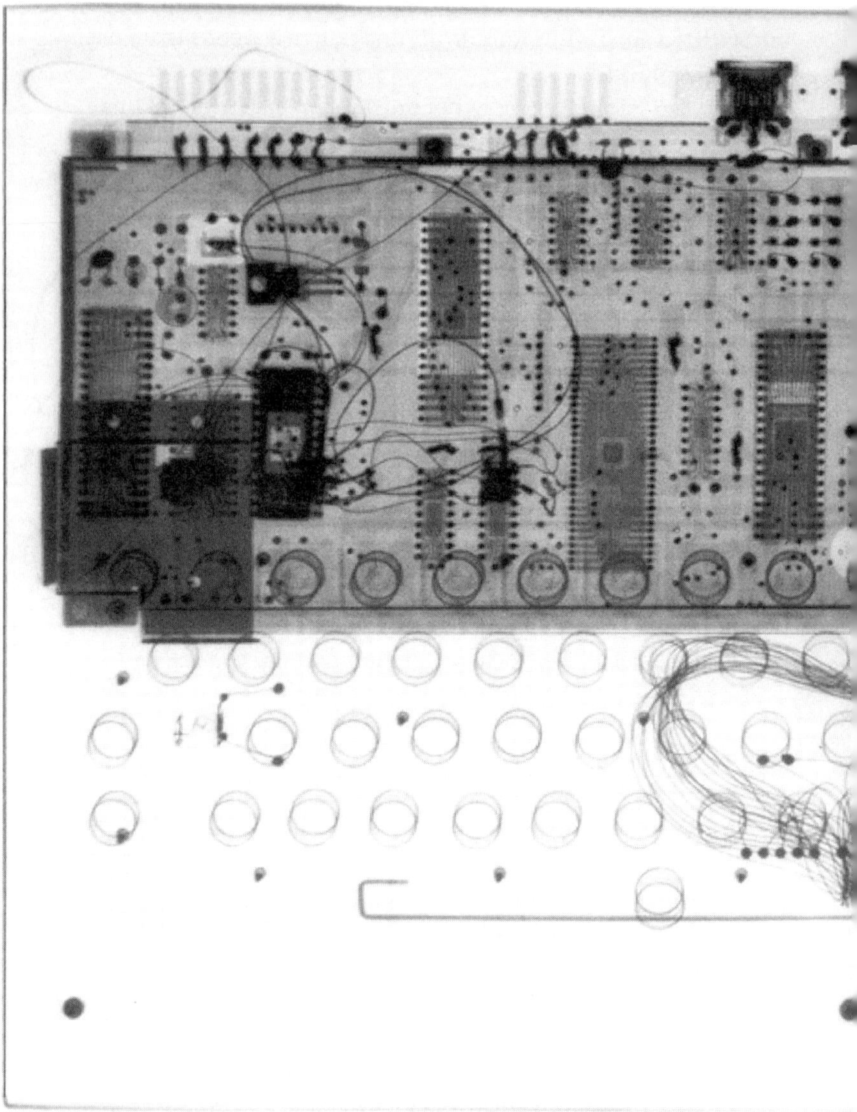

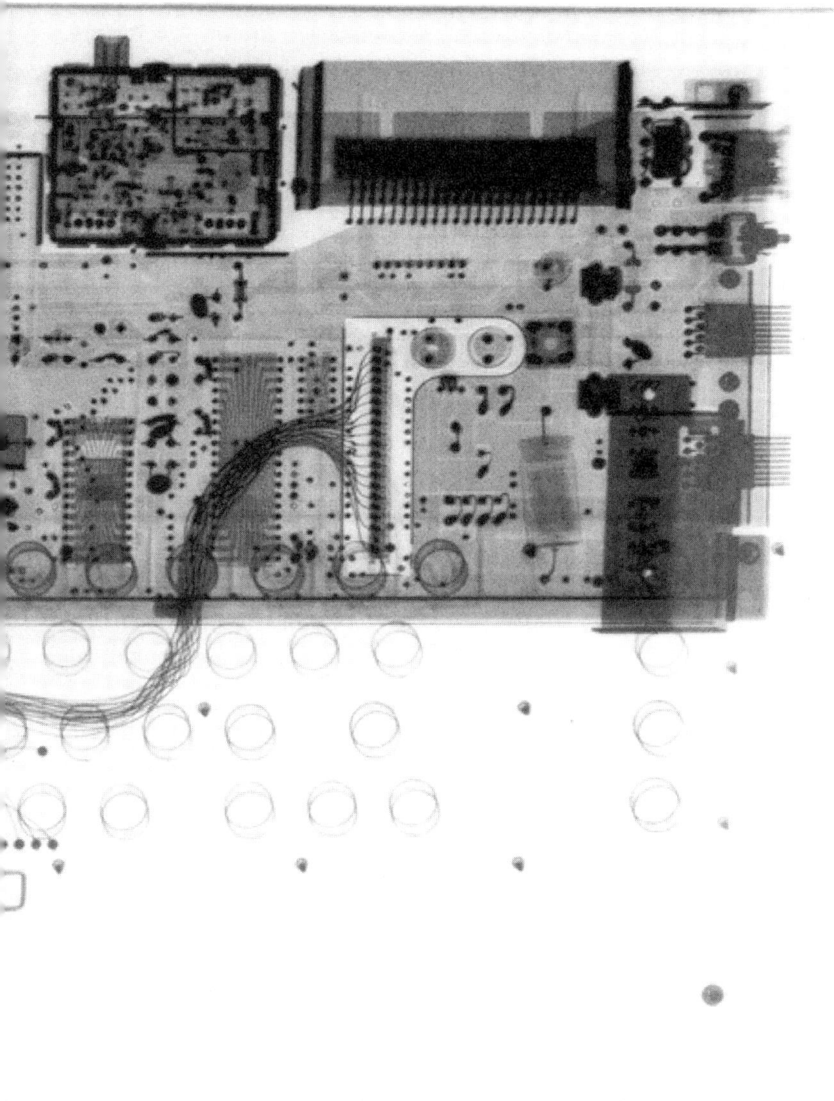

unerträglich langen Moment herrscht Stille. Dann schlägt Irving auf dem Boden auf. Es ist ein dumpfes Krachen, das nach Hinterkopf auf Marmorboden oder Schlimmerem klingt. Der Beamer kann wieder ungehindert sein Bild an die Leinwand werfen.

»Licht an!«, schreit einer von hinten.

»Nun macht schon«, überschlägt sich die Stimme. Das Mikro-Babe stöckelt zum Schalter und wirkt auf einmal gar nicht mehr unnahbar und cool. Als das Licht angeht, ist von Irving nur noch ein Häufchen Tweed zu erkennen, das auf dem Boden der Bühne liegt und aus dem ein dürres, von blauen Adern durchzogenes Stückchen Wade in einem seltsamen Winkel herausragt. Den Rest verdecken die Rücken der Leute in der ersten Reihe.

Nick zuckt nach vorne. Er war mal Zivi und fühlt sich in solchen Momenten immer noch ein bisschen zuständig.

»Shit – der hat was am Herzen. Schrittmacher oder so.«

Als er sieht, wie der Malteser-Typ durch den Mittelgang nach vorne hetzt, fällt er sofort auf seinen Stuhl zurück, heilfroh, dass er nicht für etwas verantwortlich sein muss.

Vom Rest der Aktion kriegen wir kaum noch was mit. Alle schreien durcheinander, einige Leute springen auf und knallen prompt mit den Sanis zusammen, die überraschend schnell zur Stelle sind. Halt! Wenn man drüber nachdenkt, ist es doch nicht so überraschend, schließlich hat es der Veranstalter der LegaSys mit einem Haus voller Menschen zu tun, die als letztes *Jovial* gelernt haben, eine Programmiersprache, die in den Sechzigern für Kampfjets entwickelt wurde.

»Sitzen bleiben. Verdammt noch mal, bleiben Sie sitzen!«, kreischt es von draußen rein.

Genau das machen wir, obwohl wir weiß Gott gerne gehen würden. Man sollte meinen, dass einen Hunderte Folgen von »Emergency Room« abgehärtet haben, aber live ist das eine völlig andere Nummer.

Für Nick natürlich nicht, der hat ja schon dutzendweise Leute sterben sehen, damals, bei seinem Job im Altersheim. Aber ich wäre jetzt gerne woanders. Keine Extreme, von diesem Motto wollte ich niemals abrücken. Wer Tod, Krankheit, Hunger und dem ganzen Scheiß möglichst lange aus dem Weg geht, bleibt jung. Punkt. Blöd nur, wenn der Panzer bröckelt.

Auf einmal scheint alles weit weg zu sein: das Grün an den Bäumen, die schönen Häuser, sogar die Erinnerungen an die C64-Zeit, die Cevi-Ära. Ein netter Skin, hinter dem sich ein ziemlich hässlicher Default verbirgt. Und der läuft hier gerade ab. Medizinische Kommandos, beißendes Desinfektionsmittel, das brachiale Krachen, als die Trage aufgeklappt wird, auf die man den alten Mann jetzt verfrachtet. Aber es ist nicht mehr der nette Oldie Irving, sondern der Organismus Irving, eingeklemmt in einen Käfig aus Manschetten, Kanülen und Sensoren. Eine »bewusstlose Person in C3«, wie es aus einem Funkgerät krächzt.

Von dem netten britischen Opa ist nur sein Tweedsakko übrig, das ihm ein Sanitäter am Ende der Helferhorde treu wie ein Hund hinterherträgt.

Viele sehr lange Minuten vergehen, bis die Prozession endlich den Saal verlassen hat und die Störung im System behoben ist.

Wir sitzen da und arbeiten mit Hochdruck daran, uns abzulenken. Nick ist aschfahl im Gesicht und hat diesen traurigen Blick in den Augen, bei dem ich mich immer frage, ob ein Mensch, der so guckt, nicht einen Tick zu gut für diese Welt ist. Tapfer schiebt er sich einen dieser Kekse mit Kokosstückchen in den Mund, die er sonst immer liegen lässt. Im Gegensatz zu mir weiß er, was da gerade eben medizinisch abgelaufen ist und wie die Chancen stehen, dass der alte Mann das überlebt hat. Wahrscheinlich schlecht.

Kein schöner Gedanke, dass wir einem Menschen gerade beim Sterben zugesehen haben. Lieber schnell zur Seite schieben und ablenken. Wo ist überhaupt das Mikro-Babe hin? Weg. Schade.

Insgeheim baue ich auf die Grundregel aller George-Romero-Filme: Sie sind nur tot, wenn du sie wirklich sterben siehst.

»Tja«, sagt Nick mit leicht belegter Stimme, während er mit dem Daumen durch das Kongressprogramm blättert.

»Hm.«

»Sollen wir bleiben?«, frage ich und hoffe dabei insgeheim, dass Nick »Nein« sagt. Aber als braver Angestellter kommt das für ihn natürlich nicht infrage.

Und er hat Recht. Jetzt den Rückzug anzutreten, gehört sich für Profis wie uns nicht. Höchstens eine kleine Pause ist drin. Vielleicht gehen wir kurz raus und setzen uns in das Café zwischen die lachenden Studenten. Oder wir lassen uns eine halbe Stunde durch die Ausstellung treiben. Hast du den Macintosh SE mit dem durchsichtigen Gehäuse gesehen? Cool, oder? Davon gibt's ja weltweit gerade mal zehn Stück; Apple hat nur den Typen aus dem Entwicklerteam einen gegeben. War das '87? Unbezahlbar, auf jeden Fall, Weltkulturerbe – mindestens. Bla, bla, bla. Dann kommt wieder ein Vortrag und noch einer und noch einer, und wenn wir heute Abend aus diesem Bunker endlich raus dürfen, haben wir Irving längst vergessen.

Nick steht als Erster auf. Und die Verdrängung funktioniert wirklich: Als wir die Tür von Saal C3 öffnen und den menschenleeren Gang dahinter entlangschlendern, lässt das Gewicht auf der Schulter schon nach. Weit und breit kein Krankenwagen zu sehen. 10:43 Uhr steht auf der Digitaluhr über der Gerderobe, die noch solche alten Umklappzahlen hat. In ein paar Wochen werden die letzten 43 Minuten von einer schönen Erinnerung an gläserne Macs überschrieben worden sein.

Komisch. Es wäre doch schön gewesen, Irvings Vortrag zu hören. Was er wohl sagen wollte?

$0005 Ich wusste es. Wir hätten uns auch so ein Tretboot mieten sollen. Wir hätten die Konferenz einfach Konferenz sein lassen und stattdessen schön in der Sonne brutzeln und Weizen trinken sollen. Genau so hätte das ablaufen müssen. War doch völlig klar, dass der erste schöne Tag auch gleich wieder der letzte sein würde. Deutschland halt. Schon als wir abends zur Bahn marschierten, hing so ein feuchter Schleier in der Luft; später, als wir dann am Gruppentisch im ICE vor uns hindösten, kullerten die ersten Tropfen das Fenster entlang. So richtig schön ist es seitdem nicht mehr geworden. Es blieb grau, und das viele Wochen lang, bis der meteorologische Sommer anfing, der gefühlt immer dann beginnt, wenn der echte Sommer schon fast vorbei ist.

»Ja, meine Herren, das ist ein Symbol für die *Vanitas* – eine Erinnerung an die Vergänglichkeit des Menschen. Könnense ruhig aufschreiben«, hätte unser Deutschlehrer wohl dazu gesagt. Und natürlich hinterhergeschoben: »Ist alles klausurrelevant.«

So was bleibt im Gedächtnis, während der wirklich lebenswichtige Kram verschwindet. Warum rostet eigentlich Eisen – aber Stahl nicht?

Schschscht. Das rechte Vorderrad ist in eine tiefe Spurrinne abgetaucht. Wasser prasselt gegen den Radkasten, als ob man einen Duschkopf gegen einen Karton hält. Der Wagen bricht aus und driftet auf die rechte Spur. Auf einmal kommt der Lkw rechts so nah ran, dass das Prüfsiegel auf dem Feuerlöscher hinter der Kabine zu erkennen ist. Schnell das Lenkrad rumreißen, noch ein bisschen, noch ein bisschen. Gut. Uiiiep-uiiiep, das Geräusch der Reifen, die eine Spurmarkierung überfahren, klingt wie eine gescratchte Kinderchor-Platte. Das war knapp. Mensch, wach bleiben.

Endlich kommt die Ausfahrt. Zum ersten Mal seit Stunden kann der Motor auf entspannte 2 500 Touren runtergehen. Früher, als Kind, war das genau der Moment, in dem man wach geworden ist – auf der Rückfahrt von Korsika. Dann hat Vater die Tür aufgemacht, und das letzte bisschen französischer *Autoroute*-Wärme löste sich in kalter deutscher Nachtluft auf. Nach Hause kommen, das war trotz allem immer schön.

Wird es echt schon dunkel? Oder regnet es nur mehr? Wieder einer dieser Tage, an denen es nicht richtig hell wird, an denen 256 Graustufen nicht ausreichen würden, um Deutschland zu malen.

Die Autobahn endet, und als ob jemand einen Schalter umgelegt hat, verschwinden mit ihr die hektischen Spurwechsler und ausgelaugten Außendienstler, die nur noch nach Hause wollen. Was bleibt, ist eine leere Landstraße, die sich durch grüne Felder schlängelt und hinten im Nieselregen verschwindet. Freie Fahrt, keine Spur von Feierabend-Verkehr mehr. Wo diese Straße hinführt, da ist ohnehin immer Feierabend. Willkommen im Land der Münzspieler, willkommen im Merkur-Sektor.

Aus dem Nieselregen taucht das erste Dorf auf. Alles ist so menschenleer, als ob in zwei Minuten ein Atomtest stattfindet, wie in diesen Dummydörfern in Nevada. Nur ein Junge rennt mit Reklamezetteln unterm Arm den Bürgersteig entlang, vorbei an Häusern, die nach dem Krieg hektisch hochgezogen und von außen gefliest wurden. Und wahrscheinlich auch von innen, inklusive dem Schändungs-Stübchen im Keller.

Ich muss an der Fußgängerampel anhalten, um den Zettelverteiler rüberzulassen. Auf der Ecke, beim Gasthof *Zur Linde*, sind alle Rollläden runtergekurbelt, genau wie bei fast allen Geschäften an der Kreuzung. »Zu vermieten« steht auf dem Schild im Fenster der Lottoannahmestelle. Dahinter gähnt der ausgeräumte Verkaufsraum wie eine Höhle. Das einzige Licht brennt an der Zockhalle *Las Vegas*, Merkur-Sektor halt. Blaue und gelbe Neonröhren schlängeln sich über die Backsteinfassade, die Fugen sind schwarz vom ständigen Rußregen.

Grün. Die Geisterbahn fährt weiter. Das nächste Dorf, noch mehr geflieste Fassaden, noch weniger Leben. Auch hier ist alles verrammelt. Geschlossen: die Grillstube *Mykonos*, das *Ital. Eis Café Adria*. Bizarr, die Namen der Läden klingen wie aus einem Lied von Udo Jürgens. Vor dem letzten offenen Kiosk steht eine junge Frau mitten im Regen. Sie trägt geringelte Leggings und Adiletten, nein, es sind nicht mal echte Adiletten, dafür sind zu viele Streifen drauf. Es sind Fälschungen. Ihre linke Hand umkrampft eine Aldi-Tüte, während sie mit der anderen ein Minifläschchen Mariacron ansetzt. Ganz langsam und zittrig. Auf der

Litfaßsäule neben ihr steht in neongelben Buchstaben *Erotik-Messe*. Schnell weiterfahren.

Seit der Sache mit Irving vor zwei Wochen haben Nick und ich nicht mehr miteinander geredet. Vielleicht, weil wir uns einfach nicht an dieses Bild erinnern wollen, an Irvings blasse Wade auf der Bühne.

Schwachsinn. Das stimmt nicht, oder höchstens zum Teil. Wir haben auch sonst kaum noch was miteinander zu tun. Klar werden wir immer Freunde bleiben, irgendwie. Nach mehr als zwanzig Jahren kann man ja nicht so mir-nichts-dir-nichts einfach alle Brücken abbrechen.

Aber das Kumpel-Ding funktioniert einfach nicht mehr, seit wir einen richtigen Job haben. Seit uns eine gewisse *Datacorp Ltd.* jeden Monat unser *Beratungshonorar* überweist – so steht es als Verwendungszweck auf dem Kontoauszug –, ist Nick einfach nicht mehr derselbe. Er nimmt alles viel zu ernst, rafft nicht, wie banal das ganze Business im Grunde genommen abläuft.

Manchmal habe ich das Gefühl, er hat sein ganzes Leben nur darauf gewartet, Angestellter werden zu können, endlich deutscher Mitläufer zu sein, Teil von etwas Großem. Dabei war er bis vor zwei Jahren noch der Prototyp des Selbstdenkers, jemand, der nach den Regeln des *Tech Model Railroad Club* lebte: Informationen müssen frei sein; was zählt, ist nicht, wer du bist, sondern wie cool dein Hack ist; stelle jede Autorität infrage. Mittlerweile kann man dabei zugucken, wie dieses Credo langsam zerbröselt, mit jedem Monat, in dem das Gehalt auf seinem Konto eingeht. Schade. Er hat die Freiheit wohl doch nicht so sehr geliebt.

»Mensch, das ist die R-i-e-s-e-n-c-h-a-n-c-e!«, hatte er mir ins Gesicht gebrüllt, als wir uns letztens mal wieder darüber gestritten haben, wer der größere Spießer ist (er natürlich). Und wie immer hat er mich mit seiner messerscharfen Spock-Logik in Grund und Boden gestampft:

»Wie viele abgebrochene Informatiker (da meinte er sich) oder Volkswirte (da meinte er mich) bekommen schon die Chance, mit Mitte Dreißig noch bei einem internationalen Konzern anzufangen?«

Okay, stimmt, aber man muss es doch nicht gleich übertreiben und seine eigenen Gedanken an der Garderobe abgeben.

Doch Nick ist Nick, und Nick ist Nerd, und Nerds wollen das Spiel besser spielen als alle anderen – selbst als die Leute, die es programmiert haben. Und meistens gelingt ihnen das sogar, eben weil sie keine Zeit damit verschwenden, im Straßencafé Frauen anzugaffen. Deshalb ist es nur logisch, dass Nick, nachdem er jahrelang der perfekte Retrogamer war, nun den perfekten Angestellten gibt. Das alte Ziel war, *Operation Thunder* mit einer Mark durchzuspielen; das neue Ziel lautet, Angestellter des Monats zu werden – und zwar jeden Monat.

Was ein guter Angestellter wissen muss, hat er sich natürlich schon draufgeschafft. Stundenlang doziert er über den *geldwerten Vorteil* eines Dienstwagens, weiß, in welcher Steuerklasse er ist – bis vor zwei Jahren kein Thema für uns, weil wir keine zahlten –, oder er schwadroniert bis zum Erbrechen über seine Reisekostenabrechnung. Wobei er selbst hier den Musterschüler mimt und – anders als der Rest der Menschheit – seinen Arbeitgeber nicht bescheißt.

Was ja nicht schlecht ist. Nein, nein, seine Ehrlichkeit ist toll.

Und das wäre ja auch alles noch zu ertragen, wenn er seit Neuestem nicht so schlimm *reden* würde. Wie nach einer Gehirnwäsche. »Da ist echt der *Tipping Point* erreicht.« Nur so als Beispiel. Oder dies und jenes sei nicht unsere »Kernkompetenz«, in diesem Punkt sei die Datacorp anders »aufgestellt«. Grauenhaft, totales Business-Gekasper.

Die Zeiten, in denen ich noch sein »Alter« war, sind natürlich auch vorbei. Wenn er mich überhaupt mit Namen anspricht, dann mit *Kee*, meinem bescheuerten Bildschirm-Pseudonym aus Commodore-Zeiten.

Am krassesten zieht er sein Business-Theater durch, sobald Kollegen aus der Firma in der Nähe sind. Dann spricht er original so wie damals in der Schule, wenn der Klassenlehrer danebenstand. Statt »Haste da Bock drauf« heißt es plötzlich »Könntest du dir vorstellen, das zu übernehmen«. Völlig lächerlich, zumal in der Firma außer John ohnehin niemand Deutsch spricht. Er könnte auch sagen »Bück dich, du Stück!«, ohne dass sich auch nur jemand umdrehen würde. Im Gegenteil, die Amis würden sich höchstens darüber amüsieren, dass wir mit den vielen scharfen »k« wie Nazis in einem Hollywood-Film klingen.

Seine absolute Lieblingsfloskel ist »am Ende des Tages«. Die benutzt er zu jeder Gelegenheit. Bei ihm kommt das erste »Ende des Tages« oft schon am Anfang des Tages, so gegen 9:01 Uhr, wenn er sein »Home Office« betritt, das man gut und gerne auch als Kellerkabuff bezeichnen könnte. Es lässt sich nicht beschönigen: Nick spricht wie einer dieser armen Menschen, die in einem dunklen Konferenzraum in der Nähe eines Flughafens sitzen.

Immerhin rückt das Ende *dieses* Tages näher. Meine Augen brennen von der heißen Luft, die seit fünf Stunden gegen die Windschutzscheibe föhnt – und von der Hässlichkeit dahinter. Hochhausblocks, Ampeln, Regen. Für einen kurzen Moment blitzt das 21. Jahrhundert auf – ein Internet-Call-Shop, daneben ein Ladenfenster, auf dem mit Vinylbuchstaben *PC Doktor* steht. Zip, schon vorbei, das nächste Haus ist sogar schwarz gefliest. Am Horizont türmen sich Fabrikschlote auf, die schon vor einem halben Jahrhundert aufgehört haben zu rauchen.

$0006 Im Grunde genommen sind wir auch nur eine bessere Art von PC-Doktor. Wo immer sich ein Rechner unpässlich fühlt, rücken wir aus. Nein, besser, wir sind Fachärzte für PC-Gerontologie, schließlich muss die Datacorp immer dann ran, wenn die Alten und Lahmen Ärger machen. Von denen gibt es auf der Welt gottlob genug, wir brauchen uns keine Sorgen um unseren Job zu machen. Der Schrott wird sogar ständig mehr. Auf jeden neuen

Rechner kommt ein alter, der weiterschuften muss. Never change a running system. Bei wirklich wichtigen Sachen vertrauen die Leute eben doch lieber Computern, die nicht alle zwei Tage ein Servicepack brauchen und trotzdem nicht abrauchen.

Der Digitalschrott ist überall. Letztens zum Beispiel hat die US-Luftwaffe neue Simulatoren für ihre Bomberpiloten beschafft, da musste alles ganz schnell gehen. Warum? Weil die alten Programme auf einem PDP-11 liefen – ein Rechner so groß wie ein Schrank aus der Zeit, als Hans Rosenthal noch die Mattscheibe regierte.

Oder das Space Shuttle: In der Kiste arbeitet ein Uralt-Chip mit 4,77 Megahertz, der bei eBay nicht viel mehr kostet als das Porto, weshalb ihn die Nasa auch genau da einkauft, wenn sie Ersatz braucht. Und als Arnie Schwarzenegger seinen Angestellten in Kalifornien letztens einen Mindestlohn spendieren wollte, musste er sie erstmal mit einem »I'll be back« vertrösten: Das Programm für die Lohnbuchhaltung war noch in Cobol programmiert, und in der ganzen Verwaltung gab es niemanden, der den Code verstand oder ihn hätte verändern können.

Gerade der Deutsche liebt den antiken Rechner. In all diesen kleinen Familienfirmen im Sauerland, Westerwald oder weiß Gott wo stehen noch reihenweise Relikte herum. Es gibt halt nicht nur altdeutschen Apfelkuchen, sondern auch altdeutsche EDV. Letztens musste Nick ausrücken, zu einer Fabrik irgendwo im nirgendwo, die Nylonfäden herstellt. Warum? Ein Gerät, das die Fadendicke überprüfen sollte, lief nicht mehr. Es wurde von einem Commodore 64 gesteuert.

David Pogue von der *Times* hat es mal gut auf den Punkt gebracht: »In Technoland nothing ever replaces anything.« In der Computerwelt ersetzt ein neues Gerät niemals komplett das alte; in irgendwelchen Winkeln laufen die altvorderen Maschinen treu weiter, so lange, bis es keine Ersatzteile mehr gibt oder die Menschen gestorben sind, die sie bedienen können. Nick nennt das die »Rom-Theorie«: Alles Neue steht immer auf den Ruinen von was

Altem, wie in Rom eben. Und wenn sich der Neubau nicht lohnt, werden halt die Trümmer saniert.

Wow, Bomber, Banken und Space Shuttles, die in letzter Sekunde vom Indiana Jones des Infozeitalters gerettet werden – was für ein cooler Job! Theoretisch. Und was Nick angeht, stimmt das sogar ein bisschen. Ihn haben sie zum Beispiel echt im Privatjet zum B-52-Trainingszentrum gekarrt, um da die Simulatoren zu sichten. Diese Luxusbehandlung gab es für mich nur einmal, und zwar bei unserem ersten Einsatz in Russland. Dabei war die ganze Hektik völlig überflüssig: Letztendlich mussten wir nichts tun, als neben den Profis aus Amiland zu stehen und ihnen das Handbuch eines alten DDR-Rechners ins Englische zu übersetzen.

Danach hat wohl jemand bei der Datacorp seinen Bleistift gespitzt und ausgerechnet, dass es etwas unwirtschaftlich ist, einen nutzlosen deutschen Slacker mit IT-Halbwissen im Privatjet um die halbe Welt zu kutschieren. Seitdem haben sie mich zum *Data Retrieval Specialist* runtergestuft, so steht es zumindest auf meiner Visitenkarte. Mutter habe ich erklärt, dass das »so eine Art von Computerarchäologe« sei, was sie natürlich nicht verstanden hat.

Ganz anders Nick, der ist richtig auf dem Karriere-Trip. Er darf sich laut seiner Karte als *Legacy Systems Consultant* bezeichnen und in seiner Funktion als »Ell-Ess-Ciiieeeh«, wie er es abkürzt, auf Big Business machen: mit Andie in der Hon-Lounge am Flughafen abhängen, kostenlos Milchkaffee schlürfen und mit den Datacorp-Bossen konferieren. Hat sie zumindest mal erwähnt, wenn auch nur im Nebensatz, denn Andie hat Taktgefühl

Mein Job ist also das *Data Retrieval.* Klingt toll, bedeutet aber nichts anderes, als aus alten Rechnern die Daten rauszufrickeln – sie von Festplatte, Diskette oder vom Bandlaufwerk runterzuziehen und in ein modernes System rüberzukopieren. Auftrag *Datenmigration*, wie es in der Anweisung von oben immer heißt. Dabei könnte das kein schlechter Job sein, sogar ziemlich interessant, zum Beispiel wenn man einen Altair 8800, Apple Lisa oder NeXT Cube unters Messer kriegt – Rechner, die Geschichte geschrieben haben.

Doch bei mir landen nur Rechner, auf denen Geschichtchen geschrieben wurden. Jedes Mal, wenn der DHL-Mann wieder einen mittelgroßen Karton rüberreicht, ist völlig klar, was drinsteckt: ein stinkender Tandy Radio Shack 80, Modell 100.

Oder, um in den Worten von Major Tom zu sprechen: »Kee, du bis mein Tandy-Dandy!«

Obwohl die Kiste grottenhässlich ist, war sie ein totaler Hit: Seit Anfang der Achtziger wurde das Teil tausendfach verkauft, und bis heute gibt es noch irgendwelche Irren, die dem TRS-80 die Stange halten und auf der Kiste ihre Kochrezepte tippen oder so. Ehrliche Menschen nennen ihn *Trash-80*, eben weil er aussieht wie ein Haufen Müll aus den Achtzigern, und da ist was dran: Der Rechner ist von einer billigen beigen Plastikhaut überzogen, die selbst neu aussieht, als wäre sie schon Jahre alt. Er ist genauso groß wie ein Telefonbuch und lässt sich weder auf- noch umklappen oder sonst wie größer machen. Oben steckt ein Schwarz-Weiß-Display drin, auf das acht Zeilen mit jeweils vierzig Buchstaben passen und das man – dank einem Kontrastverhältnis von ungefähr 1:2 – nur bei grellstem Sonnenschein erkennen kann. Immerhin taugt die Tastatur was: Ihre schweren braunen Tasten klappern beim Tippen schön laut, ganz anders als die modernen Keyboards mit ihrem diskreten Klicken.

Damit man mit dem Tandy auch was anfangen kann, haben ihm seine Erbauer ein erträgliches Textverarbeitungsprogramm spendiert; ein gewisser Bill Gates hat das übrigens noch persönlich geschrieben.

Ein wirklich cooles Feature hat die Kiste allerdings, das muss man zugeben: das Batteriefach auf der Rückseite, wie bei einem billigen Hongkong-Spielzeug. Da kann man vier Walkman-Batterien reinstecken, und dann läuft die Kiste auch ohne Kabel. Apropos: Sagt heute jemand noch Walkman-Batterien? Und wenn nicht, wie heißen die dann? Jedenfalls kann man mit einem Satz Batterien fast einen ganzen Tag und eine ganze Nacht durcharbeiten. Eine Ausdauer, die selbst moderne Kisten nicht bringen. Weil der Tandy so wenig Strom nippt, hat die Nasa den gleichen Prozessor auch in ihren Mars-Rover gesteckt.

Auf der Erde fuhren Walfisch-Forscher, Reporter und IT-Schrate jeder Art auf den Tandy ab. Und die wollen jetzt ihre Memoiren aus der Mottenkiste rausgezogen haben. Tadaaa! An dieser Stelle tritt der brutalst überbezahlte *Data Retrieval Specialist* auf den Plan und krempelt sein Brooks-Brothers-Hemd hoch.

Das heißt, so richtig hochkrempeln muss er die Ärmel nicht mehr. Nach gefühlten 175 Tandys kann ich die Dinger im Schlaf auslesen: einfach hinten dieses Kästchen dranstecken, das so tut, als ob es ein externes Diskettenlaufwerk ist, warten, bis das Wunderding alle Daten abgesaugt und auf einen normalen Speicherchip gepackt hat. Fertig. So simpel, dass es schon fast peinlich ist. Jedes Mal frage ich mich, warum sich die Datacorp nicht einfach selbst für 100 Dollar so ein Auslesegerät bestellt hat.

Was am Schluss so aus dem digitalen Orkus auftaucht, lese ich mir schon lange nicht mehr durch. Ein Großteil gehört ohnehin in den I-always-loved-you-darling-Schmalz-Ordner, weil es meist irgendwelche Enkel sind, die Opas alten Rechner zu uns einschicken.

Nur letzte Woche, da war mal wieder ein echtes Highlight dabei: In dem Tandy, den die Datacorp rübergeschoben hat, steckten die Lebenserinnerungen eines Silicon-Valley-Pioniers. Wirklich pures Gold. Am besten war eine Story, die der Typ aus seiner Studi-Zeit aufgeschrieben hat. 1971 oder 1972 muss das gewesen sein. In Stanford hatten sie damals wohl gerade ihren ersten Arpanet-Anschluss gekriegt, und die Studis überlegten sich nun, wie sie die neue Technologie nutzbringend einsetzen konnten. Das waren die Siebziger, und die Antwort hatte man schnell gefunden: Dope. Per Mail kontaktierten die Informatiker ein paar Kollegen am MIT, also am anderen Ende des Landes, und machten aus, sich gegenseitig einen fetten Batzen Marihuana zu schicken. Da wurde der E-Commerce geboren! Steht in den Geschichtsbüchern komischerweise nicht drin.

R.S.
BROCK
CFT

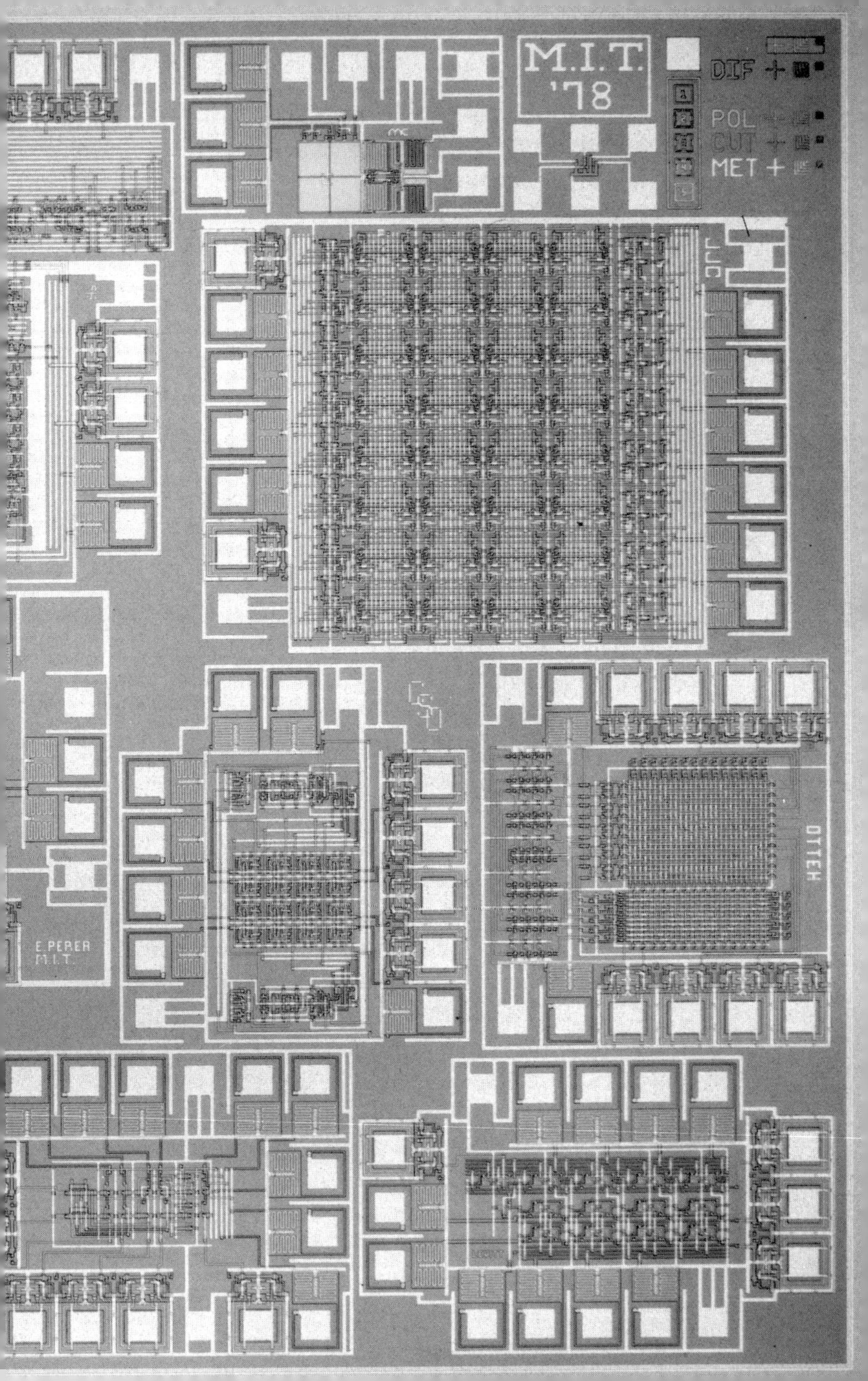
M.I.T.
'78
DIF
POL
CUT
MET
E.PERER
M.I.T.

Solche Perlen sind aber leider selten; die meisten geretteten Dateien enthalten wie gesagt die Memoiren von Herren, die alt, aber nicht weise geworden sind.

Anders als Nickybaby muss der *Data Retrieval Specialist* natürlich auch keine Dienstreisen machen. Die Kisten kommen immer per Kurier. Paket auf, Daten auslesen und hochladen – schon ist das Gehalt verdient.

Umso seltsamer, dass mich Major Tom heute persönlich sehen will.

$0007 Major Tom heißt in Wirklichkeit nicht Major Tom, sondern John, und ist seit zwei Jahren unser Chef. Wir nennen ihn deshalb Major Tom, weil er aussieht wie ein Astronaut und Nick und ich die letzten Menschen auf diesem Felsen im Weltraum sind, denen dabei zuerst »Space Oddity« von Bowie einfällt.

John gehört jedenfalls zu diesen amerikanischen Übermenschen, die mit jeder Körperzelle Perfektion ausstrahlen. Ihre Zähne strahlen wie weiße Orgelpfeifen und stecken in einer Kinnlade, die breit ist wie ein Bagger. Ihr Brustkorb füllt das Business-Hemd aus, als würde ein Fass darunterstecken. Sie laufen den Halbmarathon in weniger als anderthalb Stunden und drücken locker 150 Kilo auf der Bank. Doch was besonders ärgerlich ist: Sie weigern sich einfach, ins Klischee des dumpfen Quarterbacks zu passen, sondern reißen nebenher noch Astrophysik *summa cum laude* runter.

All das trifft – wenn der spärliche Kollegen-Tratsch stimmt – auf Major Tom zu. Aber eigentlich wissen wir nichts über ihn. Weder wie alt er ist noch wie er mit Nachnamen heißt oder wo er wohnt. Hat er überhaupt ein Zuhause? Außer in Flughafen-Lounges, Mietbüros oder Rechenzentren haben wir ihn jedenfalls noch nie getroffen. Er schwebt wie ein echter Astronaut über den Dingen.

Das hat natürlich Methode. Denn viele Klienten der Datacorp sind *Agencies* – Behörden, Geheimdienste und staatliche Forschungslaboratorien. Die behandeln ihre Mitarbeiter ja seit jeher nach dem Champignon-Prinzip: *Keep them in the dark and feed them shit.* Halt sie im Dunkeln und gib ihnen Scheiße zu fressen. Je weniger sie wissen, umso besser.

Genau diesen Kurs fährt die Datacorp. Keine Namen, keine Adressverzeichnisse, kein Organigramm. Bei allen Aufträgen beleuchten sie nur ein klitzekleines Stück Weg vor dir, sodass du gerade nicht über ein Hindernis stolperst, aber der Rest immer schön im Dunkeln bleibt. Bevor ihn die Databorgs assimiliert haben, vertrat Nick sogar mal kurzfristig die Theorie, dass der Laden der CIA oder NSA gehört.

Fest steht, dass John immer für eine Überraschung gut ist, gerade was die Immobilien angeht. Die Datacorp hat nämlich nach dem Ende des Kalten Krieges weltweit Liegenschaften der U.S. Army aufgekauft und umgebaut. Da werden dann Daten, Speichermedien und alte Maschinen eingemottet, für den Fall, dass es nicht reicht, die alten Systeme auf neuen zu simulieren. Um Lochkarten auszulesen, brauchst du halt einen Lochkartenleser, da hilft auch die beste Emulation nicht.

Eine Zeit lang ging sogar das Gerücht in der Firma rum, Major Tom würde in einem alten Fernsehturm residieren, was natürlich für einen Astronauten mehr als angemessen wäre, sich aber dann als Bullshit erwiesen hat. Wo er wirklich wohnt, weiß niemand.

Aber sicher nicht hier, oder?

2,5 Kilometer Entfernung bis zum Ziel, steht am rechten oberen Rand des Navi-Displays. Das kann nicht stimmen. Kaum etwas passt hier weniger hin als eine Niederlassung des globalen Konzerns Datacorp. Der Wagen pflügt sich durch tiefe Wasserrinnen, die Millionen von Lkw in Laufe der Jahrzehnte in die Straße gedrückt haben. Links und rechts ziehen Lagerhallen vorbei, Verladerampen und Logistikkathedralen. Vor *Manu's Grill*, dessen Apostroph im Namensschild mindestens so fett ist wie die Fritten drinnen, herrscht gähnende Leere; alle Lkw-Parkplätze sind noch frei. Ein selbst gemaltes Schild im Fenster bewirbt einen

»Kraftfahrer-Teller« für 3,50 Euro. Weiter weg vom Silicon Valley kann man auf diesem Planeten eigentlich nicht sein.

Und trotzdem zeigt das Navi nur noch einen Kilometer an.

Der Puls am Hals drückt gegen den Sicherheitsgurt.

Noch 500 Meter, 300, 150, 50.

Endlich, eine freie Fläche mit Kopfsteinpflaster. Vor den Scheinwerfern rasen Regentropfen vorbei, dahinter ist nichts zu erkennen. Ich stelle den Motor ab. Jetzt nur noch in den beigen Staubmantel zwängen, ohne dabei vom Fahrersitz aufzustehen. Minutenlanges Gewürge. Gottseidank ist niemand in der Nähe, der mein Gespaste mitansehen muss.

Die Luft draußen fühlt sich an, als würde man in einen Keller runtersteigen. Klamm und modrig. Die Warnblinkanlage blitzt zweimal auf, bestätigt, dass der Wagen verriegelt ist. Nachdem das Licht im Fond verglüht ist, lässt sich zum ersten Mal das Ziel erkennen: ein dunkler Umriss, ein dreistöckiges Haus zwischen hohen Bäumen, deren Äste fast bis auf den Boden runterhängen. Hier wohnt er also, der große Boss. Und lädt mich in sein Reich ein, auf einen Tee bei Dr. Borsig, einen Scotch, Proteinshake oder was auch immer. Selbst für einen Sozialallergiker eine nette Aussicht.

Unter den Sohlen knirscht es. Eine Villa mit Park und Kiesauffahrt, das hat Klasse. Ist aber gleichzeitig auch ein bisschen altbacken, zu John hätte eher so ein Bungalow gepasst wie der von Camerons Dad in »Ferris macht blau« – so ein Glaskasten im Wald. Oder der Fernsehturm halt.

Eine nackte Glühbirne wackelt im Wind über dem Eingang. Vor dem eigentlichen Haus steht vorne ein kleinen Haus, mit Giebeldächlein aus rostbraunen Ziegeln obendrauf. Überraschend romantisch. Überhaupt passt der ganze Bau nullkommanull hierher, irgendwas stimmt mit dem Stil nicht. Die vielen kleine Erker und Anbauten sehen eher nach Pater Browns Pfarrhaus aus. Major Tom vom Hightech-Konzern Datacorp – ein Freund des britischen Landhausstils?

Ich klopfe mir an der ersten Treppenstufe die Kiesel von der Schuhsohle runter, dann nehme ich die restlichen zwei mit einem dynamischen Schwung – für den Fall, dass jemand durch den Spion schaut. Auf dem Klingelschild steht kein Name, natürlich. Es ist aus dunkelbraunem Bakelit und sieht nach Führerbunker aus. Irgendwie alles schmuddelig hier. Unter dem Handlauf der Treppe und überall da, wo kein Wind hinkommt, zieht sich der Grünspan den Putz runter.

Ich drücke die Klingel. Drinnen plärrt ein Summer.

Für seine Verhältnisse öffnet John die Tür schnell; er ist bekannt dafür, seine Mitarbeiter warten zu lassen.

»Kee, come in.«

Er versucht, zur Begrüßung ein freundliches Gesicht aufzusetzen, doch an dem Tempo, mit dem er sich umdreht, um in den nächsten Raum zu stürzen, merkt man, dass er nicht bei der Sache ist. Vielleicht wartet jemand am Telefon, oder – was für eine unvorstellbare Normalität – seine Frau!

Schon beim ersten Zimmer wird klar: wieder Fehlanzeige. Auch das kann nicht Johns Zuhause sein. Zu geschmacklos, zu leer. Der Raum ist bis zur Decke mit dunkler Eiche verkleidet, an der Decke hängt ein wirklich widerlicher Oma-Kristallleuchter. John bemerkt meinen Blick.

»Denkmalschutz, nichts zu machen.«

Nur am »l« von »Denkmal«, das er leicht unter den Gaumen rutschen lässt, hört man, dass er aus den Staaten kommt. Ansonsten ist sein Deutsch wie immer beschämend perfekt, genau wie seine Kleidung. Da schenken er und Nick sich nichts: Die Bügelfalte seiner schwarze Flanellhose fällt wie mit dem Lot gezogen runter auf seine Penny-Loafer. Obenrum inszeniert er mit einem halb offenen – heute lachsfarbenen – Hemd wieder diese typische Lässigkeit, die in der Firma jeder nachzumachen versucht. Der braune Astronauten-Scheitel sitzt, aber die fast schwarzen Pupillen wandern unruhiger als sonst umher. Sollte der große Meister tatsächlich mal nicht nur in Eile, sondern wirklich gestresst sein? Auf den zweiten Blick wirkt sein Gesicht ungewohnt blass.

»Ja, erst mal danke, dass Sie gekommen sind.«

»Kein Problem«, lüge ich frech.

Er macht keine Anstalten, mir den Mantel abzunehmen oder die Garderobe zu zeigen, sondern biegt schnurstracks in das nächste Zimmer ab. Damit dürfte das gemeinsame Teeründchen gegessen sein.

Auch in diesem Raum stehen keine Möbel, sondern nur ein Billardtisch, der von einer ganzen Batterie absolut nicht Energie sparenden Glühbirnen ausgeleuchtet wird. Die Szene stinkt so sehr nach alter Zeit, dass man erwartet, gleich käme ein Wehrmachtsoffizier mit Knobelbechern reingestürmt, um eine Generalstabskarte mit kleinen Panzern drauf auszurollen.

In der Mitte der abgewetzten grünen Filzebene liegt ein schwarzes Gerät, ungefähr doppelt so groß wie der verhasste Tandy.

»Well, here we are.«

Major Tom breitet die Arme aus, als wollte er ein Publikum begrüßen, zieht sie aber schnell wieder zurück, weil er merkt, wie lächerlich die Showbiz-Geste bei ihm aussieht.

»Anyway, I've got something special for you.«

Er reicht den Rechner rüber; sieht aus wie zwei Toshiba-Laptops aus den Neunzigern hintereinandergelegt, oder wie eine tragbare elektrische Schreibmaschine der letzten Generation vor dem Aussterben.

Dass John sich nicht die Mühe macht, beim Deutsch zu bleiben, zeigt, wie sehr er unter Strom steht. Wie auf ein Stichwort beginnt im angrenzenden Zimmer ein Telefon zu plärren.

»Sorry.«

John wirft einen genervten Blick gen Himmel, legt den Kopf etwas schief und biegt um die Ecke. Nach zwanzig Sekunden kommt er zurück, und unser Treffen löst sich – wie alle vorherigen – schnell und in allgemeinem Unbehagen auf. Ich fühle mich wie bestellt und nicht abgeholt; an ihm nagt das schlechte Manager-

Gewissen, weil er nicht die Chance genutzt hat, mich richtig kennen zu lernen.

Quasi als Entschädigung gibt er sich zum Abschied nochmal kurz Mühe, Deutsch zu sprechen: »Ich rufe Sie morgen wegen der Einzelheiten an.«

Beim »an« ist er schon zwei Zimmer weiter und kaum noch zu verstehen. Ein unverschämter deutscher Gastgeber hätte hinzugefügt: »Sie finden ja raus.«

War John jemals nicht in Eile?

Ich klemme den Rechner, der bleischwer ist, unter den Mantel und schließe wie ein braves Kind alle Türen hinter mir. Draußen nieselt es jetzt stärker, also heißt es zum Wagen rennen, um nicht nass zu werden.

Erst hinter der Autobahnauffahrt gönne ich mir einen langen Blick auf den Kasten, der vor dem Beifahrersitz auf dem Boden liegt. Richtig erkennen kann man ihn nur, wenn beim Überholen die Scheinwerfer des Hintermanns durch den Innenraum streifen. Ansonsten scheint die Oberfläche des Gehäuses das Licht geradezu aufzusaugen.

Warum durftest du nicht mit der Post reisen?

$0008 Major Tom hat natürlich nicht angerufen. So was macht er nie. Wenn überhaupt, überlässt er es seinen Vasallen, Informationen zu verteilen. Die geben dann Befehle durch, die mit einem »John meinte, dass du ...« anfangen. Macht nichts, dass er nicht angerufen hat – im Gegenteil. Wenn er nämlich angerufen hätte, müsste ich mich jetzt mit dem kleinen schwarzen Kasten beschäftigen und könnte nicht auf dem Balkon des Dorint sitzen und ein Radler zischen.

Schon nach einer kurzen Inspektion ist mir nämlich die Lust an dem neuen Gadget vergangen: In der Rückseite der Kiste steckt ein Port, in dem weibliche und männliche Stecker gemischt sind;

die Sorte habe ich noch nie gesehen. Dafür einen Adapter zu löten würde Ewigkeiten dauern, neue Software für den Datenaustausch zu schreiben erst recht. Von der Stromversorgung mal ganz abgesehen: Bei dem Rechner lag nämlich nicht mal ein Netzkabel dabei – so, als ob er vom Lastwagen gefallen wäre.

Außerdem ist Samstag, und man muss ja nicht den Arbeitswahn der Amis nachmachen. Vor mir steht das Radler, von dem ich seit der LegaSys träume, und ich genieße die Nachmittagssonne.

Nick nennt meine Bude immer Dorint, weil die Gänge des Apartmenthauses mit dunkelrotem Teppich ausgelegt sind, genau wie in den Schlafburgen am Stadtrand. Fand er damals todkomisch, das Wort. Ich mag das Dorint trotzdem. Es ist herrlich anonym und gerade teuer genug, um das schlimmste Volk draußen zu halten – also Leute wie uns, bevor man uns den Job vor die Füße gelegt hat.

Anders als Nick bin ich nicht fünf Minuten, nachdem wir den Arbeitsvertrag bei der Datacorp unterschrieben hatten, losgerannt, um meine Studi-Bude zu kündigen. Nein, ich fand, dass eine Veränderung am Tag mehr als genug war. Und so sitze ich weiter schön in 30 Quadratmetern mit meiner Sammlung toter Medien und genieße die Freiheit. Ich muss keinen Rasen mähen, keine Sträucher schneiden und keine der anderen Frondienste erbringen, bei denen sich Nick jedes zweite Wochenende verletzt.

Apropos. Er hat sich gerade gemeldet und gefragt, ob ich Lust hätte, heute Abend bei ihm im Garten abzuhängen. Seit er stolzer Besitzer eines Reihenhauses ist, schlägt er das regelmäßig vor, und ich ignoriere es genauso regelmäßig. Heute habe ich ihm zugesagt und fühle mich direkt gut dabei.

Warum nicht? Er hat durchblicken lassen, dass wir allein sind, Sabina also nicht auf die Spaßbremse treten kann. Kann er sich gleich mal den schwarzen Kasten angucken.

Das Telefon klingelt wieder. Andie ist in der Leitung. Es scheint ein Tag der angenehmen Überraschungen zu werden.

»Hi«, säuselt sie heiser ins Telefon, »I just got up.«

Vielen Dank, dass du diese weltbewegende Neuigkeit mit mir teilst.

Ich schreie »*Thanks for sharing*« in den Hörer und pfeffere ihn so lange gegen die Wand, bis die schwarzen Plastikbrösel über den ganzen Teppich verteilt sind.

Zumindest hätte sie es verdient – so lange, wie sie sich nicht gemeldet hat. Aber Andie ist halt eine Göttin, und genau so muss sie auch behandelt werden. Also überziehe ich mein Lübke-Englisch fingerdick mit gespielter Besorgnis und erkundige mich, warum sie denn so heiser sei, ob es ihr auch gut ginge und so weiter. Schon während des Redens fällt mir auf, was für einen unfassbar banalen Scheiß ich ablasse. Es stimmt einfach: Auf Englisch ist man dümmer.

Ach, sie sei mit den »graphics guys« gestern Abend aus gewesen, und es sei soooo lustig gewesen, flötet sie in die Leitung. Damit meint sie zwei Schmierlappen, die seit letztem Monat bei der Datacorp dafür zuständig sind, alte Computergrafiken zu konvertieren. Wie schwer kann das wohl sein? Ich hasse sie jetzt schon. Wahrscheinlich ehemalige Agenturfritzen mit Pseudo-Iro, denen John womöglich erlaubt, ihre schwarzen Hemden weiterzutragen.

Obwohl ihr erstes Projekt echt cool war, das muss man zugeben: Also, eine Woche, nachdem sie bei der Datacorp angefangen haben, ruft in ihrer Abteilung irgendein Museum an. Man habe da im Nachlass von Andy Warhol einige Disketten für den Amiga gefunden und frage sich, was da wohl drauf sei, erzählt der Kurator. Die Deppen schauen sich die Sache an und finden zwanzig vom Meister selbst am Rechner handgepixelte Porträts von Marilyn Monroe. In ihrem G5 kloppen sie die Frames zusammen, hauen den passenden Soundtrack drauf – und schon ist eine der ältesten Multimedia-Präsentationen der Weltgeschichte gerettet: *You are the one*. Diese fünfzehn Minuten Ruhm schlachten sie anscheinend noch heute aus, um Geek-Girls abzuschleppen. Da kann man mal sehen, dass ein MacJob nicht unbedingt ein McJob sein muss.

Andie ist mittlerweile aufgewacht und schnattert ohne Punkt und Komma.

»... and he was, like, you can't be serious!« Bla, bla, bla. Dazwischen immer dieses Idioten-Füllwort »like«. Und ich so, und er so, und sie dann – sie klingt wie alle College-Schnepfen aus den Staaten mit ungefähr einer Gehirnzelle.

Dabei ist sie nicht doof, sogar ziemlich clever, mit MBA und so. Wir haben sie damals bei unserem ersten Einsatz kennen gelernt, auf dem Weg nach Russland. Sie war dafür zuständig, dass der Jet uns pünktlich nach Moskau bringt. Solche Sachen sind ihr Job: Die Firma, bei der sie arbeitet, heißt Jeppesen International Trip Planning und ist eine Art von Reisebüro, das für die Datacorp Privatflüge organisiert und all das, was man nicht ohne Weiteres im Netz buchen kann. Mittlerweile ist sie bei der Firma Vice President of Irgendwas, wie jeder zweite Ami eben.

Jeppesen hat sich auf nicht ganz astreine Aktionen spezialisiert. Als wir zum Beispiel aus Russland zurückkamen, hatte es einer der Datacorp-Muftis an Bord furchtbar eilig; er zitierte den Piloten nach hinten, um ihm irgendwelche Sonderanweisungen durchzugeben. Danach gingen Landung und Abfertigung verdächtig schnell über die Bühne. »Der Pilot hat bestimmt *ATFM-Ausschluss* an den Tower gefunkt – das ist das Kürzel für Schwerverletzte an Bord. Alter CIA-Trick, so wird man schneller durchgewunken«, hatte Nick rübergeflüstert. Damals hielt ich das für eine seiner Wahnvorstellungen; heute bin ich mir nicht mehr sicher. Andie hat nur gelacht, als ich sie später mal drauf angesprochen habe. Gelacht, aber nicht widersprochen.

Jedenfalls war ich mir – mit mir selbst – schnell einig, dass Andie eine Göttin sein muss. Nick zu solchen Sachen zu befragen macht keinen Sinn, denn der ist sogar verbal seiner Sabina treu. Er fährt voll das retrosexuelle Programm: ausrücken zum Jagen, Frau erlegen und danach keine andere mehr angucken.

Jedenfalls ist Andie einfach perfekt: Die schwarzen Korkenzieherlocken, die Augen von Counselor Troi aus der »Next Generation«

und die Figur von Kelly LeBrock in »L.I.S.A. Der helle Wahnsinn« – der Film, in dem sich die zwei Nerds am Rechner ihre Traumfrau zusammenbasteln. Yeah, die Szene mit den 3D-Vektorgrafikbrüsten, unvergessen.

Ergibt zusammen Andie MacDowell aus der Zeit von »Sex, Lies, and Videotape«, noch bevor sie in »Und täglich grüßt das Murmeltier« etwas zu sehr ins Mütterliche abrutschte. Dass Andie dann echt noch Andrea heißt, hat den letzten Zweifel ausgeräumt: Sie kann nur eine Göttin sein.

Und die steigen halt nicht vom Olymp runter, auch nicht zu mir, obwohl ich zwei Jahre lang alles versucht habe. Also »alles« im Sinne von *einmal fragen, ob sie mit mir ausgeht, ein »Nein« kassieren und sofort aufgeben.*

Seitdem bin ich ihr »buddy«, den sie gerne mal anruft, wenn sie sich langweilt. Der nette Depp from Old Germany, dem die ach so isolierte Geschäftsfrau gefahrlos ihr Herz ausschütten kann.

Als ob sie keine Freunde hätte. Andie wohnt in Georgetown, einem – wie sie behauptet – furchtbar hippen Stadtteil von Washington D. C. mit reichlich Kneipen um die Ecke. Da waren wir einmal sogar zusammen weg, zufällig nach dem so genannten Boot Camp – das ist ein Kurs, bei dem das Datacorp-Management den Neulingen die wichtigsten Sachen beibringt. Ist schon lange her, aber an dem Abend lag was in der Luft, ganz sicher.

Klar: Als Mann denkt man ja latent, eine Liga höher zu kicken, als man in Wirklichkeit kann. Aber nicht in dem Fall, wirklich: Als sie sich zur Verabschiedung rüberbeugte, da war ein Sekundenbruchteil diese Verzögerung, so, als wüsste sie nicht, wohin die Reise gehen soll. Der Abschiedskuss landete dann doch auf der Wange. Trotzdem – da war was.

Ihre Kneipenstory ist mittlerweile nahtlos in einen Tätigkeitsbericht der letzten Woche übergegangen.

»... and the phone was, like, ringing *all the time* ...«

Wie immer, wenn sie ihren Müll fertig abgeladen hat, faselt sie etwas davon, dass man sich doch mal in San José/Kalifornien treffen könne; da liegt die Zentrale von Jeppesen, und wie immer bekunde ich, wie »great« das sei und wie unbedingt man das mal machen müsse.

Doch dann weicht sie auf einmal vom Programm ab. Ihre Stimme verlässt die hohe Schnatterfrequenz und klingt ungewohnt ernst. Sie habe das Gefühl, da sei irgendwas Großes am Laufen und ich solle gut aufpassen. Noch bevor ich nachfragen kann, bricht sie das Gespräch ab.

»Hey, take care. Gotta go.«

$0009 Nie wieder Vorstadt. Über keine Sache waren wir uns als Teenies in unserer Trabantenhölle so einig. Nie wieder kleine Reihenhäuser mit Flachdächern und Hausnummern, die in total lustigen Farben angemalt sind. Nie wieder verkehrsberuhigte Spielstraßen, Tempo-30-Bodenschwellen, Wohnwege mit abgezirkelten Beeten. Nie wieder Carports mit diesen Beton-Sechsecken auf dem Boden, zwischen denen das Gras wohl kontrolliert durchwachsen kann. Nie wieder Samstagabende, an denen es nichts zu tun gibt, als anderen Gelangweilten dabei zuzusehen, wie sie Wohnweglaternen austreten.

Wenn wir groß sind, leben wir in der Stadt, das war völlig klar, und zwar in einer verdammt großen Stadt, in einem Moloch. Wo täglich Hunderte von Morden passieren, der Verkehr alles andere als beruhigt ist, und Straßengangs vor deiner Haustür mit 100 Sachen langbrettern, während sie mit ihren Uzis den Bürgersteig bestreichen.

Und selbstverständlich würden wir nicht im Reihenhaus leben, sondern in einem abgefuckten Loft, zu dem ein abgefuckter Industrieaufzug hochfährt. Und auf dem Weg nach oben würde man ein Fotomodell, nun ja, man würde es mit ihr *treiben*, genau – *treiben*. Es war damals wie mit den Eskimos und Schnee, nur umgekehrt: Womit man nichts zu tun hatte, dafür kannte man auch keine

Worte. Schließlich hatten wir damals nur eine einzige Frau regelmäßig nackt gesehen – und zwar die in der Fernsehreklame für Fa-Duschgel. Wie dem auch sei, die Kleine müsste jedenfalls aussehen wie die Models aus dem Video zu »Addicted to Love« von Robert Palmer, Gott hab ihn selig. Nicht irgendein Mädchen aus der Vorstadt mit Nasenring aus Phosphor.

Aber zurück zum Loft. Viele Sachen gäb's da oben nicht, nur einen *Hamilton Beach* Mixer für die Cocktails und so ein Gestell an der Decke, wo man sich mit den Füßen reinhängen und Bauchübungen machen kann – wie Richard Gere in »American Gigolo«. Möbel und Lampen hätten wir keine, und wenn, dann wären sie noch vom Vormieter übrig und mit Laken abgedeckt, genau wie seine sterblichen Überreste vor der Tür, nachdem ihn eine Gang vor der Tür niedergemäht hat.

Die einzige Lichtquelle in unserem Loft wäre ein riesiger Ventilator, durch den von hinten fahles Licht scheint und der quälend langsam die schwüle Luft durchquirlt. Yeah, unser Leben wäre von Ridley Scott inszeniert.

Hauptsache, nie wieder Vorstadt.

Ich parke mein Auto direkt vor Nicks Haus. Es war gar nicht leicht zu finden, hier draußen, zwanzig Lichtjahre vom nächsten Milchkaffee zum Mitnehmen entfernt. Der Bungalow liegt am Ende einer verkehrsberuhigten Spielstraße, eine knallrote »6« aus Plastik hängt neben der Tür, und der Carport ist nur wenige Schritte entfernt. Gottseidank ist von hier aus der Boden nicht zu erkennen. Wie heißt das nochmal, wenn die Geiseln sich mit den Entführern zusammenrotten? Stockholm-Syndrom? Oder war es Helsinki?

»Hi«, trällert Sabina, als sie mir die Tür öffnet.

Sollte die nicht weg sein?

»Ich bin auch gleich weg«, sagt sie.

Bitch, kannst wohl Gedanken lesen? Auch erfreut, dich zu sehen.

»Hi«, sage ich und trete mir die Füße an der Matte ab. »Bed & Breakfast« steht drauf, immerhin – ein Relikt durfte Nick aus seinem altem Medienbunker mitnehmen.

Warum konnte ich Sabina nochmal nicht leiden? Ach ja, genau, seit sie am Start ist, steht Nick unter ihrer Befehlsgewalt – und nicht mehr unter meiner, so war das. Ist natürlich albern, weil ich reichlich Zeit gehabt habe, mich daran zu gewöhnen. Die zwei hocken schließlich schon seit der Mittelstufe aufeinander – bis auf das halbe Jahr, in dem sie laut Nick »eine Pause« gemacht haben. Aber seit Nickybaby einen gut bezahlten Job hat, fährt die kleine Goldgräberin wieder voll auf ihn ab.

Alles heile Welt jetzt, Heirat nicht ausgeschlossen. Lustig, dabei wären Sabina und *ich* fast mal zusammen gewesen, damals in der Mittelstufe. Auf irgendeiner Kirmes wurde hinter der Frittenbude sogar geknutscht, soweit ich weiß. Sie hat das natürlich immer bestritten und sich quasi zum Beweis kurz darauf an Nick rangehängt. Seitdem pflegen wir eine leichte Abneigung, für die wir – das muss man sagen – langsam etwas zu alt werden.

Ich schaue ihr nach, wie sie vor mir den Flur entlangläuft. Sabina ist nicht die Größte, vielleicht 1,65, und wie viele Mädels von dem Format hat sie jahrelang gegen Pummeligkeit gekämpft. Seit Kurzem scheint sie das Problem im Griff zu haben und kriegt langsam – auch dass muss man zugeben – eine richtig gute Figur: schlank und trotzdem wie eine echte Frau.

Der schwarze Rocksaum rutscht bei jedem Schritt von der rechten zur linken Kniekehle, dazu platschen ihre kleine nackten Füße leise auf den Laminatboden. Ihre Fußnägel glänzen dunkelrot, sie muss sie gerade lackiert haben. Im Flur steht noch der Geruch der Entfernerpads.

Sabina dreht sich halb um und pustet eine blonde Haarsträhne aus der Stirn.

»Und, alles klar?«

Wow, ihr schwarzes Top spannt ja ziemlich, so von der Seite gesehen. War das schon immer so?

»Jau, alles klar«, antworte ich brav.

Die Einrichtung zieht vorbei. Vom Studentenstil früherer Tage ist nicht mehr viel übrig. Da musste sich der gute Nick aber von vielen seiner Lieblingsteile verabschieden. Mitten im Wohnzimmer steht ein Esstisch mit weißen Plastikstühlen drum herum, die aussehen, als hätte man sie auf der »Mondbasis Alpha Eins« mitgehen lassen. Daneben Bücherregale mit quadratischen Fächern, in denen ordentlich arrangiert einige Kunstbücher lehnen. Die können unmöglich von Nick sein, der liest – wenn überhaupt – nur Handbücher.

Sabina dreht sich nochmal um. Nochmal wow. Dann bemerkt sie Johns Laptop unter meinem Arm.

»Soll ich dir das abnehmen?«

Was ist, wenn sie ihn fallen lässt? Das Teil ist schließlich superschwer. Unsinn. Vielleicht ist es langsam echt Zeit, mit dem Teeniescheiß aufzuhören.

»Ja, danke.«

Ich reiche ihr zügig den Rechner rüber. Sie lächelt und legt ihn extra vorsichtig in eines der Regale. Ihre Fingernägel hat sie auch lackiert, dunkelrot.

»Nick ist unten im Garten«, sagt sie und fängt richtig an zu strahlen, viel netter, als es ihr peinlicher Gast verdient hätte. Dann streckt sie die Hand rüber.

»Ich sage schon mal tschüss, dann muss ich euch gleich nicht nochmal stören.«

Ich gebe ihr die Hand und versuche, sie nicht allzu lange zu schütteln.

»Ja, tschüss dann.«

$000A Durch die halb offene Terrassentür zieht es kühl rein. Die Luft riecht, wie sie am Ende eines langen Frühsommertages in der Vorstadt riecht: nach Geranien, Grillanzünder und frisch gesprengtem Rasen. Noch ein Blick zurück, nochmal Sabina anschauen; doch sie ist schon wieder weg. In einem Zimmer klirren Gläser oder Parfümfläschchen. Ich gehe hinaus auf die Terrasse.

Der Himmel ist dunkelblau, nur hinter dem Hausdach glüht er noch orange nach. Ein Schwarm Mücken spielt in den letzten Sonnenstrahlen, irgendwo lachen Kinder.

Von Nick ist nichts zu sehen.

»Alter?«

»Bin hier drüben!«, kommt es dumpf aus dem Garten.

Ich laufe über die hellbraun geflieste Terrasse und steige drei Stufen zur Rasenfläche runter. Der Garten ist überraschend groß und zieht sich hinten um das ganze Haus herum. Da, wo das Gras aufhört, markieren hohe Tannen die Grenze zum nächsten Grundstück, sodass man das Gefühl hat, auf einer Waldlichtung zu stehen.

Um die Ecke erwartet mich Nick mit einer schönen Überraschung. Er hat Gemütlichkeit installiert! Am Rand des Rasens, eingeschlossen zwischen großen Büschen, hat er nebeneinander zwei Holzliegestühle Marke Traumschiff aufgeklappt, dazwischen stehen Bierflaschen und – oh Mann – ein Teelicht. Das dürfte wohl Sabinas Beitrag sein; ich kann ihr Gemecker fast hören: »Ihr könnt doch nicht so im Dunkeln sitzen.«

Nick steht zur Begrüßung auf.

»Cool, dass de gekommen bist.«

Ich schlage zum Bikergruß ein.

»Kein Thema.«

Er lächelt breit – und noch breiter, als ich eine Packung Quaxi Fröschli aus meiner Jackentasche fische.

»Sehr schön«, lobt er.

Wie in der guten alten Zeit. Wir lassen uns in die Stühle fallen und prosten uns mit zwei Coronas zu, die fertig geöffnet im taunassen Gras auf uns gewartet haben.

Dann ist Nick am Retrozug. Er greift unter seinen Lehnstuhl und zieht einen kleinen Radiorekorder hervor. Aber nicht irgendeinen Radiorekorder, sondern *den* Radiorekorder: einen Fisher PH855L in Metallic-Rot. Den Ghettoblaster, der gut und gerne fünfzehn Jahre lang den Soundtrack zu unserem Leben geliefert hat.

Mit hochgezogener Spock-Augenbraue betätigt er die verchromte Play-Taste.

»Bereit, den Flux-Kompensator zu starten?«

»Auf jeden Fall!«

Drums please.

Wir müssen beide fett grinsen. Ohne auf die Kassette zu gucken, ist klar, was mit schwarzem Edding draufgekritzelt ist: *Chillout '94*.

Und schon zischt die Zeitmaschine ab. Wir sitzen nicht mehr vor einem Bungalow in der Vorstadt, sondern auf der Wiese vor der Uni, mit genau diesem Ghettoblaster. Und aus seinen schäbigen Boxen klirrt der einzige und ewige und ultimative Sommerhit: »Summertime« von DJ Jazzy Jeff and the Fresh Prince.

Here it is the groove slightly transformed
just a bit of a break from the norm

Okay, an sich undenkbar, einem Saubermann wie Will Smith eine Chance zu geben, zumal, wenn man so hart drauf ist wie wir damals. Verdammt hart also. Außer NWA und 2Pac kam uns nichts in den Ghettoblaster, und 2Pac auch nur, bis er »Dear Mama« rausbrachte und damit zu einer Art Ghetto-Heintje verkam. Solche Gefühlsduseleien passten nicht in unser Leben, das sich – zumindest in unseren Gedanken – eher in South Central als im Süden einer kleinen Stadt in Deutschland abspielte.

Think of the summers of the past
adjust the bass and let the alpine blast

Doch, doch, wir waren zumindest verbal richtig heftig drauf, kannten die Texte von den ganzen bösen Jungs auswendig. Und was könnte schon härter sein, als Reime vom »AK-47«, dem »Drive-By« oder »187« – dem Polizeicode für Mord – aus dem offenen Autofenster plärren zu lassen, während man über die Autobahn gondelt, um bei Muttern in der Vorstadt die Wäsche abzuliefern?

Leanin' to the side but you can't speed through
two miles an hour so everybody sees you

Ha, viel schneller fuhr Nicks alter Opel Kadett ohnehin nicht.

Wenn wir nicht gerade *cruisten*, hingen wir jedenfalls in diesem Park ab, egal, ob Semesterferien waren oder nicht. Die Nachmittage waren lang, Nicks Sonnenbrände schlimm und Frauen weit entfernt. Jeder dieser wunderbaren Tage endete mit dem gleichen Ritual: Wir tranken ein Gatorade, warfen »Summertime« rein und pfiffen auf unsere Street Credibility, weil ohnehin niemand in der Nähe war, der sie hätte würdigen könnte. Währenddessen gingen hinter dem archäologischen Institut die Sonne und unsere Jobchancen unter.

... and this is the Fresh Prince's new definition of Summer Madness.

Viel zu schnell ist der erste Song vorbei und das erste Corona fast leer. Ich stelle die Flasche im Gras ab.

»Ahh!«

»Ah«, echot Nick.

Nach einer kurzen Denkpause dreht er sich um.

»Sag mal, warum haben wir damals eigentlich immer Frisbee gespielt?«

Gute Frage.

»Weiß nicht. Vielleicht weil das bei den Jungs in den Musikvideos immer so unbeschwert aussah.«

Für Nicks Geschmack eine deutlich zu poetische Erklärung.

»... oder weil es vielleicht einfach Spaß machte«, knurrt er.

Doch keiner von uns hat noch genug Energie für weitere Diskussionen, und so greifen wir synchron zu unseren Coronas und genießen den Abend.

Als nächster Song kommt »Let Me Ride« von Dr. Dre, dann »On a Sunday Afternoon« von LSOB und zum Schluss, quasi für die Old School, »High Rollers« von Ice-T.

Während wir darüber nachdenken, was aus dem Mädel auf dem Plattencover von Ice-T geworden ist, verblasst auch noch das letzte Orange am Himmel. Im Busch neben uns fängt eine Grille zu zirpen an – ziemlich schwächlich und mit vielen Pausen, aber der Sommer hat ja gerade erst angefangen. Und über allem liegt das friedliche Rauschen der nahen Autobahn.

Da sitzen wir also in unseren Lehnstühlen, die letzte Mannschaft, auf dem letzten Außenposten. Gleich hinter dem Gartenzaun lauert die Zukunft. Wenn wir viel Glück haben, können wir sie noch für die Länge eines Songs aufhalten, bevor sie uns mit Petabyte-Rechnern, Chinesen und dem ersten Pflegefall in der Familie überrollt. Wir treiben in einer Nussschale durch die Dunkelheit – zwei verdammt müde Wohlstands-Homies.

$000B

»Ist dein Handy an?«

Nicks Stimme reißt mich hoch. Bin ich echt eingeschlafen?

»Nein, wieso? Das liegt noch im Auto.«

Nick hält mir den Rekorder direkt vors Gesicht.

»Meins auch nicht. Und jetzt hör mal!«, befiehlt er.

Die Boxen schweigen.

»Was?«

»Jetzt wart doch mal!« Tiefe Falten graben sich zwischen seine Augenbrauen.

Da! Stimmt, da ist was im Lautsprecher. Das typische Signal eines Handys, das sich gerade bei einem nahen Funkmast meldet; der Verstärker des Ghettoblasters muss es aufgeschnappt haben.

Krrrrrr, tick-t-tick, tick-t-tick, tick-t-tick.

Sicherheitshalber taste ich die Taschen meiner Jeansjacke ab. Definitiv, das Handy liegt im Auto.

»Woher kommt das, wenn unsere Handys aus sind?«

»Das frage ich dich!« Nick klingt jetzt richtig wütend.

Ohne Vorwarnung fällt er auf die Knie und fängt an, mit dem Teelicht in der Hand den Boden abzuleuchten. Was brennt zuerst an – sein Zeigefinger oder der Busch, unter dem er herkriecht? Dazu murmelt er ständig »Wo ist es?« Wirkt fast ein bisschen irre, der Gute. Vielleicht stresst ihn das ganze Erwachsenenspielen doch mehr, als er sich anmerken lässt. Ein Witzchen wird ihn entspannen.

»Wer weiß es? Die Klasse? Bueller? Bueller? *Bueller?*«

Nick reagiert nicht. Er ist mit seinem Teelicht unter einem Busch mit diesen dicken, wachsigen Blättern angekommen. Normalerweise würde er mich wenigstens irgendwie anpflaumen. Aber dieses eisige Schweigen ... Vielleicht ist es doch was Wichtiges? Ich beschließe, ihn ernst zu nehmen.

»Was suchst du denn?«

»Eine GPS-Wanze.«

Er steht kurz auf, um den Rücken durchzudrücken, dann taucht er wieder ab.

»Was?«, frage ich seine Klempnerspalte.

Ohne sich umzudrehen doziert Nick ins Unterholz hinein:

»So eine Art Handy mit besonders empfindlichem Mikrofon; hat eine eigene Telefonnummer und so. Wird einfach am Zielort deponiert. Und wenn *sie* wissen wollen, was an dieser Stelle gesprochen wird, rufen *sie* einfach die Wanze an und hören schön mit. Sendet auf 800, 900 und 1 800 Megahertz, kriegst du in Hongkong für ein paar Dollar an jeder Ecke.«

Woher er die Zeit nimmt, bei dem ganzen Geheimkram immer auf dem neuesten Stand zu bleiben? Wenn es um seinen Spionage-Militär-Verschwörungs-Kram geht, ist ihm kein Abo zu teuer, das war schon zu Schulzeiten so. Statt der *Bravo* lagen in seinem Jugendzimmer immer Zeitschriften wie *Jane's Defence Weekly* und natürlich auch *M. P.* rum, Meister Plattmachers rasantes Magazin. Im Studium wuchs sich das zu richtigen Wahnvorstellungen aus, vor allem, weil es dann das Netz gab und er sich mit anderen, noch viel durchgeknallteren Spinnern in den USA austauschen konnte. Damals war er eine Zeit lang sogar felsenfest davon überzeugt, dass ihn die National Security Agency auf dem Kieker hätte.

Ich dachte, die NSA-Paranoia hätte sich gegeben, seit er einen richtigen Arbeitsplatz, Lebensmittelpunkt und -partner hat. Aber dieses »sie« klingt ziemlich nach dem alten Geheim-Nick.

Na gut, damit »sie« uns nicht kriegen, werde ich ihm mal helfen.

Immer noch etwas schlaftrunken knie ich mich neben ihn ins Gras und fange – eher pro forma – an zu suchen.

»Wie sieht das Teil denn aus?«

Nick macht mit Daumen und Zeigefinger ein »O«, in das ein Kronkorken passen könnte.

»So groß ungefähr, aus Plastik.«

Da er das Teelicht hat, bleibt mir nur das Tasten. Widerlich, dieses Naturding, zwischen den feuchten Blättern stecken mit Sicherheit Dutzende von Tausendfüßlern, Nacktschnecken oder sonst was. Dr. Jones, das ist kein Popcorn unter unseren Füßen! Manchmal kann diese Freunde-in-der-Not-Sache echt lästig werden.

Zum Glück muss ich nicht lange Mithilfe vortäuschen.

Mit einem triumphierenden »Ha« zieht Nick etwas aus dem Gebüsch.

Sollte das echt eine Wanze sein? Hektisch friemelt Mr. Supergeheim einen Rosenast ab, der sich in seinem Pullover verfangen hat und ihn daran hindert, aufzustehen. Schließlich präsentiert er stolz seinen Fund: ein Teil, das von jedem x-beliebigen Rasenmäher abgefallen sein könnte. Nick hat echt nicht mehr alle Tassen im Schrank. Ich beuge mich ein bisschen vor und schaue zu, wie er das schwarze Plastikklötzchen vor dem Teelicht hin- und herdreht. Okay, an einem Gartengerät würde vielleicht mehr Dreck hängen, doch davon abgesehen ist es – ein Plastikklötzchen eben.

Auf einmal tickt Nick völlig aus. Ohne Vorwarnung schmeißt er das Teil ins Gras und tritt mit voller Kraft drauf, als ob er es töten will. Sein Fuß donnert ein paar Mal auf den Boden, dann kracht Plastik und das Teelicht geht aus.

Ist das noch Nick? Ich habe noch nie gesehen, dass er derart rohe Gewalt angewendet hat. Eigentlich habe ich noch nie gesehen, dass er überhaupt mal Gewalt angewendet hat, außer gegen den Joystick bei *Decathlon*. Gegen Nick ist der Dalai Lama ein Hooligan.

Dann drückt er auf die Beleuchtung seiner Digitaluhr und sagt laut und mechanisch die Zeit an. »Null Uhr zwei und fünfundfünfzig Sekunden.«

Die Show ist vorbei. Er dreht er sich um, und das Rascheln seiner Füße im Gras verschwindet Richtung Haus.

Erst jetzt bin ich richtig wach.

Und zum ersten Mal, seit ich denken kann, habe ich vor Nick Angst.

Ohne hinzusehen raffe ich vom Boden alles zusammen, was von dem Kästchen übrig geblieben ist.

$000C Klar, hat er ab und zu seine Wutausbrüche. Den letzten zum Beispiel kurz vor Weihnachten. Das war wirklich eine idiotische Geschichte, von der ich nie und nimmer gedacht hätte, dass sie irgendjemanden aufregen könnte. Die Sache lief so ab: Andie hatte mal wieder angerufen, um sich die Langeweile in ihrer Bürozelle zu vertreiben. Wir sprachen so über dies und das und landeten schließlich bei unserer Studienzeit. Ihre Geschichten drehten sich um Kappa-Delta-Alpha-Studi-Verbindungspartys, die allesamt so was von »awesome« waren. Langeweile in einer nie da gewesenen Dimension. Ich hab dann auch ein paar Episoden rausgekramt, zum Beispiel, dass Nick sich jahrelang seinen Frühstückstoast auf einem Bügeleisen gemacht hat. Eine völlig harmlose Geschichte also. Andie hat sich total weggeschmissen vor Lachen.

Am nächsten Tag jedenfalls ruft Nick an und schreit mich ohne Vorwarnung zusammen. Wie ich so was rumerzählen könne, das gehe in der Firma niemanden was an, und überhaupt sei das total »unprofessionell« von mir. Noch bevor ich irgendwas sagen konnte, hatte er auch schon wieder aufgelegt. Eine ganz seltsame Sache. Bis heute verstehe ich nicht, was er wollte. Dürfen die nicht wissen, dass er ein Mensch ist?

Doch heute ist er nicht wütend, eher verwirrt. Wie ein Irrer stolpert Nick durch die Dunkelheit, ich immer hinter ihm her, mit den Splittern des Kästchens in der Hand. In schweren Zügen saugt er die Nachtluft ein. Kein Wort, keine Reaktion. Er steckt wieder mal im Zombie-Modus fest. Wenn man ihn da nicht rausholt, macht er noch irgendeinen Quatsch.

»Hey, wart mal!«

Keine Antwort.

»Hallo? Erde an Niklas.«

Das saß. Er bleibt wie angewurzelt stehen. Immerhin, sein von ihm so gehasster richtiger Vorname kann ihn noch stoppen. Es gibt also Hoffnung, dass er nicht völlig durchgedreht ist.

»Was?«, pflaumt er rüber.

»Was war das denn eben bitte?«

Wir sind mittlerweile auf der Terrasse angekommen. Die Halogen-Flut aus dem Wohnzimmer schwappt bis hierher und strahlt uns wie auf dem Fußballplatz von hinten an. Nick reibt sich die Augen.

»Ach, weißt du ...«

Krach! Im Haus fliegt eine Tür zu. Wir drehen uns gleichzeitig um. Vor dem Haus heult ein Motor auf.

»Sabina?«, frage ich.

Nick guckt auf die Uhr.

»Ist schon seit Ewigkeiten weg.«

Shit. Einbrecher. Also weg, aber wohin? Am besten in den Garten, genau, zu den Tannen, dann über den Zaun zu den Nachbarn und die Bullen rufen. Ausgerechnet heute liegt das Handy im Auto! Ich renne los.

Wird so ein Freak aus dem Merkur-Sektor sein, mit schwarzer Wollmütze über dem Gesicht, der alles tut für einen Schnaps. So ein »Täter« eben, wie sie Ede Zimmermann früher immer präsentierte. Vielleicht auch pervers. Dann müssen wir für den die Seife aufheben, während er die ganze Zeit auf Bayerisch vor sich hinröchelt: »Ih will nur moin Sposs, ih will nur moin Sposs.« Gott, waren die Schauspieler bei »Aktenzeichen XY... ungelöst« schlecht. Vielleicht hat er auch eine Waffe. Nein, niemand hat in Deutschland eine Waffe, das ist ja das einzig Gute hier, außer diesen Schützenfreaks. Das Motorengeräusch vor der Tür ist in der Ferne verschwunden.

R6502

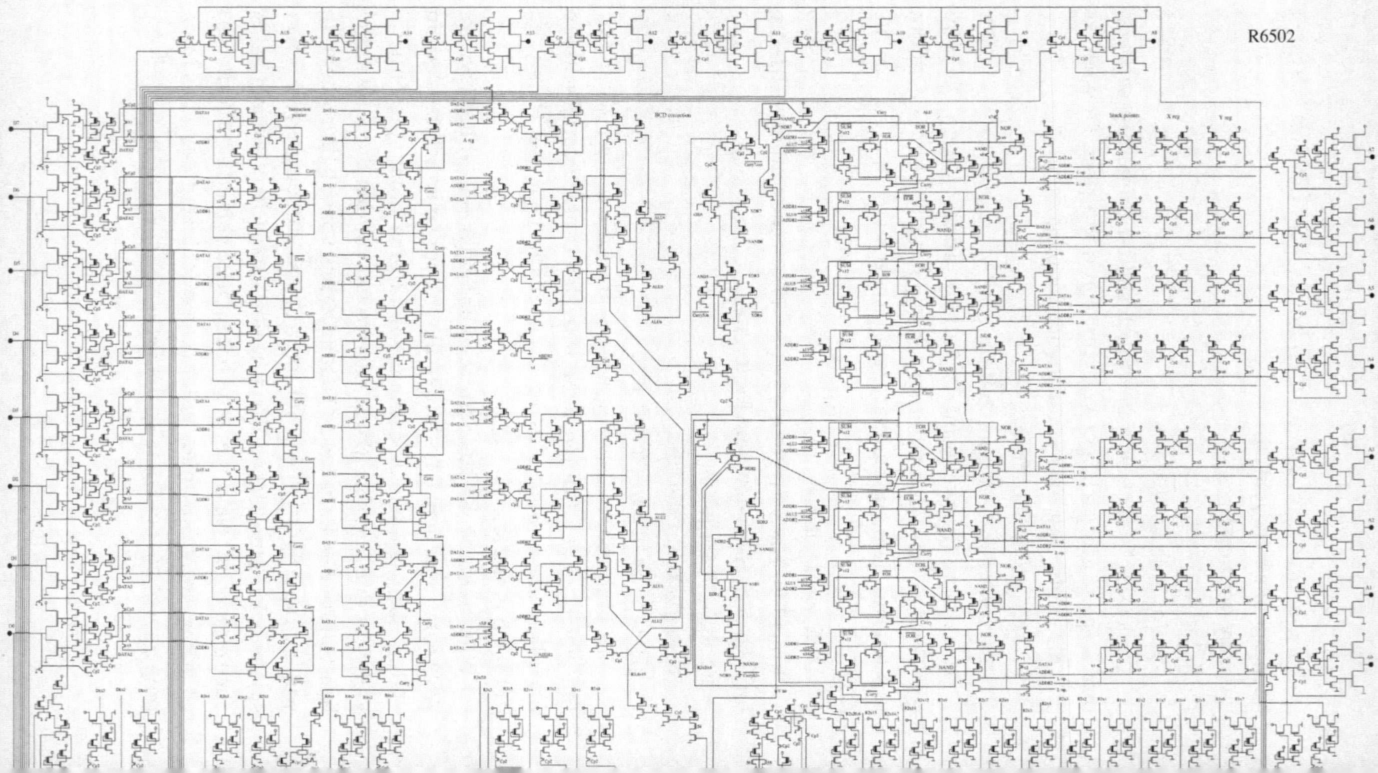

Instruction pointer
A reg
BCD correction
ALU
Stack pointer
X reg
Y reg

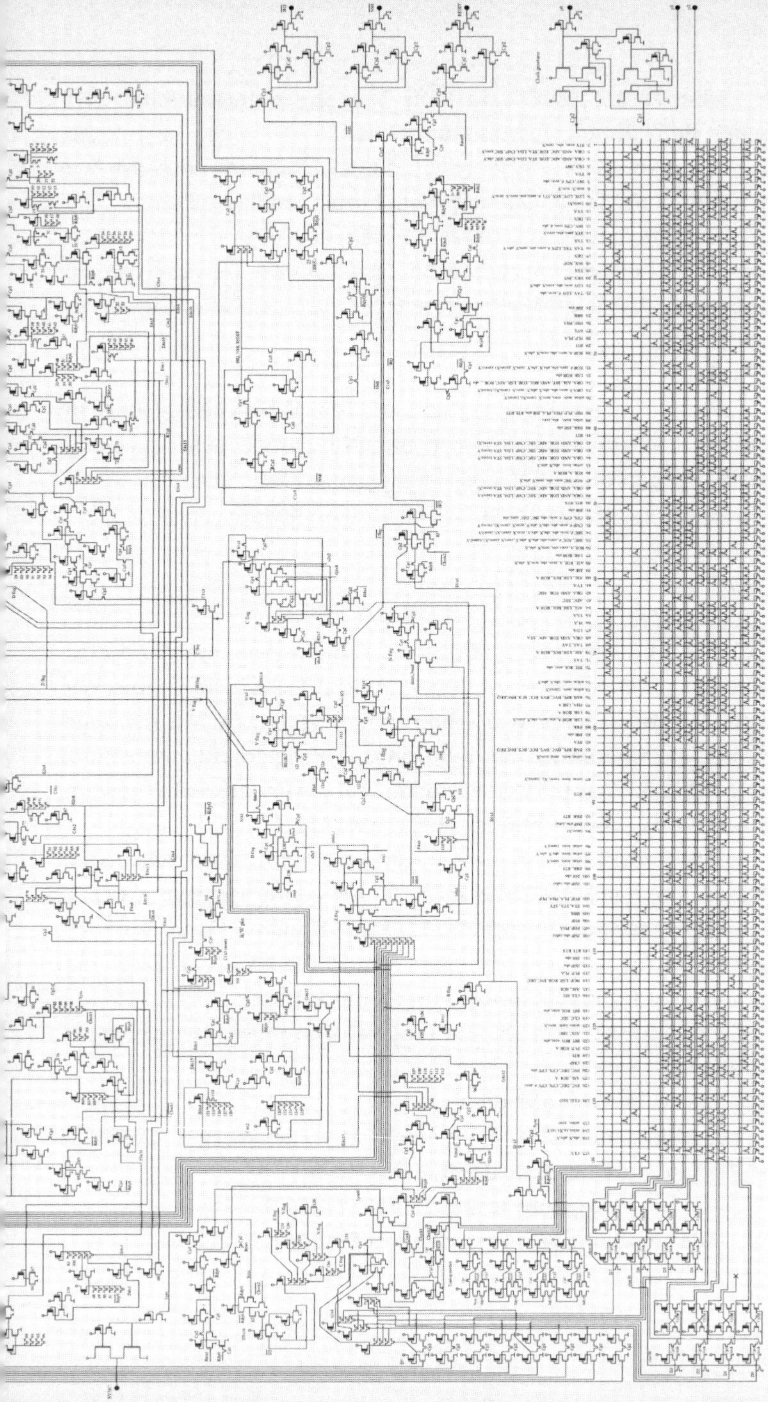

Scheiß-Ast, Scheiß-Natur! Die Tannennadeln knirschen zwischen den Zähnen, aber ausspucken geht jetzt nicht, zu laut. Wo bleibt Nick bloß? Mann, wegen ihm kriegen die uns noch. Am besten runter auf den Boden und dann hinter den Baumstamm.

Über die Spitzen der Grashalme hinweg kann ich Nick erkennen. Er steht immer noch bewegungslos auf der Terrasse, wie auf Droge. Ja – was jetzt? Vielleicht muss er nur irgendwie aufgeweckt werden.

»Ssst.«

Wie arm muss das aussehen: Ein Typ, Mitte Dreißig, liegt in einem Beet und zischt vor sich hin. Wie damals beim Luke-Skywalker-gegen-die-Sandleute-Spielen in der Kiesgrube.

Es hilft nichts. Ich muss zurück und ihn holen.

$000D Völlig idiotisch, es so drauf ankommen zu lassen. Das passt gar nicht zu ihm – und erst recht nicht zu uns. Wir sind Angsthasen, das war schon immer so. Der Gefahr ins Auge sehen, das überließen wir den Jungs, die regelmäßig zum Direx rein mussten. Wir pflegen das Leben mit gesundem Sicherheitsabstand. Wozu dieses unnötige Heldenposing?

Es hilft nicht, also wieder den ganzen Weg zurückkriechen. Den Rasen, die vier Stufen, die Terrasse. Als genug Licht vom Wohnzimmer rüberleuchtet, schaue ich kurz in meine Hand. Wirklich grüne Platinensplitter. Sie haben sich in die Haut gegraben und mit ihren Kanten dunkelrote Punkte hinterlassen.

Ich packe Nick an seinem Pullover und reiße ihn zurück ins Dunkel.

»Mann, lass uns abhauen!«

Er schiebt meine Hand wie eine lästige Fliege weg und redet in voller Lautstärke weiter, als ob nichts wäre.

»Hattest du irgendwas dabei – außer den Quaxis?«

»Komm schon, das sind garantiert Einbrecher und die ...«

»Hattest du was dabei?«

Seine Stimme klingt auf einmal so fremd und kalt, als ob sich jemand seine Haut übergezogen hätte und ihn nur als Tarnung benutzt. Und dieser jemand erwartet jetzt eine Antwort.

»Okay, ja, einen Rechner. John hat ihn mir vorgestern ...«

»Wo ist er jetzt?«, fährt Nick dazwischen.

Ich zeige auf das hell erleuchtete Wohnzimmer.

»Sabina hat ihn drinnen ins weiße Regal da gelegt.«

Wortlos marschiert Nick los. Ich versuche nochmal, ihn am Kragen zu packen, doch er reißt sich wieder los und geht rein – einfach so, als ob er sich nur ein neues Corona aus dem Kühlschrank holen wollte. Bitteschön. Ich lasse ihn ziehen und bleibe vor der Fensterfront stehen.

Er macht einen großen Schritt über die Schwelle der Terrassentür und steht im Wohnzimmer. Mit einem Ruck zieht er den Rechner aus dem Regal. Wie ein Fachmann, der er ja wirklich ist, dreht er das Teil hin und her. Vorderseite, Rückseite, dann fährt er mit dem Finger über die Anschlüsse hinten.

Langsam fängt die Dunkelheit im Rücken an, unangenehm zu werden, so als ob einen lange, schwarze Finger ganz sachte am Nacken streicheln. Was soll's. Also auch rein.

Als es schon zu spät ist, merke ich, dass meine Lehmfüße fette braune Ränder auf dem hellgrauen Teppichboden hinterlassen. Das wird die Versöhnung mit Sabina noch weiter rauszögern.

Nick hat seine Diagnose abgeschlossen. Und was er gesehen hat, gefällt ihm überhaupt nicht.

»Warum schleppst du hier 'nen NSA-Rechner an?«

»NSA?«

»National Security Agency, die ganz bösen Jungs, geheimer als die CIA. Du wissen«, er klingt echt genervt.

»Ich weiß, wer die ...«

»Wir müssen hier weg«, stellt er kalt fest und klemmt sich den Rechner unter dem Arm.

»Warum?«

»Weil *sie* nochmal herkommen werden, um das Teil zu holen.«

Da war es wieder, das paranoide »sie« aller Tinfoil-Hats dieser Welt. Alle Leute, die denken, dass 1949 in Roswell wirklich die Aliens gelandet sind, dass der Untersberg in Bayern in Wirklichkeit ein verstecktes Zeitportal ist, und dass die Mondlandung in der Wüste von Nevada gefaked wurde.

Halt! Nein, das stimmt so nicht mehr. Denn laut Nick gilt in der Szene derzeit die *Dark-Mission*-Theorie, nach der amerikanische Astronauten auf dem Mond eine Basis von Außerirdischen entdeckt haben. Und *das* wurde dann vertuscht. Demnach müssen sie ja zumindest oben gewesen sein. Oder haben sie die Basis bei den geheimen Dreharbeiten in Nevada entdeckt? Egal, jedenfalls wurde heftig vertuscht. Zum Beweis musste ich mir sehr lange ein paar Bilder angucken, die wie fünfzehn Mal gefaxt aussahen und auf denen man ganz deutlich einen schwarzen Fleck neben einem weißen Fleck erkennen konnte.

Früher habe ich dieses Geheimgewäsch von Nick immer als nette Marotte abgetan. Es stellte keine Gefahr da, denn wir hingen ständig aufeinander und ich wusste immer, was er tat, was er las und woher sein vermeintliches Geheimwissen stammte, nämlich von irgendwelchen Spinnern in irgendwelchen Spinnerforen. Nichts, worüber man sich Gedanken machen müsste, also.

Das hat sich in den letzten zwei Jahren geändert. In der Zeit sind wir uns nur ein paar Mal über den Weg gelaufen, und was dazwischen passiert ist, darüber hat er nie was erzählt. Sei »confidential«, das Ganze, hieß es dann, und dabei hat er versucht, locker mit dem Auge zu zwinkern. Weiß Gott, was die Databorgs in der Zwischenzeit mit ihm gemacht haben.

Er ist jedenfalls nicht mehr derselbe, das steht fest. Allein wie er eben die Wanze plattgemacht hat – wie ein Fremder. Der alte Nick hätte das niemals getan. Er hätte sich unter keinen Umständen die Chance entgehen lassen, das Ding aufzuschrauben, ein neues Betriebssystem zu installieren und dann bis in alle Ewigkeit auf Kosten der Abhörer zu telefonieren oder so ähnlich.

Könnte es sein, dass er ausnahmsweise mal keinen Schwachsinn redet? Dass sich wirklich jemand für diesen Rechner interessiert – und zurückkommt? Fest steht, dass das Teil nicht mehr mit zurück ins Dorint reist.

Nick ist kurz in sein Zimmer gegangen und kommt mit einem Arm voller Klamotten und einer Kulturvortäuschungstasche zurück; in der Achselhöhle klemmt sein Rechner. Radler auf dem Balkon trinken ist für das kommende Wochenende wohl gestrichen. Gottseidank liegen noch mein Dienstrechner, Pass und Wechselklamotten im Kofferraum – Datacorp-Vorschrift, ausnahmsweise mal sinnvoll.

»Machen wir eine längere Reise?«

Nick schaut mich kühl an.

»Wer weiß?«

Er scheint es zu wissen.

$000E Auf der verkehrsberuhigten Straße vor Nicks Bungalow ist es noch ein bisschen ruhiger als bei meiner Ankunft. Alle Papis sind mittlerweile wieder zuhause eingetrudelt, und aus den Carports ragen die Hecks ihrer grauen Kombis und Vans. Die Luft fühlt sich kalt und feucht an, wahrscheinlich von den ganzen Rasensprengern. Nick schließt das Haus ab, und wir laufen zügig einen Wohnweg runter. An jeder zweiten Tür geht das Licht an, aufgestachelt von einem Bewegungsmelder, den Ede Zimmermann sicher dringend empfohlen hätte.

Da Sabina mit seinem Wagen weg ist, müssen wir meine Kiste nehmen, was natürlich keinen wirklichen Unterschied macht. Denn wir fahren beide jetzt einen *Dienstwagen*, jawohl, und den tauscht der Datacorp Flottenservice – warum auch immer – alle paar Wochen aus. Diesmal ist es ein ... Ja, was eigentlich? Ich muss auf das Lenkrad gucken, um mich an die Marke zu erinnern. Spielt eh keine Rolle, die Kisten sind alle gleich. Wenn du Glück hast, ist es ein E5erA6, in einer schlechten Woche musst du halt mit einem C3erA4 rumkutschieren. Saugen dir alle gleich die Seele raus.

Die Kisten haben ohnehin keine Chance gegen den geilsten Wagen dieser Welt – deinen ersten eigenen. Dieses Wrack, mit dem du zehn Semester lang in Symbiose gelebt hat. In dem du gepennt und geheult hast, in dem die geilsten Tankepartys stiegen, mit dem du um drei Uhr morgens bei MickyD einen Cheeseburger geholt hast. Auf dessen Motorhaube du mit dieser aufgeschlossenen Theologiestudentin gefummelt hast – nicht weil es so gut war, sondern um den Kumpels am nächsten Tag ganz zufällig den Schenkelabdruck zeigen zu können. Nein, dieses Auto kommt nicht zurück, es bricht nicht – wie *Christine* – eines Nachts vom Hof des Autoverwerters aus, um wieder vor deiner Tür zu parken, als ob nichts gewesen wäre. Nein, deine heilige Schüssel hat ihre letzte Reise längst hinter sich, und alle Wagen, die nach ihr kommen, sind nur noch Fortbewegungsmittel.

Wir sind doch schließlich erwachsen. Da erwartet man von einem Auto nur noch, dass es sicher ankommt – und im Fall von Nick einen *geldwerten Vorteil.*

Nachdem der Beifahrer Johns Laptop umständlich auf dem Boden hinter seinem Sitz verstaut hat, kramt er aus seinem Krempelberg ein weiteres Kästchen raus und versucht, es mit dem Zigarettenanzünder zu verbinden, der niemals eine Zigarette angezündet hat und niemals wird. Seine Hände zittern ein bisschen.

»Was ist das wieder?«

Nick nestelt weiter am Kabel rum.

»GPS-Jammer. Stört im Umkreis von ein paar Metern alle Satellitenfrequenzen. Für den Fall, dass deine Kiste verwanzt wurde.«

»Was? Wer würde so was denn tun? Einfach einen Sender unter die Motorhaube stecken, der die Position des Wagens unbemerkt an eine Zentrale funkt ...«

Da – er muss kurz den Mundwinkel hochziehen! Immerhin, er hat die Sache damals in L.A. noch nicht vergessen. Dann verschwindet das Lächeln auch schon wieder, und Business-Nick ergreift wieder das Kommando. Klick, er rastet den Stecker ein und drückt einen Schalter.

»So, ab jetzt sind wir unsichtbar. Ist dein Handy wirklich aus?«

Ich schaue nochmal brav aufs Display.

»Ja.«

»Dann fahr los.«

»Wohin?«

»Egal, irgendwo hin, wo wir pennen können – und wo man bar zahlen kann.«

War neben dem Autobahnkreuz auf dem Weg hierher nicht ein Billighotel? Ich drücke den Startknopf, und der Sechszylinder gurgelt leise unter den Dämmmatten vor sich hin. Blinker raus, wir wollen ja nicht auffallen. Unser U-Boot gleitet auf Schleichfahrt durch Suburbia – unerkannt, leise und unendlich unauffällig.

Wir sind also wieder auf der Straße: ich auf dem Fahrersitz, die rechte Hand am Steuer, die linke, wie Steve McQueen, auf der Türkante oben abgelegt. Daneben sitzt der ewige Beifahrer, den Blick starr nach vorne gerichtet, und denkt über irgendeine Zeropage nach. Wie viele Meilen haben wir so schon runtergerissen?

Über 100 000, hat Nick Mitte der Neunziger mal ausgerechnet. Mittlerweile sind es sicher doppelt so viele. Seit wir von der Schule runter sind, haben wir unsere Ferien, und davon gab's seitdem viele, zusammen auf amerikanischen Highways verbracht. Auf unseren *Forschungsreisen*, wie Nick immer sagt. Forschungsreisen deshalb, weil wir uns für jeden dieser Trips eine schwachsinnige Mission ausgedacht haben. Also zum Beispiel: Wir schauen uns die Absturzstelle in Roswell an (Nicks Idee), wir besuchen alle Orte in Kalifornien, wo »Star Wars« gedreht wurde (meine Idee), wir statten der ehemaligen Zentrale von Atari in Milpitas/Kalifornien einen Besuch ab, bevor sie endgültig verrammelt wird (eine Pflichtmission, da waren wir uns einig).

Diese Odyssee endete übrigens – wie immer – an einer Mauer mit dem Schild »No Trespassing«, dem wir – wie immer – gehorchten. Eine neue Kultstätte, ein neues Betreten-verboten-Schild. Wir blieben also draußen und forschten auf dem Parkplatz weiter. Viele Relikte gab es da nicht zu entdecken. Daran, dass hinter diesen Mauern Legenden wie *Pong* oder *Breakout* geboren wurden, erinnerte nur ein winziges Detail: ein kleines Grab, das wohl die Mitarbeiter angelegt hatten. Okay, Grab ist vielleicht doch etwas hoch gegriffen. Eigentlich war es nur ein weißes Holzkreuz, das in einem Beet direkt vor der Mauer steckte und auf das jemand mit Edding gekrakelt hatte: R.I.P. ATARI GAMES – 1972-2003

Exakt zwei Blumen waren davor eingepflanzt; Nick meinte, es seien »Osterglocken«. Und das war's. Der Beifahrer schoss trotzdem ungefähr 87 Fotos von dem Grab und faselte auf dem Rückweg noch stundenlang davon, wie »ergriffen« er gewesen sei.

So richtig durchgezogen haben wir unsere Forschungsmissionen nie, und schon gar nichts ernsthaft erforscht, außer dem Angebot an Warnschildern auf dem US-amerikanischen Markt vielleicht. Darum ging es aber auch nie; wir brauchten nur einen Vorwand, um nebeneinander herstarren zu können, während wir Meile um Meile auf endlosen Blue Highways runterrissen – auf kleinen, schlecht asphaltierten Nebenstraßen, die das Nichts mit dem Nirgendwo verbinden und auf der Straßenkarte blau eingezeichnet sind.

Nachdem wir die lästige Ablenkung namens Studium aus unserem Leben entfernt hatten, wurden diese Trips immer wichtiger, vielleicht etwas zu wichtig. Wir fraßen nur noch Miràcoli, gingen nicht mehr aus, kauften uns nichts mehr und lebten zwischen Sperrmüll-Möbeln – nur um die Forschungsreisen im Sommer weiter bezahlen zu können. Das war auch einer der Gründe, warum sich Sabina seinerzeit abgeseilt hatte.

Es war wie mit allen Dingen, die das gefürchtete T-Label bekommen, mit »T« wie »Tradition«. Erst macht das Ritual die Dinge einfacher, man freut sich, nicht drüber nachdenken zu müssen, was im Sommerurlaub ansteht. Dann kommen erste Zweifel: Ist diese Voreinstellung wirklich so gut? Vielleicht gibt es ja noch andere interessante Reiseziele? Und schließlich hat einen die

Tradition fest im Griff, wird zum lästigen Programmpunkt, wie Haare schneiden lassen oder Auto zum TÜV bringen.

Seltsam, wieder zusammen in einem *Boat* zu sitzen. Fast wie früher. Doch es kann kein Kumpeltrip mehr wie früher werden. Alles ist anders, wir sind anders. Wenn wir heute zusammen in einem Auto sitzen, dann sind wir nur gemeinsam auf einer Dienstreise. Und Nick wird jede Quittung entlang des Weges fein säuberlich falten und ins Handschuhfach legen, für die Reisekostenabrechnung am Ende des Quartals.

$000F »Selbstverständlich können Sie eine Quittung bekommen, sagen Sie morgen früh einfach meiner Kollegin Bescheid«, trällert die junge Rezeptionistin in unsere müden Gesichter. Sie ist ungefähr fünfzehn Jahre jünger als wir. Mit ihrem blauen Blazer und der fleischfarbenen Strumpfhose sieht sie aus, als hätte sie gerade vom Direx ihr Abiturzeugnis in die Hand gedrückt bekommen.

»Vielen Dank«, sage ich und schnappe mir die Codekarte fürs Zimmer, bevor der Steuersparfuchs neben mir noch mehr peinliche Fragen stellen kann. Die Lage ist schon unangenehm genug. Die Kleine hält uns garantiert für Stricher oder so was: Welche zwei Jungs checken an einem Freitagabend fast ohne Gepäck in so einem Business-Bunker ein?

Wir sammeln unseren Kram vom Boden auf und gehen rüber zum Aufzug. Eben sind drei Typen mit grauen Dreiteilern und roten Krawatten reingetorkelt, wahrscheinlich die Nachspielzeit eines sehr dynamischen Verkaufstrainings; seitdem gähnt die Lobby leer vor sich hin, und jeder Tastendruck der Rezeptionistin hallt unangenehm nach. Sogar die Fahrstuhlmusik ist um die Zeit abgestellt. Der Staub in der Luft hat ab jetzt ungefähr noch fünf Stunden Zeit, um sich auf den vertrockneten Blumengestecken niederzulassen, mit denen die pseudogemütlichen Sitzgruppen dekoriert sind; dann kommt die Putzkolonne und wird alles, von der Gipskartondecke bis zum hellgrauen Marmorboden mit den schwarzen Einlegearbeiten, wieder auf Hochglanz polieren. Noch fünf Stunden Ruhe im *Hotel zur guten Verkehrsanbindung*.

Meine Chucks und Nicks Vans quietschen auf dem hellbraunen Fußboden bei jedem Schritt, wie damals beim Basketball in der Schulsporthalle. Ich versuche, von den Zehen zum Fußballen leise abzurollen, damit das Rezeptions-Schneckchen nicht auf unser Schuhwerk aufmerksam wird und uns noch mehr für Stricher hält.

»Glück gehabt – Rechtsabbieger«, murmelt Nick, als wir ins Zimmer reinkommen. Er hat irgendwann mal die Theorie aufgestellt, dass es auf der Welt nur zwei Arten von Hotelzimmern gibt – solche, bei denen die TV-Bank links neben der Tür steht, und man nach rechts abbiegen muss um zu den Betten zu kommen; die nennt er »Rechtsabbieger«. In solchen Räumen stimme »das Chi«, meint Nick. »Total unnatürlich« dagegen findet er es, beim Reinkommen nach links abbiegen zu müssen, weil rechts die Wand und die Fernseh-Anrichte stehen. Er ist wohl in letzter Zeit ein bisschen viel unterwegs gewesen.

Wir schmeißen gleich hinter der Schwelle unseren Kram in die Ecke und checken die Aussicht. Ein Hattrick der Seelenlosigkeit: Wir schauen auf den Parkplatz eines a) Spielzeug-Discounters, b) Polstermöbelzentrums *und* c) Baumarkts. Ich ziehe die aprikosenfarbenen Vorhänge zu und lege mich auf das Bett neben dem Fenster. Nick stellt vorsichtig Johns Rechner auf dem Fernsehmobiliar ab, dann haut er sich auf seine Pritsche – das ist die direkt an der Wand. Ein weiterer Punkt, über den wir nicht mehr reden müssen: Er behauptet, einen steifen Hals zu bekommen, wenn er in der Nähe eines Fensters schläft. Also entscheidet er sich immer für das Bett direkt neben dem Eingang zum Badezimmer – mit maximalem Abstand zum Fenster. Dass die Zimmer hier, hundert Meter neben dem Autobahndreieck, so gut isoliert sind, dass nicht mal Anthrax-Erreger durchs Fenster kämen, spielt keine Rolle. Regel ist

Regel. Oder vielleicht will er auch nur nachts schneller auf der Toilette sein; spielt ja mittlerweile auch eine Rolle.

Langsam lässt die Aufregung nach. 00:34 steht in grünen Leuchtziffern auf dem Radiowecker. Verdammt spät, Zeit für den Endspurt. Ich drehe mich auf dem Bett so lange rum, bis ich einen Blick in die Mini-Bar unter dem Fernseher werfen kann, ohne aufstehen zu müssen. Zwei Beck's, zwei Bit, diverse Kurze. Ich hole ein Beck's raus und halte es zu Nick rüber.

»Noch'n Absacker?«

Die Frage ist eigentlich rhetorisch, da Nick niemals etwas aus der Mini-Bar trinkt, wenn wir dienstlich unterwegs sind. Absacker lassen sich nämlich nicht als Reisekosten verbuchen. Umso überraschender kommt sein »Ock«, was so viel bedeutet wie »Okay, aber nimm mir um Gottes Willen die Entscheidung ab, was wir trinken«.

Also fische ich ein zweites Beck's aus dem Kühlschrank und reiche es ihm aufgemacht rüber.

Wortlos nimmt er den ersten Schluck. Angestoßen wird hier wohl auch nicht mehr. Nick sieht geschafft aus; den furchtlosen Josef Matula in unserem Fall für Zwei zu mimen strengt ihn wohl doch mehr an, als er zugibt. Jetzt würde er gerne sein Handy rausholen und mit Sabina telefonieren, einen dieser Anrufe starten, die mit einem »Ich dich auch« enden und bei denen es mir immer peinlich ist, wenn ich sie mithören muss.

Aber dann wüssten *sie*, wo wir stecken und wären in zehn Minuten hier, sofern es *sie* überhaupt gibt. Davon ist Nick mehr als jeder andere im Zimmer mit der Nummer 421 überzeugt, und deshalb schluckt er seine Gefühle runter. Er glaubt mit Sicherheit, dass *sie* unsere Handys abhören. Klar gäbe es Alternativen, doch seinen Dienstrechner rauszukramen und dann übers abgeschottete Datacorp Secure Network, kurz DCSNet genannt, bei Sabina anzurufen, ist ihm anscheinend zu blöd.

Vielleicht steigt seine Stimmung, wenn er einen kleinen Vortrag halten darf?

Ich hieve vorsichtig den Rechner aufs Bett rüber. Das Gehäuse fühlt sich warm an, wärmer als bei den Aluflundern, mit denen wir sonst rumlaufen. Das Gerät ist nicht nur so groß wie ein Stapel Langspielplatten, sondern mindestens auch so schwer, fünf Kilo oder sogar mehr. Massige Hightech, kein billiger Plastikscheiß wie meine Tandys. Obwohl klar ist, dass das Teil mindestens zwanzig Jahre alt ist, wirkt das Design nicht antiquiert, sondern immer noch futuristisch und kantig wie ein Stealthbomber. Einziger Hinweis auf den Hersteller ist ein kleines Logo, das ins Gehäuse eingeprägt wurde und nach dem Schriftzug der »Next Generation« von *Star Trek* ausschaut:

GRiD – mit kleinem »i«.

An der Seite des Rechners sind zwei Schiebeschalter dran, mit denen sich wohl der Klappmechanismus des Bildschirms entriegeln lässt. Was passiert, wenn ich den jetzt hochschiebe? Geht das Teil dann von selbst an – wie die alten Kaypro-2000-Laptops aus den Achtzigern – und der Rechner initialisiert die Abschusssequenz, startet den Bomben-Countdown oder sonst was? Ich versuche, aus Nick noch was rauszukitzeln.

»Jetzt sag mal – was ist das für 'nen Teil?«

Stöhnen von rechts.

»Aber nur kurz, ich bin echt alle«, murmelt er.

Komm schon, komm schon. Du willst es doch auch! Langsam rollt sich Nick ein bisschen auf die Seite. Na, noch ein Stück, und noch ein bisschen. Und zack – angebissen. In gespielter Zeitlupe greift er den Rechner und balanciert ihn auf sein Bett rüber.

»Okay. Wir haben: einen Laptop des US-Herstellers Grid, Modell: Compass 1101, Baujahr: zweiundachtzig.«

Was? Das kann ja wohl noch nicht alles gewesen sein?

Wie ein Alkie, der eigentlich mit dem Saufen aufhören will und ein Freibier vor die Nase gestellt bekommen hat, hält Nick den Rechner ein Stück von sich weg. Dann siegt die Neugier und er streckt seine Finger nach dem schwarzen Monolithen aus, der aus einer anderen Welt zu uns runtergefallen ist.

$0010 »Okay, wir schreiben das Jahr 1980 ...« Und starten in die unendlichen Weiten des nutzlosen IT-Wissens. Bedächtig klappt Nick die vordere Hälfte des Rechners auf. Im Film hätte der Regisseur jetzt eine grelle, gelbe Lampe in das Gerät gebaut, damit dem Helden gleißendes Licht ins Gesicht scheint und auch der letzte Zuschauer kapiert, dass stapelweise Gold in der Schatztruhe liegt.

Kaum hat der Beifahrer Kontakt mit der Hardware aufgenommen, ist er wie ausgewechselt: Aus der Haut des müden Business-Kriegers pellt sich wieder der fünfzehnjährige Nerd, dessen Augen so leuchten, als ob er gerade seinen ersten Amiga kriegt. Eine technische Einzelheit nach der anderen sprudelt aus ihm heraus, während er versonnen mit den Fingern über die glänzende schwarze Tastatur streicht. Der Geist ist aus der Flasche.

»... also, ein paar Jungs im Valley beschließen, ihre Jobs bei Apple und Xerox hinzuschmeißen, um ihr eigenes Ding zu machen: Sie wollen einen Computer bauen, der bequem in einen Aktenkoffer passt, genauer gesagt, in eine Hälfte eines Aktenkoffers.«

»Aber es gab doch vorher schon tragbare Rechner ...«

Der Dozent setzt ein gespieltes Lächeln auf. »Jaa, für Bodybuilder vielleicht. Klar gab es Teile wie den Osborne 1. Aber der wog zwölf Kilo, wegen des eingebauten Röhrenmonitors. Doch die Jungs von Grid, so nannten sie ihre Firma, die wollten was ganz Neues machen: einen Laptop halt, den man auf den Schoß stellen kann, ohne sofort Druckstellen zu kriegen. Und das haben sie dann auch durchgezogen.«

Nick stemmt den Rechner kurz hoch, wie der Pfarrer die Hostie in der Kirche, und schüttelt ihn sachte vor meinem Gesicht rum.

»Weißt du überhaupt, wie viele Erfindungen hier drinstecken?« Es folgt eine Pause von einer halben Sekunde, die wie üblich nicht mal zum Einatmen reicht, erst recht nicht zum Antworten. Dann feuert das Detail-MG schon wieder. Er hätte echt Prof werden soll.

»Also erst mal das Design: Der Grid war der erste Rechner, bei dem der Bildschirm über die Tastatur geklappt wurde! Mit dem Patent darauf hat die Firma noch jahrelang Millionen gescheffelt.

Jeder Computerhersteller, der danach ein *Clamshell*-Modell auf den Markt bringen wollte, musste dafür löhnen.«

Die Wandlung ist vorbei, Nick stellt die Kiste wieder ab und inspiziert den aufgeklappten Bildschirm. Er ist so klein, dass man ihn mit einer Hand locker abdecken könnte. Trotzdem löst er äußerste Erregung aus.

»Genial«, schwärmt Nick weiter. »Ein flaches Elektrolumineszenz-Display; um das liefern zu können, musste der japanische Zulieferer erst mal eine neue Fabrik bauen, so neu war die Technologie damals.« Seine Finger liebkosen das Keyboard, fahren zärtlich den Gehäuserand entlang; ein bisschen zittert seine Hand immer noch. »Doch das Allercoolste ist das Gehäuse. Ich sage nur eins: Magnesium. Leicht, unverwundbar.«

Dagegen lässt sich absolut nichts einwenden. Hardware aus Magnesium *regiert* – nur Titan kann dagegen noch anstinken. Das war schon in der Grundschule so: Alle wollten unter ihren Skateboards diese breiten, gelb lackierten Achsen aus Magnesium haben, weil die auch bei hohen Sprüngen nicht brachen, versprach der Hersteller. Nicht dass das irgendjemand mal ausprobiert hätte. Trotzdem war Magnesium ein Muss.

Nick unterbricht seine Huldigung kurz und schaut hoch: »Den hat John dir einfach so gegeben? Der gehört eigentlich ins Museum. Von dem Modell wurden nur dreitausend Stück gebaut«

»Echt? Warum so wenige?«

»Weil die Kiste 8 150 Dollar kostete.«

Hurra – Zeit für einen volkswirtschaftlichen Einwurf!

»Das ist in heutigem Geld ja so viel wie ...«

»... ja ja, dafür hättest du damals einen Mittelklassewagen kaufen können«, fährt Nick dazwischen. Er gönnt mir echt nichts. »Doch das war nicht das Problem. Die angepeilten Kunden – also Manager – kamen einfach nicht auf die Idee, sich selbst vor eine Tastatur zu setzen. Das war zu der Zeit noch eine Sache der Sekretärinnen, nichts für Chefs. Selbst tippen – unvorstellbar! Also machte sich Grid an einen neuen Kunden ran.«

»Die Regierung?«

»Exakt. CIA, NSA, Army und alle, die volle Kassen hatten und sich für einen robusten Rechner interessierten, der nichts abstrahlt und – *angeblich* – in einer Stichflamme aufgeht, sobald man ihn ins Feuer wirft. Für den Fall, dass mal schnell Beweise vernichtet werden müssen.«

»Deshalb das Magnesium?«

Der Einwand provoziert natürlich Verschwörungstheoretiker-Floskel Nummer Zweiundvierzig, die Nick wie immer todernst serviert:

»Das Gegenteil konnte bis heute nicht bewiesen werden ...« Mit drei gedachten, bedeutungsschwangeren Punkten dahinter. Dann spult er den Rest des Lexikoneintrags runter. »Angeblich betrieb die CIA sogar ein Büro direkt gegenüber von der Grid-Zentrale in Mountain View; man wollte den Hoflieferanten im Blick behalten. Das ist allerdings echt nur Spekulation. Sicher ist: Jeder, der in den Achtzigern was auf sich hielt, hatte einen Compass 1101 im Gepäck, von Steve Jobs bis zu Francis Ford Coppola. Sozusagen der Porsche 959 unter den Rechnern. Sogar in der AirForce One ist angeblich einer mitgeflogen.« Wow, auf unserem billigen Hotelbett steht also der Laptop des amerikanischen Präsidenten, oder zumindest das gleiche Modell. Wenn uns die *Klapperschlange* Snake Plissken da mal nicht auf die Schliche kommt.

Nick inspiziert die Gehäuserückseite. »Schade, dass wir ihn jetzt nicht anmachen können.«

»War kein Kabel dabei«, entschuldige ich mich, obwohl es ja eigentlich nicht meine Schuld ist.

Die Buchse sieht aus, als käme ein ganz normales dreipoliges Stromkabel rein. Müsste kein Problem sein, eins zu bekommen – vorausgesetzt, die Kiste verträgt nicht nur amerikanische 110 Volt, und selbst dafür hätte der Elektronikmarkt um die Ecke sicher eine schnelle Lösung auf Lager.

Nick stellt den Grid wieder auf die Anrichte neben dem Fernseher und geht ins Bad.

Ich nehme die Fernbedienung vom Nachttisch.

»Fernsehen?«, rufe ich rüber.

»Ock«, brüllt Nick über das Rauschen des Wasserhahns hinweg. Er behauptet immer, nicht ohne Fernsehen einschlafen zu können, also tue ich ihm den Gefallen und schalte die Glotze ein. Alle Gesichter dehnen sich wie Pfannkuchen über den Schirm. Die Elektronik des Fernsehers hat das gesendete 4:3-Bild auf 16:9 ausgewalzt, in diesem Modus laufen 98 Prozent aller Geräte in Flughäfen, Hotels und Bars. Tja, das Leben hat halt meistens kein Hollywood-Format, da helfen auch keine digitalen Tricks. Wenn es echt Außerirdische gibt, die – wie bei »Contact« – unsere Fernsehprogramme gucken, denken sie bestimmt, alle Wesen auf diesem seltsamen Planeten Erde sind 1,40 groß und wiegen 100 Kilo.

Noch vor der ersten 0190-Werbung sind wir eingeschlafen.

$0011 Kurz nach acht. Wow, wir sind mal wieder früh unterwegs. Zu der Uhrzeit waren wir früher nur in der Lage, flach zu atmen. Sogar das Gewerbegebiet schläft noch, das sollte uns eigentlich zu denken geben. Ohne links und rechts gucken zu müssen, können wir die leere vierspurige Straße vor unserem Hotel überqueren. Auf der anderen Seite schwenken wir auf den Fußgängerweg ein und trotten Richtung Elektronikmarkt, immer im Slalom um die Pfeilschilder herum. *Hier sind Sie richtig! Hier parken! Weitere 150 Plätze im Obergeschoss!*

Viel Gewerbe scheint das Gebiet bisher nicht angezogen zu haben. Auf dem Parkplatz des SB-Markts betteln endlose Reihen von weißen Stellplatz-Markierungen um Kunden; neben dem Einkaufswagen-Kabuff bricht der Löwenzahn durch den Asphalt. Die Fahnen vor dem Haupteingang des Marktes hängen schlapp in der windstillen Luft. Ihre Aufschrift ist nur zu erkennen, weil ein schlauer Marketingmensch oben Stangen reingesteckt hat. *Sensationelle Jubiläums-Angebote!* Am letzten Mast lehnt unten ein Plakat, das für einen Event namens *Weihnachten mit Howard Carpendale* wirbt. Das Licht des Frühlings hat schon alle Farben aus Howies goldenem Haar gebrannt. Sättigung minus zwanzig Prozent, mindestens.

Noch ist die Luft kalt, aber sie schmeckt schon nach Sommertag. In ein paar Stunden wird es so heiß sein, dass das schwarze Zeug von den Gullirändern an der Schuhsohle kleben bleibt. Von der Tanke zieht eine Wolke aus Diesel und Staub rüber. *Diesel and Dust* – gab es nicht mal eine Platte, die so hieß? Die Schatten der Zapfsäulen machen sich so lang, dass sie fast bis zu den roten Säcken mit Grillkohle neben dem Eingang reichen.

Blick zurück. Unser Hotel sieht mit seinen rosa und bordeauxroten Streifen aus wie ein riesiger *Kalter Hund*. Über dem Eingang hat das Management große weiße Buchstaben ankleben lassen. Sie versprechen *Tagungen mit Atempausen* und *Mediterrane Küche*. Nachricht an uns selbst: Burger essen gehen.

Ein japanischer Billigroller knattert vorbei. Der Fahrer trägt eine blaue Latzhose und steuert mit der rechten Hand, während er mit der linken an seiner Kippe zieht. Er nimmt sie nicht mal aus dem Mund, als ein holländischer Tausendtonner an ihm vorbeidonnert. Danach ist es wieder totenstill, und wir bleiben in einer Rußwolke zurück, hinter der sanft das Morgenlicht durchfunzelt.

Nick tut so, als müsse er wahnsinnig husten. Er fuchtelt mit der Hand durch die Schwaden und lacht sich halb kaputt dabei; wie immer um die Uhrzeit ist er bestens aufgelegt. Die Geister der letzten Nacht haben sich verzogen, keine Angst mehr vor den vermeintlichen Verfolgern. Wie sollten sie uns hier auch finden, wir haben uns mit dem GPS-Störsender ja unsichtbar gemacht. Vermutlich.

»Mann, ey«, quengelt er mit gespielter schlechter Laune, »warum müssen wir immer durch die Gegend laufen, irgendwelche Kabel kaufen, um irgendwelche klapprigen Kisten für ein paar Minuten wiederzubeleben? Ich sage: Lasst sie in Frieden ruhen!« Weiteres Husten. »Wir sind echt die letzten Menschen auf diesem Planeten, die mit Computern zu tun haben und dafür ihr Büro

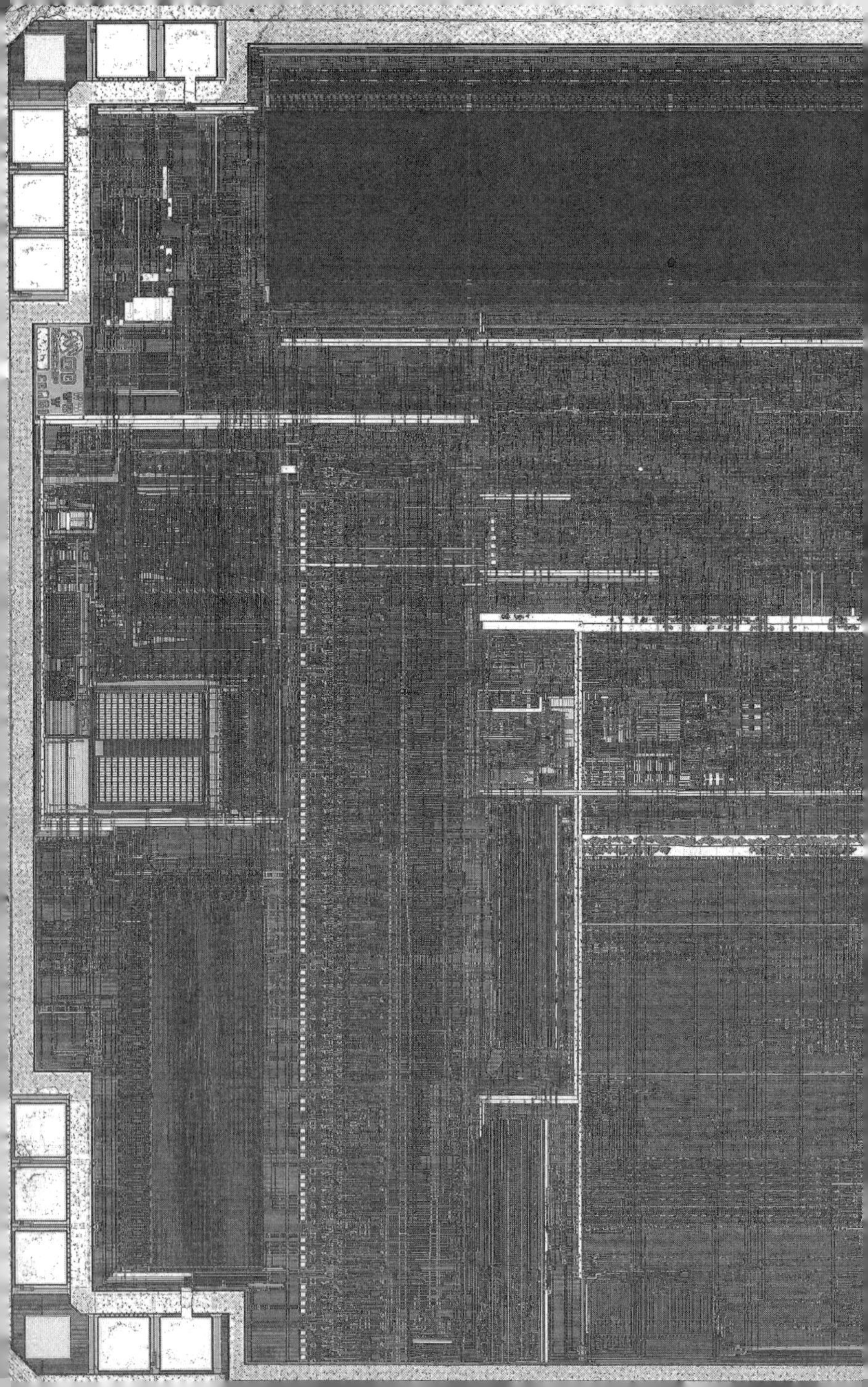

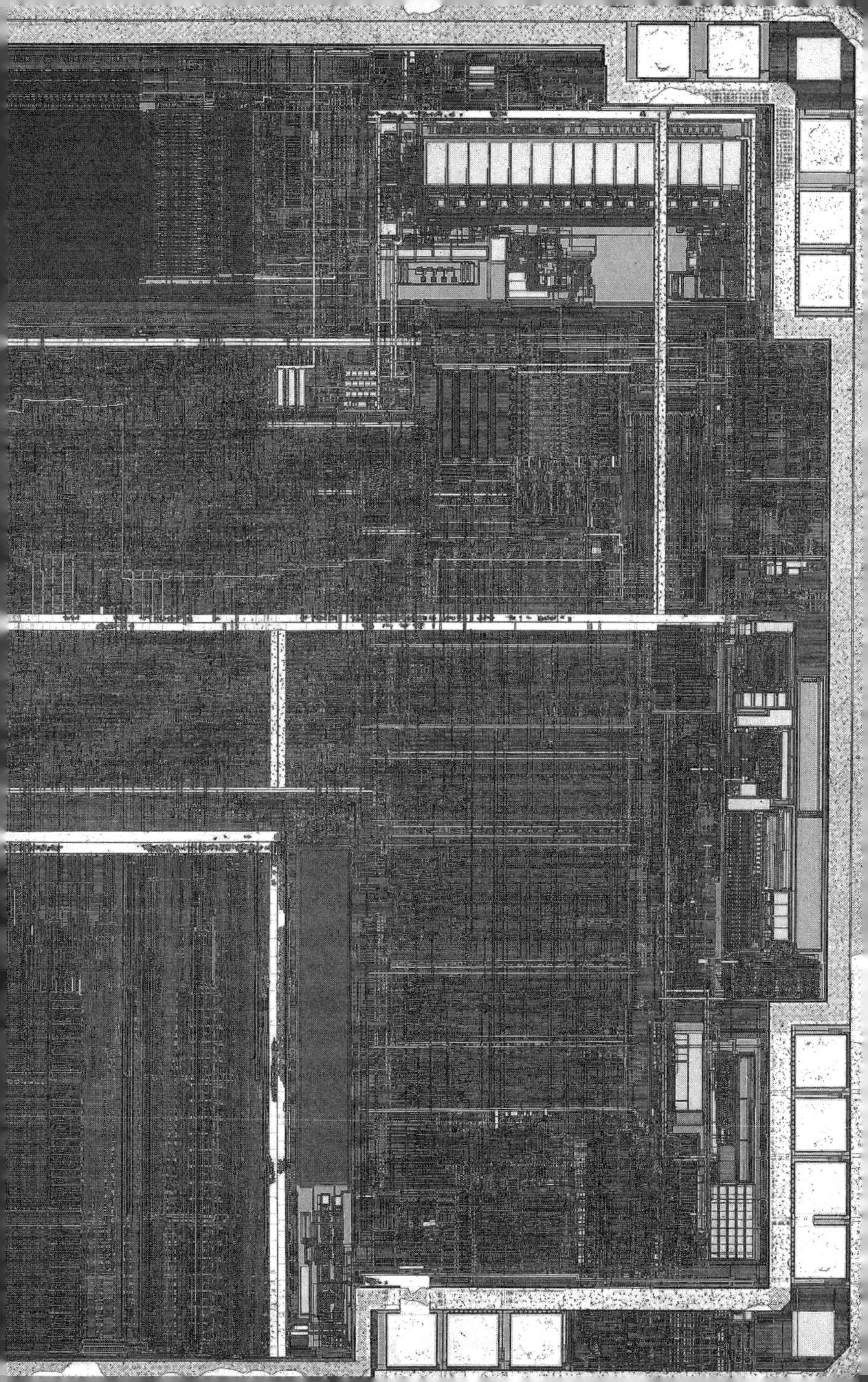

verlassen müssen. All die anderen hocken schön in ihrer kühlen, abgedunkelten Zelle, hacken Code und basteln nebenher an ihrem Level-70-Warlock.«

Obwohl sich der Qualm längst verzogen hat, wedelt er weiter.

»Ich meine, der ganze Kram ist doch längst virtualisiert. Wenn du irgendeinen alten Computer laufen lassen willst, kaufst du dir einen neuen Rechner und lässt darauf einen Emulator laufen, sodass sich der neue Rechner anfühlt wie der alte. Fertig. Ach was! Du brauchst ja nicht mal mehr einen eigenen Rechner! Läuft doch alles in der großen Wolke von Redmond, Mountain View oder wo auch immer. Warum also müssen wir immer noch Zeugs rumschleppen, das man *anfassen* kann?«

Wo er Recht hat, hat er Recht. Der Film, in dem wir Komparsen sind, setzt langsam Staub an.

»Wir stecken halt in so einem Streifen aus den Achtzigern fest, in dem die guten Jungs eine supergeheime *Diskette* vor superbösen Konzernheinis retten müssen«, stimme ich ein, »eine Fünfeinviertel-Zoll-Floppy, die dann am Schluss in einen Cray-Computer geschoben wird.«

Nick kichert vor sich hin. »Ja genau, mit John Cusack in der Hauptrolle«, sagt er und piekst mir seinen Zeigefinger in die Schulter. Er behauptet seit Jahren, dass ich Cusack ähnlich sehe.

So ein peinliches Kompliment darf nicht ungerächt bleiben.

»... und Emilio Estevez als sein Kumpel«, schiebe ich hinterher – und mein Castingvorschlag ist im Gegensatz zu seinem wenigstens ein bisschen realistisch.

»... wohl eher Anthony Michael Hall«, stapelt Nick tief. Dabei wissen wir beide, dass er eigentlich gar nicht wie der Erz-Nerd aus dem »Breakfast Club« aussieht, sondern wirklich wie Estevez. Oder sollte er das echt nicht bemerkt haben? Könnte fast sein, krankhaft uneitel, wie er ist.

Zeit, die Sache mal auf neutrales Gebiet zu ziehen.

»Auf jeden Fall führt John Hughes in dem Film Regie, und jede Einstellung ist durch einen Filter wie bei *Top Gun* gefilmt, sodass das Bild zum oberen Rand hin immer dunkler wird – als ob der Kameramann eine Porsche-Brille vors Objektiv gehalten hat.«

»Musik: Giorgio Moroder«, spinnt Nick weiter.

Langsam, aber sicher nähern wir uns der Gretchenfrage.

»Und die weibliche Hauptrolle spielt ...«

Wir schauen versonnen zum Himmel.

»Molly ...«, legt er vor.

»... Ringwald«, bolze ich rein.

Wir müssen tierisch lachen und schubsen uns gegenseitig vom Fußweg runter. Seltsam: Keiner von uns hatte jemals eine rothaarige Freundin. Ist wohl eher eine theoretische Schwärmerei. Wir lieben einfach die Idee, 1985 alt genug gewesen zu sein, um Molly ausführen zu können. Unsere Erinnerungen steigen in einen DeLorean und rasen die Ausfallstraße runter.

Jetzt bloß nicht aufhören! Es ist so schön, mal wieder zusammen auf den Gedankenspielplatz zu gehen.

Mit der Brechstange drehe ich das Rad weiter: »Wie sagt Hank Moody in *Californication*: Ich bin ein analoger Typ in einer digitalen Welt.«

»Digital sind wir ja schon«, wendet Nick ein.

»Aber ohne Modem.«

Er schnipst mit dem Finger. »Genau, das isses: Wir sind Standalone-Typen in einer scheißvernetzten Welt.«

Zufrieden stecken wir unsere Hände in die Jackentaschen und trotten weiter in den Sonnenaufgang.

$0012 Jedes neue System ist wie ein Abenteuer, wie ein *Adventure*. Wir stehen am Ende einer Straße, und um uns herum ist nichts als Wald. Nur dass wir nicht auf ein kleines Backsteinhaus gucken, sondern auf ein Parkplatz-Triptychon. Und so hässlich wie die Aussicht ist, wäre es schön, wenn es ein Text-Adventure sein könnte.

Vor dem Baumarkt hievt ein Glatzkopf mit glänzender Stirn Blumentöpfe in seinen Großraum-Van, während seine Frau danebensteht und dem Kind im Einkaufswagen eine Brezel in den Mund stopft.

Wir haben die erste Beute des Morgens auf dem Bett ausgebreitet: Stromkabel, Stecker, Lötkolben und eine kleine Rolle Lötzinn. Gebraucht haben wir von diesem Arsenal so gut wie nichts; es war kein Problem, unseren dritten Mann aufzuwecken. Einfach Stromkabel rein und los; die deutschen 220 Volt hat der Grid ohne Murren verdaut. Ein echter Global Player.

Jetzt starren wir auf das klitzekleine Display der Maschine und versuchen, Kontakt aufzunehmen. Obwohl der Laptop auf dem Schreibtisch direkt vorm hellen Fenster steht, kann man auf dem Monitor alles gut erkennen. Die Pixel leuchten in einem gleißenden Orange. Bernstein hieß die Farbe früher, oder?

Was uns John diesmal aufgetischt hat, lässt sich sehen; allein die Bedienung des Teils ist ein Rätsel für sich. Der Grid hat keine Maus – aber man kann auch keine Textbefehle eingeben. Wie sollen wir das Teil dann bedienen? Nick drückt wahllos auf den Tasten rum – genau wie Scotty in dem einen »Star Trek«-Film. Da, wo er versucht, einen Computer aus der Gegenwart zu bedienen, indem er in die Maus hineinspricht. Ungefähr so hilflos sitzen wir vor dem Grid.

Zehn Minuten, zwanzig Minuten, eine halbe Stunde. Vorm Baumarkt fahren die richtig harten Do-it-yourself-Junkies vor – die mit dem geliehenen Minianhänger. Wir wechseln uns damit ab, im Dunkeln des Rechners rumzustochern. Wie damals in der Zockhalle neben der Schule, wenn es ein neues Game gab: Erst krepel ich eine Mark lang rum und Nick guckt sich ab, was man nicht machen darf. Dann ist er dran, seine Leben zu opfern, um neues Wissen zu gewinnen. Und so ging es weiter, bis wir alles rausgefunden hatten. Und je mehr wir das Game durchschauten, desto heftiger drängelte der andere von der Seite, um auch mal an den Joystick ranzukommen.

Mittlerweile kleben wir so eng aneinander vor dem Bildschirm, dass zum Sitzen ein Stuhl ausreicht. Gottseidank sieht uns das Rezeptions-Schneckchen nicht.

Immerhin haben wir schon gelernt, ein Programm zu starten: Man zieht mit den Pfeiltasten einen Balken auf eine Datei und drückt Return plus *Code*-Taste – das war's. Textverarbeitung, Tabellenkalkulation, Malprogramm – alles da. Nur keine Dateien, die der Besitzer selbst erstellt hat.

Während Nick die Menüleiste immer wieder hoch- und runterscrollt, murmelt er vor sich hin: »War übrigens der erste Laptop, der in 'nem Space Shuttle mitfliegen durfte.«

»Echt?« Nasa – immer gut.

»Ja, die Astronauten haben den Grid benutzt, um sich die Position des Raumschiffs auf einer Weltkarte anzeigen lassen. Das Ganze nannten sie dann Shuttle Portable Onboard Computer, oder abgekürzt: SPOC. Beim Start des Programms erschien sogar ein Bild von Nimoy.«

Zur Abwechslung ziehe ich mal die Augenbraue hoch: »Cool. Nerds im Weltraum. Mann muss sie einfach lieben.« Nichts ist schöner, als ein Nerd zu sein, der sich einbildet, keiner zu sein.

Nick prokelt sich weiter durch die Menüs.

»Der Grid war dann auch so ziemlich das Einzige, was sie aus den Trümmern der Challenger rausgezogen haben und noch funktionierte.«

»Was? Und ich dachte, das Magnesium würde leicht brennen ...«

Damit dieser kleine Bruch in seiner Verschwörungstheorie nicht weiter aufreißt, schaufelt Agent 4125 schnell weiter IT-Trivialitäten hinterher: »Sogar die Daten im Speicher waren noch intakt. Im Grid ist nämlich Bubble Memory eingebaut!«

»Nie gehört. Was ist das?«

»Magnetblasenspeicher. Was du da reinsteckst, bleibt auch noch erhalten, nachdem der Strom abgestellt ist. Wie bei einer normalen Speicherkarte halt. War damals ein Riesending und superteuer. Bubble Memory hat sich aber nicht durchgesetzt – zu lahm.«

Da! Nick hat eine Tastenkombination gefunden, die ein Inhaltsverzeichnis aufruft:

BUBBLE MEMORY 384, SYSTEM 128, APPLICATIONS: 102, DATA 16, FREE 138

»Wow, das ganze Betriebssystem frisst nur 128 Kilobyte!«, platzt Nick raus. Wirklich ein unfassbarer Wert; selbst ein mittelkurzer Geschäftsbrief verbraucht heute mehr Speicherplatz.

»Hach, herrliche Zeiten müssen das damals gewesen sein«, schwärme ich mit.

Wir gönnen uns eine stille Minute der *OS-talgie* und denken zurück an die frühen Achtziger, als es eben nicht eins, zwei oder drei hieß – und plop auch stopp bedeutete. Man musste nicht zwischen Apfel, Fenster oder Pinguin wählen. Fast jeder Computerhersteller packte in seine Rechner damals ein eigenes Betriebssystem, und keines davon war mit irgendwas kompatibel. Ach was, das Wort war noch nicht mal erfunden: Kompatibilität – pfui! Jede Maschine war eine Insel, schön von allen anderen abgeschottet durch private Dateiformate und obskure Betriebssysteme, die das Gespräch mit anderen Betriebssystemen strikt ablehnten. Eigentlich wie wir. Jedenfalls gab es Merlin, Pick, Oasis-16, ZDOS, MTOS, AMOS, VersaDOS und noch mindestens dreißig andere. Und GridOS, das unser dritter Mann hier spricht.

Wenn es darum geht, dass früher alles besser war, lässt sich Nick natürlich nicht lange bitten.

»Damals war alles noch so schön ... ja ... unprofessionell!«

»Beispiel?«

»Beispiel ...«, er kneift sich in die Stirn, »also, als der Atari ausgeliefert wurde, lag doch eine Startdiskette dabei.«

»Okay.« Wenn er es sagt.

»Jedenfalls war da nicht nur das Betriebssystem drauf, sondern aller möglicher anderer Kram, zum Beispiel irgendwelche Programmierwerkzeuge, die die Entwickler benutzt haben. Was war passiert? Niemand hat sich die Diskette genau angeschaut, bevor sie ins Kopierwerk geschickt wurde. Da hätten theoretisch die digitalisierten Wichsvorlagen der Programmierer drauf sein können, und die wären dann zehntausendfach an die Kunden rausgegangen.«

»So was gäb's heute echt nicht mehr.«

»Allerdings! Heute hätten sich vorher fünfunddreißig Projektmanager, Six-Sigma-Experten und Kontrolleurs-Kontrolleure die Diskette angeguckt.«

Also kleine fleißige Konzernroboter wie du, mein Freund. Aber vielleicht ist das nicht der richtige Einwand, um den Vormittag entspannt fortzusetzen.

$0013 Kurz vor zwölf. Die Sonne brüllt senkrecht auf den Baumarkt-Parkplatz runter. Vor der Bratwurstbude neben dem Eingang treten ein paar Männer von einem Bein aufs andere, von der Sorte, die man wohl »gestanden« nennt. Ihre Hände sind schmutzig, und ihre Nacken leuchten krebsrot vom Beete jäten, Terrassenfliesen verlegen oder Gartenhäuschen anstreichen.

Was auch immer sie getan haben, Nick müsste es jetzt eigentlich auch tun. Und deshalb freut er sich umso mehr, in einem klimatisierten Raum sitzen zu dürfen, vor einem Rechner, an dem er sich in Ruhe die Zähne ausbeißen kann.

Obwohl wir schon ein paar Stunden dabei sind, springt er weiter hoch konzentriert durch die Programme, als hätten wir den Grid gerade erst aufgeklappt. Meine Aufmerksamkeitsspanne ist längst abgelaufen, der letzte Kaffee liegt brutal lange vier Stunden zurück, und bis jetzt haben wir keine einzige Spur des Vorbesitzers im Speicher entdeckt. Jemand hat in der Kiste gründlich aufgeräumt, fast so gründlich wie ein Magnesium-Feuer.

»Ist es nicht langsam genug?«, erkundige ich mich.

»Warum? Ist doch unser Job«, giftet Nick zurück. Er kann es nicht ab, wenn sich ihm eine Maschine widersetzt, da wird er richtig piefig, der deutsche Ingenieur. Eigentlich ist er genauso ein Typ wie

Hardy Krüger im »Flug des Phoenix«. Da, wo sie mit dem Flugzeug in der Wüste abstürzen und der blonde Deutsche aus den Trümmern einfach eine neue Maschine baut. Genauso ist Nick drauf, und wehe, sein toller Masterplan geht nicht auf – dann sinkt die Stimmung.

Oder vielleicht ist er auch nur unterzuckert?

»Soll ich was zu essen holen?«

»Hm.«

»Was?«

»Egal.«

Auf dem Weg nach draußen lächelt die Rezeptionistin sonnig rüber. Bestimmt muss sie das, weil es in irgendeinem Service-Leitfaden steht – oder sie ist wirklich auf der Suche nach jemandem mit Erfahrung. Das ist der Selbstbetrugs-Joker schlechthin, wenn man die Dreißig passiert hat: *Sie will einen Mann mit Erfahrung.* Ja, klar.

Vor der Tür kocht der Dienstwagen in einer Parkbucht vor sich hin. Alles unverändert, keine Kratzer an den Schlössern oder so. Ich beuge mich runter und versuche, den Unterboden zu erkennen. Jetzt fange ich auch schon an. Wie viel Strom wohl unsere kleine Satelliten-Tarnkappe frisst? Nachher macht die Batterie schlapp, und was immer da unten ist, wacht wieder auf, findet raus, wo es ist und sagt seinen Chefs Bescheid.

$0014 Welches Problem?

Nick presst Daumen und Zeigerfinger zu diesem *O* zusammen, zu seinem *Das-ist-der-Punkt-O*, und dann haut er diesen Elternsatz einfach nochmal raus, eiskalt.

»Genau *das* ist dein Problem!« Dabei lässt er das *O* über die Lehmwüste schweben.

Was für ein Problem? Es gibt kein Problem. Es gibt nur einen verdammt schönen Tag, von dem wir absolut nichts mitbekommen, weil wir in diesem Scheiß-Hotelzimmer sitzen und auf dieses

Briefmarken-Display starren, ohne auch nur einen Schritt weitergekommen zu sein. Was ist da gegen eine Pause einzuwenden?

Wir sitzen auf einem Stapel sonnengebleichter Euro-Paletten, den wir uns mit einem Ameisenvolk teilen müssen. Da sich Nick geweigert hat, weiter als zwanzig Meter zu laufen, hängen wir auf einem Grundstück neben dem Hotel ab, das noch darauf wartet, in einen Parkplatz verwandelt zu werden. Die Warterei scheint allerdings schon länger zu dauern: Auf den Kieshügeln wuchern kniehoch Kamillen-Pflanzen und verbreiten einen Hauch von Erkältungstee. Es summt und brummt überall, und neben den Paletten rostet ein Stapel Baustahl vor sich hin. Es ist das Paradies.

Dabei hatte ich nur vorgeschlagen, bei der Tanke noch ein Sixpack zu holen und es für heute gut sein zu lassen. Doch das war anscheinend zu viel für den Angestellten des Monats.

»Es ist doch so«, Nick schaut auf seine Dose Eistee runter und gibt sich Mühe, etwas weniger streng zu klingen, »es ist nicht mehr wie früher, als wir noch schrauben konnten, wenn wir gerade Bock drauf hatten. Das ist vorbei. Wir haben einen Auftrag bekommen – oder besser gesagt: Du hast einen Auftrag bekommen. Und der lautet: Hol aus der Kiste raus, was drinsteckt. Dafür bezahlt uns John, und das auch noch ziemlich gut. Und genau deshalb werde ich jetzt unseren Auftrag ausführen.« Er zeigt hinter sich. »Ich gehe jetzt da rauf und hocke mich so lange vor diese Kiste, bis ich jedes Byte rausgequetscht habe, und wenn es bis morgen früh dauert. Dann setze ich mich ins Auto und du fährst mich zurück nach Hause. Da bin *ich* nämlich gerne.«

Nick steht auf, geht ein paar Schritte und dreht sich nochmal kurz um.

»Hey, grow up and sell out!«, ruft er, mit einem gequälten Lächeln.

Werd erwachsen und verkauf deinen Arsch – was für ein Motto. Ich schaue ihm nach, wie er über den staubigen Lehmpfad zurück Richtung Hotel marschiert. Sein graues T-Shirt sieht zerknittert aus; wir müssen uns morgen unbedingt neue Klamotten besorgen.

»Ja, toll«, sage ich laut, aber erst, als er außer Hörweite ist.

So weit zu unserem tollen Kumpeltum. Wann waren wir uns eigentlich das letzte Mal so richtig einig? Im Studium? Nein, da ging er schon seinen eigenen Weg, mit ein bisschen zu viel THC und ein bisschen zu *echten* Bekannten. Pure Harmonie herrschte damals auch nur selten. Und danach, während unserer Zeit als McJobber, wurde es täglich schlimmer mit dem Gezicke. Es wäre cool gewesen, wenn wir uns schon als Kind gekannt hätten – und nicht erst ab der Siebten.

Als Kind, in dieser ganz und gar analogen Zeit, als man noch in einer *Bande* war, und nicht in einer Abteilung. Da lief das Leben so schön simpel ab: Jeden Nachmittag fuhren wir mit unseren BMX-Rädern zur alten Ziegelei am Rand der Trabantenstadt. Das heißt, richtige BMX-Räder waren es nicht, nur alte Klappräder, von denen wir alles abgeschraubt hatten, was sich abschrauben ließ. Weiß Gott, wie gerne hätte ich ein echtes Crossbike gehabt, mit diesen gelben Plastikfelgen, aber meine Eltern hielten ein Rad ohne Schutzblech für unvernünftig.

Wir standen also mit unseren Oma-Böcken da, auf dem Gipfel von Lehmbergen wie diesen hier, und waren bereit, den nächsten *Stunt* zu wagen. Ein Stunt, das war alles, wofür man Mut brauchte: mit dem Rad einen kleinen Hügel runterrasen, auf dem Hinterrad fahren, bremsen, bis es von hinten Steinchen regnet – und dann das Ganze nochmal freihändig. Das waren Stunts.

Ausgelöst hatte diese kollektive Fallsucht ein gewisser Herr Seavers. Seine Abenteuer im Vorabendprogramm hatten unsere Hirne gründlich durchgespült. Was Herr Seavers tat, wollten auch wir tun: mit dem Auto über andere Autos springen, auf zwei Rädern fahren, Scheiße in die Luft jagen. Das war der Stoff, aus dem die Träume waren.

Die blonde Jody kam in unseren Schulhoffantasien nicht vor, noch nicht. Die war damals nicht nur kein Thema, sondern eine richtig lästige Unterbrechung. Sie stand zwischen Colt und dem nächsten, noch weiteren Autosprung. Erst Jahre später ist mir aufgefallen, wie unfassbar hot Heather Thomas aussah, wenn sie im Vorspann mit ihrem Bikini durch die Schwingtüren kam.

Jedenfalls stand unser Weltbild damals noch felsenfest. Darüber, was cool war, mussten wir kein Wort verlieren. Das war eh klar: D-Böller, ein De Tomaso Pantera mit 500 PS, die Lockheed SR-71 – dieser Düsenjäger, der mit Mach 3 den russischen Raketen einfach wegrasen konnte. Solche Sachen. Das Größte, das Schnellste, die meisten U/min, die höchste Feuerkraft, den Corsalflug in weniger als zwölf Parsec schaffen – um zu wissen, was wichtig im Leben ist, musste man nur ins Schmid-Quartett gucken. Diskussionen über die richtige Work-Life-Balance fanden damals nicht statt.

Ich trinke meinen Eistee aus, ganz langsam, Schluck für Schluck, bis der Schatten des ersten Lehmbergs die Ameisenstraße neben meinem Bein erreicht.

Gott, wie schön wäre es, ab und zu mal wieder ein Auto mit solchen Schlaf-Augen auf der Straße zu sehen.

$0015

Er hat ihn bezwungen. Der Grid hat das geschafft, was keine Maschine vorher geschafft hat – sie hat Nick in die Knie gezwungen. Mit dem Kopf auf den Händen abgestützt kauert er vor dem Schreibtisch und nuschelt vor sich hin. Seinen Gegner, den schwarzen Laptop, hat er so weit ans Ende der Holzplatte geschoben, dass er fast runterfällt.

»Sechzehn K, lächerliche sechzehn Kilobyte, und ich kriege sie einfach nicht raus!« Kein Wort mehr über unser *Problem*. Darauf ist Verlass: Selbst den schlimmsten Krach vergisst Nick in Sekunden, wenn er sich mit etwas Elektronischem beschäftigen darf.

Ich mache die Tür zu.

»Was für sechzehn Kilobyte?«

»Wenn man das Betriebssystem und die Programme abzieht, bleiben noch sechzehn Kilobyte Daten im Speicher übrig, die der Besitzer hinterlassen hat. Texte, Termine, was weiß ich. Vermutlich verschlüsselt. Wenn John wissen will, was für Daten das sind, müssen wir sie entschlüsseln – und dafür müssten wir sie erstmal aus der Kiste rausbekommen und auf ein schnelleres System überspielen. Aber genau das klappt nicht. Ich kriege die sechzehn K einfach nicht raus. lächerlich – dabei könnte man die paar Byte fast mit der Hand abtippen, so wenig, wie das ist; in Buchstaben umgerechnet vielleicht drei oder vier Kapitel in einem Buch.«

Für einen IT-Gott wie Nick ist es natürlich eine unerträgliche Vorstellung, das berüchtigte Drehstuhl-Interface benutzen zu müssen – links auf dem Grid ein paar Zahlen ablesen, drehen, dann rechts in seinen Dienstrechner eingeben. Eine zutiefst analoge Lösung für ein digitales Problem. Fast so schlimm wie diese Programmlisten abzutippen, die früher in der *64er* abgedruckt waren. DATA, DATA, DATA.

Fest steht, dass ich diese Niederlage mit allen Mitteln verhindern muss, sonst droht wochenlanges Gezicke. Vielleicht kann er ja so ein Kästchen benutzen wie ich immer bei meinen Tandys?

»Hast du mal versucht, die Daten über die serielle Schnittstelle rauszuspielen?«

Nick schüttelt den Kopf.

»Die funzt nicht; oder ich hab was falsch gemacht.«

Er und was falsch gemacht – undenkbar. Eher ist das Interface kaputt. Ich setze mich hinter ihm aufs Bett und starre solidarisch und mit viel Ekel auf das widerspenstige Stück Magnesium. Es ist bedrückend still im Zimmer, als ob jemand gerade eine furchtbare Nachricht erhalten hat. Quälend langsam vergehen die Sekunden. Komm schon, sag was. Nein? Also ich. Aber was? Ein Held aus den Achtzigern kann nur mit den Waffen der Achtziger geschlagen werden ... Ich schieße ins Blaue: »Schon mal an Videodat gedacht?«

»An was?«

Freude! Eine leere Stelle in seinem Lexikon.

»Videodat. Erinnerst du dich nicht an den *Computerclub*?«

Nick grinst. »Klar, mit den zwei Wolfgangs.«

»Genau. Die haben doch während der Sendung immer Daten übertragen, indem sie links oben im Fernsehbild kleine weiße Balken einblendeten. Ein weißer Balken stand für die 1, ein schwarzer für die 0, acht davon übereinander ergaben ein Byte, und das wechselte mit jedem neuen Fernsehbild. Ein ziemliches Geflimmer ...«

»... das 50 Byte pro Sekunde ergab«, steigt der Beifahrer ein, »die konnten die Zuschauer mit einem passenden Gerät dann auf ihren Rechner übertragen. Eine Art von urzeitlichem Download.« Nicks Augen glänzen. Er hat meinen Gedanken längst zu Ende gedacht. »Das isses! Wir bringen den Grid dazu, die beschissenen sechzehn Kilobyte als Grafik auf dem Bildschirm darzustellen und filmen das Ganze dann mit meinem Rechner ab.«

Ich schlage ein: »Machen Sie es so!«

In den folgenden dreißig Minuten explodieren wir in einem unglaublichen Nerdgasmus.

Nick baut seinen Dienstrechner so auf, dass die eingebaute Chat-Kamera genau auf das Display des Grid zielt. Wie immer, wenn es um Technik geht, die man anfassen kann, produziert er, der Software-Guru, eine ziemliche Mikado-Konstruktion: Sein Rechner balanciert auf zwei Zahnputzbechern und wird nur von der Minibar-Karte und dem Pay-TV-Werbeaufsteller am Umkippen gehindert. Während seiner Bastelei habe ich auf dem Grid ein Programm geschrieben, das die Zahlen im Speicher ausliest und als kleine Klötzchen auf dem Monitor darstellt – in Basic, weil ich sonst nichts richtig kann und Tempo keine Rolle spielt.

Schon nach ein paar Tests läuft das Programm einwandfrei, und auf dem Bildschirm des Grid erscheinen die ersten bernsteinfarbigen Quadrate. Das Muster sieht aus, als ob man sich den Schnee im Fernsehen mit der Nase an die Mattscheibe gepresst anschaut.

Damit Nicks Kamera auch alles schön mitkriegt, mache ich jedes Bit auf dem Bildschirm so groß wie ein Leerzeichen. Das heißt, eine »0« ist ein schwarzes Leerzeichen, und eine »1« sieht aus wie ein Cursor. 240 Byte passen so auf den Minibildschirm. Um die nächsten 240 aus dem Blasenspeicher zu saugen und aufs Display zu bringen, braucht der Oldie ungefähr eine halbe Minute. Dass heißt, um alle privaten Daten des Besitzers abzufilmen, müsste eine gute halbe Stunde reichen. Überschaubar. Nach einigen Testläufe ist das Gehäuse des Grid so heiß, dass man es nicht mehr anfassen kann.

Ich knipse die Zimmerbeleuchtung aus und schaue zum Beifahrer rüber.

»Bereit?«

»Bereit, wenn Sie es sind.«

Den kann ich ausnahmsweise zurückspielen ...

Ich drücke auf Return. »Dann lassen Sie mal den Rock runter, Agent Starling!«

Nick streichelt die Space-Taste des Dienstrechners ganz sachte, um seinen Mikado-Turm ja nicht zu erschüttern. Die Kamera läuft. Eine Sekunde später fängt der Grid an, still vor sich hin zu flackern. Obwohl Nicks Dienstrechner keinen Ton aufnimmt, schleichen wir extra vorsichtig zurück zu den Betten und lassen uns in Zeitlupe auf die Matratzen sinken. Bloß keine Erschütterungen! Und da sitzen wir dann, eine gute halbe Stunde, und genießen schweigend das Mäusekino.

Wir schauen zu, wie ein Oldie aus dem Silicon Valley einem Baby, das vor drei Wochen im Perlflussdelta geboren wurde, eine Gutenachtgeschichte vorliest. Retro-Zen.

$0016 Etwas ist anders als gestern Abend. Nur was? Durch das offene Fenster ziehen heiße Schwaden rein, die zwölf Stunden lang Asphalt, Bratwurst und Autopolitur aufgesaugt haben. Alle Flutlichter, die gerade eben noch die leeren Parkplatzreihen ausgeleuchtet haben, sind ausgegangen; jetzt strahlt nur noch das Logo des Baumarkts in die Nacht hinaus. Aber es ist niemand mehr da, um die Markenbotschaft zu empfangen. Über das menschenleere Gelände hat sich Dunkelheit gelegt, so schwarz und undurchdringlich wie zu der Zeit, als hier noch Zuckerrüben wuchsen. Nicht mal zwei Jahre ist das her.

Was ist anders? Hinten über der Stadt glühen die Wolken. Es sind die Reflexionen der Straßenlaternen, der Scheinwerferbatterien vor den Großraumdissen und des Flutlichts, unter dem die Cops an der Einfallstraße die Wagen der Dorfdeppen kontrollieren. Dröhnt das Autobahnkreuz lauter als sonst?

Nick hockt auf dem Bett und klickert auf der Tastatur seines Dienstrechners rum, um die Daten aus dem Grid zu entschlüsseln. Wie immer, wenn er sich konzentrieren muss, hat er alle Lichter im Zimmer ausgedreht. »Jetzt nur noch entschlüsseln«, war seine letzte Ansage vor zehn Minuten. Wie genau er das macht, versucht er mir schon lange nicht mehr zu erklären. Zu aussichtslos. Bei manchen Themen geht selbst ihm irgendwann der missionarische Eifer aus. Still und effizient löst er das letzte Rätsel des Grid selbst – oder das erste. Abwarten. Unsere Überspielorgie hat jedenfalls funktioniert: Der Dienstrechner hat die Klötzchen auf dem Bildschirm des Grid tadellos abgefilmt; aus dem Clip die Daten zu extrahieren war für einen Videoprofi wie Nick eine Kleinigkeit.

»So, so«, flüstert er vor sich hin. In seiner Stimme liegt dieser Ton, den er für wirklich Wichtiges reserviert hat.

Und dann beginnt das ewig gleiche Ritual: Langsam, Zentimeter für Zentimeter, dreht er seinen Rechner zu mir rum, genau so, wie er es schon seit zwanzig Jahren macht, wenn er etwas Tolles in seinem Computer entdeckt zu haben glaubt. Vom Fenster aus ist nur Rauschen zu erkennen. Ich taste mich zum Bett vor. Der ASCII-Dschungel lichtet sich, Buchstaben, Zahlen und invertierte Herzen treten hervor.

Nicks Zeigefinger wandert auf eine Zeile im oberen Drittel des Bildschirms. Erst als er sicher ist, dass meine Augen gefolgt sind, nimmt er ihn wieder weg. Der Blick auf die Zeile ist frei:

IRVING, CHARLES_DR, 4004111571

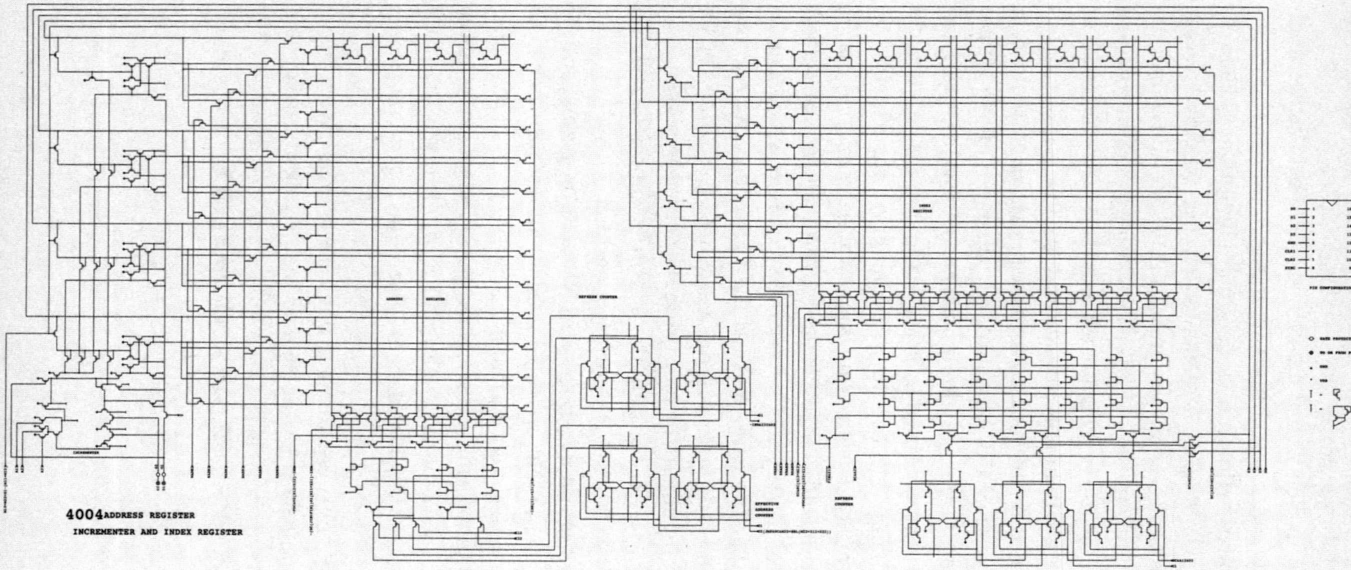

4004 ADDRESS REGISTER
INCREMENTER AND INDEX REGISTER

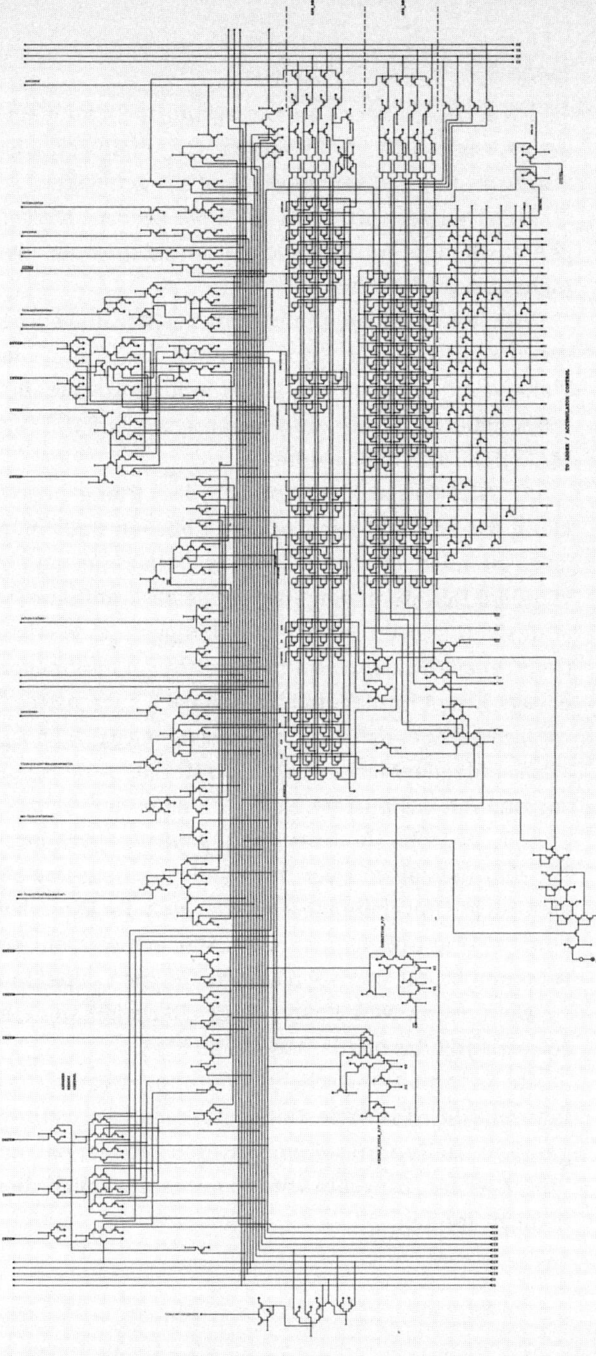
TO ADDER / ACCUMULATOR CONTROL

$0017 »Und jetzt?«

Ich setze das Beck's an. Der zweite, nicht vom Reisekostenbudget gedeckte Griff in die Minibar innerhalb von vierundzwanzig Stunden – unsere Dienstreise gerät aus den Fugen.

»Jetzt wissen wir, wem die Kiste gehört«, Nick presst die Lippen zu diesem *Tja*-Ausdruck zusammen, »oder mal gehört hat. Mehr aber auch nicht.«

Wir stehen nebeneinander am Fenster und starren ins Nichts. Wenn man sich den Kopf verrenkt, kann man die haushohen Plakatwände drüben am Elektronikmarkt erkennen. Irgendein toller neuer Prozessor wird angepriesen. DIE ULTIMATIVE GAME-MACHINE. Was auch immer.

Als Nick damals davon sprach, dass Irving eine »Legende« sei, klang das erst mal nach seinem üblichen Bullshit, denn für ihn ist so ziemlich jeder eine Legende. Er hat eine ganz eigene, völlig verquere Definition von Startum: Je obskurer eine Person ist und je unsichtbarer ihr Beitrag zur Nerdgeschichte war, desto besser findet er sie. Da kann es ihm gar nicht »granular« genug sein, wie er sagt. Klingt immer ein bisschen nach Katzenstreu.

Ihm reicht es halt nicht, zu wissen, welcher Schauspieler in »Star Wars« unter der Maske von Greedo steckte, bevor Han Solo *als Erster* zog und ihn wegpustete. Nein, er huldigt dem Schauspieler, der in Episode IV Jabba the Hutt spielte *und rausgeschnitten wurde*! Der Typ war niemals auf der Leinwand zu sehen! Das einzige, was er vom Lucas-Universum gesehen hat, war der Papierkorb im Schneideraum. Und trotzdem ist er ein Star, ach was, ein Kultstar, der es verdient hat, dass man den Mädchennamen seiner Mutter kennt.

Nein, wenn Nick davon spricht, dass jemand eine »Legende« sei, bedeutet das nichts. Absolut nichts.

Im Fall von Irving scheint allerdings etwas dran zu sein. Wenn John uns durch so viele Reifen springen lässt, nur um rauszukriegen, was der Typ auf seinem privaten Rechner hat, muss etwas dahinterstecken. Langsam wird es mir fast peinlich, diesen IT-Schrat nicht zu kennen.

»Was war Irving eigentlich für ein Typ?«

Nick senkt den Kopf wohlwollend, so als akzeptierte er mein Eingeständnis, ein Ignorant zu sein. Dann setzt er – erst mal ganz knapp – an.

»Ein *Hardy Boy*, ein Hardware-Schrauber der ersten Stunde. Schon zu Lebzeiten eine Legende. War angeblich dabei, als Intel Ende der Sechziger den 4004 gebaut hat.« Er bemerkt meinen leeren Blick und steigert schrittweise die Detaildosis: »Mann, Intel 4004, der erste Mikrochip, der in Serie ging. Hatte nur 2 300 Transistoren, nicht Milliarden, wie die Chips heute. Irving hat ihn mit entwickelt – und ein paar andere Prozessoren wohl auch. In den Siebzigern wechselte er dann in den militärisch-industriellen Komplex.«

»Wehrtechnik?«

»Munkelt man. Angeblich hat er das Head-up-Display für die F-16 und andere Kampfflugzeuge designt. Embedded Systems, Kram, den niemals jemand außerhalb des Militärs zu sehen kriegt. In den Achtzigern ging er nochmal kurzfristig in den zivilen Sektor zurück, zu Western Digital; doch das war nur ein kurzes Gastspiel. Kurz nachdem er angeheuert hatte, gab es einen Riesenskandal in der Firma: Einige der Festplatten von Western rauchten bei den Kunden nach nur einem Jahr ab, und zwar seltsamerweise alle gleichzeitig. Nachher kam raus, dass irgendwelche Chips eine Macke hatten. Nach der Episode tauchte Irving jedenfalls irgendwo in Asien ab, so wie Arthur C. Clarke. War für ihn wohl kein großes Problem, da er in den Staaten als Engländer ohnehin immer ein Außenseiter war.«

»Was wollte er dann auf der LegaSys?«

Nick hebt seine Flasche an. »Genau das ist die Frage. Deshalb waren ja alle so gespannt, was er sagen würde. Wenn so ein Einsiedler die Wüste verlässt, hat er dafür meist einen guten Grund.«

Ich werfe einen Blick auf den Grid, der zugeklappt auf der TV-Anrichte steht.

»Meinste, die Antwort steckt da drin?«

»Sicher nicht. Ich habe alle Verschlüsselungsalgorithmen, die so eine Maschine drauf haben könnte, durchprobiert. Bis auf Irvings Namen und ein paar Zahlen war nur Datenmüll im Magnetblasenspeicher. Nein, wenn der wirklich eine große Sensation in der Hinterhand hatte, dann liegen die Informationen sicher woanders. Irgendwo auf einer Fünfeinviertel-Zoll-Diskette am anderen Ende der Welt vielleicht. Im Rechner sind sie jedenfalls nicht. Weißt du, was ich glaube? Wer immer den Grid der Datacorp gegeben hat, hat einfach vergessen, Irvings Diskettensammlung samt passendem Laufwerk – gab's als Zubehör – mitzuliefern.« Er macht eine lange Pause. »Unser Job ist jedenfalls erledigt – und *sie* haben meinen Garten umsonst verwanzt.«

Es ist das erste Mal seit gestern Abend, dass er die Sache nochmal erwähnt. Was aber nicht heißt, dass er nicht darüber nachgedacht hat. Im Gegenteil: Er hat mit Sicherheit in jeder wachen Sekunde alle mögliche Täterprofile und -motive durchgespielt. Bei ihm laufen ständig Dutzende von Threads im Kopf ab, nur dass man normalerweise nichts davon merkt.

»Wer, glaubst du, sind *sie*?«

»Keine Ahnung. Konkurrenz, Industriespione, Drogenhändler. Wir wissen ja nicht, womit sich Irving so beschäftigt hat in den letzten Jahren.«

Mit einem Tag Abstand erscheint mir die Idee, von einer geheimen Macht observiert zu werden, abstruser als je zuvor. Deshalb binde ich das Thema mit einem geschäftsmäßigen »wahrscheinlich« ab. Bleibt die Frage, was wir mit dem hoch brennbaren Elektroschrott in unserem Zimmer machen. Überhaupt breitet sich ein unangenehmes *was nun?* im Raum aus.

Und was tun zwei brave Angestellte in so einem Moment? Sie schicken eine Aktennotiz an den Chef natürlich!

Ich befreie meinen Dienstrechner aus dem T-Shirt-Knäuel in der Ecke und schalte ihn an. Morgen ist Sonntag, spätestens Montag müssen wir echt neue Klamotten einkaufen gehen. Aber so, wie es aussieht, geht unsere Flucht ohnehin bald zu Ende und Dr. Kimble darf zurück in sein Dorint.

»Dann schicke ich John mal die Daten und frage ihn, wo wir den Grid abgeben sollen, oder?«

Der Beifahrer nickt.

Ich klinke mich abhörsicher ins Datacorp Secure Network ein; für einige Sekunden blitzt die übliche Begrüßungsmeldung auf, weiß auf schwarz:

WELCOME TO DATACORP

Dann fährt das Terminalprogramm hoch und das System erwartet meine Eingabe. »w« Klick – »h« Klick – »o« Klick. Nicks Dienstrechner erscheint im Netzwerk. Ich kopiere mir die Daten rüber, die wir aus dem Grid ausgelesen haben, und tippe Johns Adresse ins Nachrichtenfeld ein. Noch ein paar warme Zeilen als Anschreiben, um die Form zu wahren. Wie schreibt man das auf Englisch am besten? Egal. John interessieren ohnehin nur die Daten. How are we supposed to proceed? Wie sollen wir jetzt weiter vorgehen? Senden.

Die Netzwerk-LED flackert. Zum ersten Mal, seit wir vor *ihnen* weggerannt sind, brechen wir die Funkstille.

$0018 Fuck – können die ihre Dreckskoffer nicht *tragen*? Durch den kleinen Spalt unter der Zimmertür dröhnt das Quietschen der Rollenkoffer. Klingt nach einer halben holländischen Fußballmannschaft. Das dumpfe Quietschen, Schleifen und Lachen hört überhaupt nicht auf. Von so einem Scheiß ist man doch früher nicht wach geworden. Die Rockerweisheit stimmt wohl doch: If it's too loud, you're too old. Wenn's dir zu laut ist, bist du zu alt.

Vielleicht hilft es ja, den Klamottenberg unten an die Tür ranzuschieben? Also aufstehen, rumtasten, stopfen. Kein Erfolg. Die Schrottpresse auf dem Gang wummert mit unverminderter

Lautstärke weiter. Uhrzeit – was, schon fast vier? In spätestens drei Stunden springt Nick aus dem Bett und bläst scheißgut gelaunt zum Morgenappell. Also schnell wieder schlafen.

Ich wanke an den halb geöffneten Vorhängen vorbei. Direkt neben einem Seiteneingang des Baumarkts steht ein Kombi mit laufendem Motor; der Innenraum glimmt wie eine Martinslaterne. Stehen die Leute etwa so früh auf, um irgendwelche Mörtel-Schnäppchen abzugreifen? Nein, wird sicher Personal sein, oder ein Wachdienst, oder Aushilfen, die Zeug in die Regale räumen.

»*Verräumen*, sagt der Profi«, würde Nick an dieser Stelle verbessern. Seit ihm ein Haus gehört, versteht er nämlich sehr viel von der etwas anderen »Hardware« – von Werkzeugen und Baubedarf. Er hat viele tolle neue Worte gelernt, die er zu jeder Gelegenheit mit der Welt teilt: mein *Flachspül*-WC, mein *flächenbündiges* Kochfeld, meine *rektifizierten* Fliesen. Und wehe, man fragt nach: Dann serviert er eine Erläuterung zu den Vorteilen eines Flachspül-WCs gegenüber einem, keine Ahnung, Tiefspül-WC, die weeeesentlich mehr Details enthält, als einem lieb ist; geradezu analfixiert, oder, Sigmund? Erstaunlich, wie sehr er sich für Sachen begeistern kann, durch die kein Strom fließt. Früher undenkbar. Hausbesitzer zu sein bedeutet anscheinend, dass dich das Haus besitzt.

Da – das Licht in dem Auto geht wieder aus. Ich presse die Augen zu. Wird wohl doch Personal gewesen sein.

$0019 Warum in aller Welt schmeckt Nutella aus diesen kleinen Aluschälchen viel besser als aus dem Glas? Zuhause verrotten die Becher im Schrank, doch sobald man im Frühstücksraum eines Hotels sitzt, muss man einfach immer weiter Nutella in sich hineinschaufeln, bis das Aluschälchen ratzekahl leer ist. Eine der wenigen Freuden einer Geschäftsreise, die man auch zu zweit genießen kann – anders als diese herrliche Minute, in der das Pay-TV noch nichts kostet.

Wir sitzen im Frühstücksraum des Hotels zur guten Verkehrsanbindung. Und es ist verdammt hell. Nicht nur das Holz der Tische, sondern der ganze Raum. Viel zu hell für die kurze Nacht. An den porentief weißen Wänden hängen im Abstand von vielleicht 30 Zentimetern rote Plastikrosen, dazwischen selbst gemalte Aquarelle mit toskanischen Landschaften drauf. Cherchez la femme.

Die anderen Gäste, allesamt Business-Heinis, starren stumm auf ihre Rechner, während sie mit der freien Hand mechanisch Müsli in sich hineinschaufeln. Früher raschelte an so einem Ort hier und da noch eine Zeitung, jetzt hört man nur noch das Klickern der Tastaturen. Auf einem Pult neben dem Eingang liegt zwar ein einsames Exemplar irgendeiner Lokalpostille, doch mit so einem Käseblatt will sich keiner der Weltmänner hier sehen lassen. Die checken lieber ihre Auktionen im Netz.

Nick haut rein, als ob er seit Tagen nichts gegessen hätte. Er schmatzt und lacht und freut sich, dass er in wenigen Stunden wieder mit seiner Sabina zusammen sein kann. Früher hat er sich noch Mühe gegeben, dieses Gefühlsgedusel unter der Decke zu halten, so aus Rücksicht auf den armen Single. Doch das ist lange vorbei. Mittlerweile zwängt er mir den Pärchenpower-Mist gnadenlos auf, und zwar schön ausführlich: langatmige Protokolle von gemeinsamen Kinoerlebnissen, Shoppingtouren und Ausflügen.

»... dann haben wir da am Ufer gesessen, und die ganzen Vatertagsbötchen sind grölend vorbeigeschippert.« Eine weitere Geschichte mit schlechtem Verhältnis zwischen Rauschen und Signal. Auf den interessanten Kern der Story, nämlich *Was für einen Bikini trug Sabina*, geht er nicht ein. Triangel? Definitiv, sie kann es sich ja seit Neuestem leisten. Nick ist so ein furchtbar diskreter, geschmackvoller und asexueller Gentleman.

Es ist Zeit, dass er mit seinem Romantik-Roman mal zum Ende kommt.

»Hm. Aber mal was anderes: Was machen wir denn jetzt?«

Nick schiebt sich ein weiteres Schinkenbrötchen in den Mund.

»Na, nach Hause fahren!« Er lacht, dass die Krümel fliegen. »Vorausgesetzt, dass Major Tom nix dagegen hat.«

Stimmt, da steht ja noch eine Antwort aus. Ich klappe unterm Tisch meinen Rechner auf. Was soll John schon geschrieben haben? Dass wir den Grid weiter rösten sollen, bis er noch mehr Daten ausspuckt? Wo nichts ist, lässt sich auch nichts herzaubern. Nein, die Sache ist durch, es sei denn, er schiebt noch Irvings Diskettenbox rüber, dann könnten wir die auch noch auslesen. Dafür bräuchten wir allerdings das passende Laufwerk für den Grid, so verlangt es das oberste Retro-Gesetz: Selbst die bestmöglich erhaltenen Medien taugen nichts ohne die passende Hardware zum Auslesen.

Da, eine ungelesene Nachricht, ist sogar noch heute Nacht reingekommen. Ob John immer noch in diesem Führerbunker rumhängt? Bestimmt nicht. Wahrscheinlich ist er längst in die nächste Zeitzone weitergejettet oder läuft beim Iron Man auf Hawaii mit.

Nachricht öffnen.

Autsch, das wird Nick wehtun. Er schneidet gerade ein weiteres rundes Brötchen mit dem Messer auf und schmiert fingerdick Honig rein. Im Film würde der Regisseur jetzt langsam die klirrenden Teller und das Tastaturklicken ausblenden, bis die Tonspur komplett schweigt und man im Kinosaal das Popcorn auf den Boden rieseln hören kann. So ein Die-ganze-Welt-verschwindet-um-den-Helden-Moment.

Wie bringe ich es ihm bei?

»Hör mal ...«

Nick schaut auf seine treu-ehrliche Art hoch, sodass es mir noch mehr leid tut, ihn enttäuschen zu müssen.

»Schätze, unser Auftrag ist noch nicht vorbei.«

Sein Kiefer kommt knirschend zum Halten. Ausnahmsweise bin ich dran, den Rechner zum großen Showdown rumzudrehen.

Mit versteinertem Gesicht überfliegt der Beifahrer die Zeilen.

»*Kuala Lumpur*?« Mehr bringt er nicht raus.

»Ja, wir sollen da unten in Irvings Wohnung die fehlenden Informationen beschaffen; die genaue Adresse schickt er noch.« Am

Anfang und am Ende von »Informationen« male ich mit den Fingern kleine Anführungszeichen in die Luft. Eine bescheuerte Geste, mit der mich Andie infiziert hat.

Die Angestellten-Seele auf der anderen Seite des Tisches fängt langsam an zu sieden: »Aber wir sind doch kein Kurierdienst oder eine Detektei oder sonst was!«

Nick hat sein Brötchen beiseite gelegt, meinen Rechner ganz zu sich rübergezogen und liest Johns Nachricht nochmal, als ob sich dadurch irgendwas ändern würde. Alle paar Zeilen schüttelt er ungläubig den Kopf.

Den Rest des Frühstücks verbringt er damit, rumzuzetern, was für ein totaler Schwachsinn das sei und ob die Datacorp da unten nicht jemand habe, der diese Lakaienarbeit erledigen könne, und so weiter. Ich höre gar nicht mehr zu, sondern beschäftige mich lieber mit dem erfreulichen Kern von Johns Nachricht: *Transportation will be provided by Jeppesen.*

Das bedeutet, ein konspiratives Telefonat mit Andie steht an.

$001A

Sie hat definitiv einen im Tee.

»Hi, Kee, Darling! I'm so happy ...«

Definitiv. Wahrscheinlich hat sie um zehn angefangen, sich Erdbeer-Daiquiris oder andere bunte Cocktails zu mixen – nein: aus einer Fertigflasche einzuschütten; dazu wurden höchstwahrscheinlich ein paar Duftkerzen angezündet. Im Hintergrund umpft frauenkompatible House-Musik vor sich hin, also Stücke, bei denen auch ab und zu gesungen wird. Ob sie alleine ist? Geweckt habe ich sie jedenfalls nicht, dafür war sie zu schnell dran. Dabei ist es in Washington schon ein Uhr nachts. Ich haspele eine Minute vor mich hin, um ihr die Lage zu erklären.

»Malaysia? Sounds great. Give me a second.«

Das dumpfe Tapsen von bestrumpften Füßen auf Holzfußboden entfernt sich. Man denkt ja immer, Superfrauen wie Andie würden rund um die Uhr auf Highheels rumstöckeln – auch zuhause. Doch das stimmt nicht. Wenn sie sich unbeobachtet fühlt, trägt sie dicke Norwegersocken mit solchen Gumminoppen drunter, die verhindern sollen, dass man ausrutscht.

Wunsch ungleich Wirklichkeit. Deshalb ist die einzig perfekte Frau auch nur so eine, die man niemals richtig kennen lernt. Ach was, die man nicht mal anspricht, sondern nur aus der Entfernung genießt. Denn mit jedem Schritt, den man sich ihr nähert, wird sie zwangsläufig entzaubert. Dann entdeckt man die Stoppersocken unterm Bett oder die Hornhautraspel im Badezimmerschrank. So gesehen haben Nick und ich etliche äußerst perfekte Beziehungen hinter uns.

»Ooookay!« Andie ist wieder dran. Jetzt sitzt sie sicher mit ihrem Rechner auf dem Schoß da und klickert mit ihren Krallen auf die Tastatur ein. Eingebildete Kleidung: Spagetti-Top und knapper Seiden-Panty. Tatsächliche Kleidung wahrscheinlich: dieser ausgewaschene Fleecepulli mit dem Logo ihrer tollen Studentenverbindung drauf.

»Are you travelling with ... what was his name again?«, flötet sie durch die transatlantische Leitung.

Da ist es wieder, das berühmte Andrew-Ridgeley-Syndrom: Jeder weiß, dass er dabei war, aber niemand kann sich an seinen Namen erinnern. An dieser Krankheit leiden wir beide, oder besser gesagt, die Umwelt. Unsere Namen löschen sich schneller aus den Hirnen der Menschen als die Geheimanweisungen in »Mission Impossible«. Wir hinterlassen eben keinen besonders bleibenden Eindruck. Das merkt man zum Beispiel daran, dass im Fitness-Studio die gleichen Leute innerhalb von einer Stunde dreimal ein »Hey, alles klar?« rüberrufen – eben weil sie sich einfach nicht mehr daran erinnern können, dass sie einen schon mal begrüßt haben.

Ich buchstabiere Nicks Namen.

»Alright.« Weiteres Geklicker, ein neues Stück aus der Anlage. Schock! Kann das sein, ist es womöglich ... Keith Sweat? Auf jeden

Fall irgendeine R'n'B-Sülze, bei der der Sänger über die Akkorde hinweg sehr intensiv spricht. So à la »Lady, you know that I love you«. Ultimative Cheesyness.

»Okay, I'll put you on the flight ...«, Andie gibt professionell die Reisedaten durch. Ich notiere sie mir auf dem Notizblock, der neben dem Bett liegt. Nick wird nachher die restlichen Seiten – wie immer – zerreißen, weil er in irgendeinem Spionagefilm gesehen hat, dass sich die Buchstaben auf die Folgeseiten durchdrücken und böse Menschen sie immer noch entziffern können, wenn sie das Blatt gegen das Licht halten.

Jetzt nur noch das »th« von »thanks« richtig hinbekommen und der Anruf ist pannenfrei über die Bühne gegangen. Andie haucht das obligatorische »take care«, ich mache mir die obligatorischen Hoffnungen, und das Gespräch ist vorbei.

$001B Es war keine gute Idee, ihn ausgerechnet heute fahren zu lassen. Old Nick ist aus gutem Grund der ewige Beifahrer, ganz einfach, weil er wie eine Oma fährt. Bei allen Denkprozessen, die in seinem Hirn ständig ablaufen, bleibt keine Rechenpower mehr übrig, um ein Lenkrad und zwei Pedale vernünftig zu bedienen. Dabei dürfte das gerade heute kein Problem sein. Es ist nicht viel los auf der Autobahn, weil Sonntagmittag ist und die Trucker ihre Böcke an der Raste geparkt haben und daneben mit nacktem Oberkörper Bier trinken. Abgesehen von ein paar Wohnmobilen, bei denen man aus der Ferne nie genau erkennen kann, ob sie noch fahren oder schon auf der rechten Spur campen, blockieren keine größeren Hindernisse die Straße.

Nick stresst das Fahren trotzdem: Unentschieden driftet er von Spur zu Spur, bremst und gibt abwechselnd Gas, je nachdem, wie sehr in Fahrt *er* gerade ist. Und er ist ziemlich in Fahrt. Dass er an diesem Abend im Flugzeug nach Kuala Lumpur sitzt und nicht bei sich zuhause auf dem Sofa, nervt ihn gewaltig.

»Man, schon wieder diese Scheiß-Strecke!« Obwohl die Klimaanlage volle Kanone läuft, kullert an seiner Schläfe ein kleiner Schweißtropfen runter.

»Was heißt *schon wieder*«, erkundige ich mich, ohne den Haltegriff über dem Fenster auch nur eine Sekunde loszulassen. Mein rechter Fuß pumpt fleißig auf einer virtuellen Bremse rum.

»War vorletzte Woche erst in den Staaten, West Virginia ...«, zischt er aus dem Mundwinkel.

West Virginia? Es gibt nur einen Ort in West Virginia, wo die Datacorp regelmäßig hin muss. Nach Clarksburg, zur *Criminal Justice Information Services Division* des FBI, da sitzen die Computerspezialisten der amerikanischen Bundesbullen.

Das könnte der perfekte Moment sein, um ein paar Dienstgeheimnisse aus ihm rauszukitzeln – jetzt, wo er seinen Arbeitgeber gerade so schön hasst.

Ich teste ganz sachte das Wasser: »Worum ging's?«

»Ach, nix Großes. Die Strafverfolgungsbehörden ...« Hallo? Ich bin nicht blöd, du kannst ruhig die drei Buchstaben sagen! Probier's mal: »Eff« – »Bieh« – »Ei«, geht ganz leicht. Doch Nick macht unbeirrt weiter auf diskret: »... die haben einen alten Mordfall aus den späten Achtzigern wieder rausgekramt. Das Problem lag darin, dass sämtliche Beweisfotos – und davon gab's in diesem Fall ziemlich viele – digital auf Videokassetten gespeichert waren.«

»Fotodateien auf Videokassetten? Woher kamen die Bilder? Ich wusste nicht, dass die damals schon Digitalkameras hatten ...«

»Ja, war wohl die erste Generation. Leider waren die Festplatten der PCs damals mit ein paar Bildern schon voll, und deshalb haben die Ermittler die Daten auf VHS-Kassetten runtergespielt. Alpha Microsystems hieß der Hersteller des Systems, glaube ich. Völlig krass, wenn du die Daten-Tapes in einen normalen Rekorder steckst, kannst du die Bits als weiße Punkte erkennen.«

»Wie bei Videodat!«

Nick schaut etwas verwirrt, fängt sich aber wieder.

»Äh, so in der Art. Na, jedenfalls konnte keiner mehr die Fotodateien von den Bändern runterholen, weil der passende Rekorder und all das andere Equipment in der Zwischenzeit verschwunden war. Wir mussten also bei null anfangen und das ganze System neu aufbauen: Videorekorder, Interface-Karte, Software, PC aus den Achtzigern mit acht Megahertz – all die modernen Kisten waren zu schnell!«

Ein Kombi mit Anhänger, auf dem ein Unfallwagen verzurrt ist, kriecht den Berg vor uns rauf und kommt bedrohlich schnell näher. Erst in letzter Sekunde reißt Nick unsere Kiste auf die mittlere Spur rüber, ohne zu blinken oder sich umzugucken. »*Mann, ey!*« Vorwurfsvoll starrt er beim Überholen den Fahrer des Kombis an, der ihn überhaupt nicht beachtet.

Vielleicht kommt er runter, wenn er weitererzählen darf?

»Und, was war drauf auf den Fotos?«

»Das war ja die Gemeinheit«, Nick rutscht auf dem Sitz hin und her, »wir durften nur das System aufbauen. Als es ans Auslesen ging, hieß es bye-bye Datacorp.«

»Mies«, sekundiere ich.

Wir biegen auf die Märklin-Meile ein, dieses Stück Autobahn, wo die Landschaft am Rand für ein paar Minuten wie auf einer Modelleisenbahnanlage aussieht. Schloss auf dem Berg, kleines Örtchen mit Kirchturm, Autobahnmeisterei – kaufen Sie jetzt das ganze Set von Faller! Zwei Kilometer schönes Germany. Ist in dreißig Jahren wahrscheinlich der einzige Landkreis, der noch existiert – weil ständig Horden von chinesischen Touristen anreisen, um die Märklin-Meile zu knipsen und Souvenir-Bierseidel zu kaufen.

Nick hat sich langsam warmgeredet und schiebt gleich die nächste Story hinterher.

»Aber noch viel krasser war, dass bei uns im Team so ein Typ dabei war, der noch nie im Leben einen VHS-Rekorder bedient hat. Weißt du, so'n College-Überflieger. Der kannte nichts anderes als DVDs! Kein Wunder, bei dem stand im Perso vorne beim Geburtsjahrzehnt eine Neun. Eine Neun!«

Allerdings krass. Schon eine Acht kam einem ja jahrelang bizarr jung vor. Verständlich, dass Nick mit dem Typen ein Problem hatte. Wenn man so junge Leute trifft, fühlt man sich gleichzeitig unterlegen und überlegen. Unterlegen, weil die halt so jung sind, und überlegen, weil man ja die *Erfahrung* hat. Ja, genau, die Erfahrung.

Angesichts der dicken Luft im Wagen entscheide ich mich für Überlegenheit und lege einen Opa-Klassiker auf:

»Was *die alles* verpasst haben!«

Nick schaut wohlwollend rüber; bei dem Stichwort steigt er mehr als gerne ein.

»Allerdings. Es ist doch so: Die erste Hälfte der Siebziger war der perfekte Moment, um als Geek geboren zu werden: Man konnte *Star Wars* im Kino sehen ...«

»... und wenn man sich mit einem schwarz angesprühtem Feuerwehrhelm als Darth Vader verkleidete, hieß das noch Karneval und nicht Cosplay!«

Einhelliges Lachen im Oldiemobil. Dann bastelt Nick weiter am perfekten Nostalgorithmus.

»Und gerade als man aus der Dinosaurier-Phase raus war, kam der C64 – genau in dem Moment, wo man als Junge anfängt, auf Details abzufahren. Wir hatten noch die Chance, einen Computer komplett zu *verstehen*, bis in die letzte Ecke der Zeropage!« Nett von ihm, »wir« zu sagen, doch leider nicht wahr. In Wirklichkeit hat nur *er* den Cevi durchschaut, im Vergleich dazu waren alle anderen Leute höchstens ambitionierte Anwender.

Aber bei seiner Rede vom perfekten Geek-Jahrzehnt vergisst Nick immer die andere Seite: Wir wurden ja nicht nur am Morgen der digitalen Revolution geboren, sondern auch am Abend der analogen Ära, wir konnten das Beste aus beiden Welten genießen.

»Wir durften noch flippern, dieses geile Terminator-II-Teil zum Beispiel.«

Nick drückt sein Kinn auf den Hals runter, um besonders tief sprechen zu können. »Silent alarm deactivated!«

»Ja, genau ...«

Wir nicken zufrieden vor uns hin. Wieder so ein Satz, den der Typ vom Jahrgang Neun niemals verstehen würde; ein geheimes Erkennungszeichen unserer Bande!

Dann schaltet Nick auf nachdenklich zurück: »Und viel von dem Kram, den wir nur aus Sciencefiction-Filmen kannten, ist während unserer Lebenszeit ja Wirklichkeit geworden. Kirks Kommunikator oder die Bildtelefone aus *2001* – alles schon Alltag. In den Labors arbeiten sie schon daran, Computer mit Gedanken zu steuern – *Firefox* lässt grüßen, und Quantenteleportation funktioniert auch schon. Mal im Ernst: Wann hattest du zum letzten Mal das Gefühl, etwas könnte technisch *völlig unmöglich* sein?«

»Beim Raketenrucksack! Auf den warte ich immer noch, jetzt zum Beispiel, damit wären wir in zehn Minuten am Flughafen. War schon geil, als der Typ damit bei der Olympia-Eröffnungsfeier in L.A. reingeflogen kam ...« Der ultimative Stunt!

»Hm«, sagt Nick und konzentriert sich wieder so gut er kann auf die Straße, also nicht sehr gut.

Warum verstehen wir uns nur noch, wenn wir über Zeugs reden, das vor zwanzig Jahren war?

$001C *»Nein, danke!«*

Unglaublich, wie hart er diese Kreditkarten-Hyäne abgefertigt hat! Ohne auch nur einen Zentimeter vom Kurs abzuweichen oder abzubremsen. Respekt. Selbst der Typ kann es kaum fassen. Verdutzt bleibt er kurz stehen, um sich von Nicks Abfuhr zu erholen. Wie alle Amex-Aufreißer trägt er einen blauen Anzug, und wie alle anderen sieht er damit aus, als sei er auf dem Weg zu seiner Erstkommunion. Früher sind wir dieser Sorte lieber aus dem Weg gegangen, haben einen großen Bogen um die Stände gemacht. Nick scheint seine Liebe zur Konfrontation entdeckt zu haben.

Viel gebracht hat es nicht. Kaum dass wir vorbei sind, stürzen sich die Kreditkarten-Hyänen auf ihre nächste Beute – eine Gruppe von Anzugträgern hinter uns. Aus gleich drei Kehlen gleichzeitig ertönt ihr Angriffsgeschrei »Darf ich Ihnen …«.

Unser Flugsteig liegt im alten Teil des Flughafens, und das bedeutet, wir müssen uns erst mal durch ein stahlverstärktes Aquarium kämpfen, das der Betreiber in den Neunzigern aus dem Boden gestampft hat – das Terminal D, mit »D« wie Discount. Was aber nicht schlecht sein muss, nein, nein. Denn es ist Vorsaison, und das bedeutet, der Flughafen ist fest in der Hand von Rentnern, Geschäftsleuten und – hier wird's interessant – Paaren mit kleinen Kindern. Jawohl: Es herrscht MILF-Alarm, und zwar allerhöchste Stufe, MILF-CON ONE, sozusagen.

Im Augenwinkel tauchen die gesträhnten Horden auf: Junge Mütter, die ihre Urlaubskleidung schon vor Abflug angelegt haben. Sie klackern auf hohen Sandalen durch die Halle, sind mit reichlich Schmuck behängt und stecken in Klamotten mit Tigermuster. Das »D« im Terminal steht halt nicht für dezent.

Ein stattliches Exemplar mit knallenger Jeans kreuzt unseren Kurs. An der Hand zieht sie ein kleines Mädchen hinter sich her: »Nein Lea, dafür haben wir jetzt keine Zeit mehr!« Ihr Dekolletee quillt aus der weißen Leinentunika raus, und neben ihren Mundwinkeln ziehen sich so ganz kleine Falten runter, die dem an sich jungen Gesicht eine Spur von Härte geben. Warum ist das auf einmal interessant? Passt das Hirn den Geschmack vorauseilend an?

Nick hat für so was natürlich keinen Blick. Unberührt marschiert er durch das Pailletten-Paradies weiter Richtung Terminal A, mit »A« für Atombunker. Von hier aus ist die Familie schon anno '77 nach Korsika abgeflogen, in den Sommerurlaub, FKK natürlich. Seitdem hat sich hier nicht viel getan. Der graue Waschbeton an der Decke wird jedes Jahr ein bisschen grauer, und aus den Belüftungsrohren, die wie Jet-Düsen aus der Wand ragen, dröhnt es ein bisschen lauter. Nur dieser schwarze Gummifußboden mit den Noppen drauf hält sich erstaunlich gut, trotz der Millionen von Kofferwägelchen, die mit einem nervtötenden »Rrrrrrr« drübergerebelt sind.

»Ist das eine elektrische Schreibmaschine?«, fragt der Mann an der Sicherheitskontrolle, als Nick den Grid vorsichtig aufs Laufband legt. Überraschenderweise widersteht der Beifahrer der Versuchung, die Welt ein bisschen klüger zu machen, und drückt nur ein knappes »Ja, so in der Art« heraus. Dann schubsen uns die nachfolgenden Menschen ohne Gürtel in der Hose in den Wartebereich rein.

Kurzer Scan: Glück gehabt, alle halten sich an die Zweier-Regel. Das ist eine der wenigen Sachen, die auf der ganzen Welt gelten: Jeder Reisende – Perverse mal ausgenommen –, der in einen Warteraum reinkommt, setzt sich so hin, dass mindestens zwei Sitze links und rechts neben seinem Platz frei bleiben. Man muss die Arme ausstrecken können, ohne Gefahr zu laufen, einen anderen Reisenden dabei zu berühren. Wie an der Rinne halt. Erst wenn wirklich alle Plätze mit Sicherheitsabstand weg sind, darf man die Zweier-Regel brechen. Dann wird's ziemlich ungemütlich.

Ist hier auf dem Flug nach KUL, wie auf der Bordkarte steht, aber kein Problem. Kuala Lumpur scheint nicht gerade ein Touristenmagnet zu sein. Obwohl die Maschine in einer halben Stunde abheben soll, ist die Lounge noch gähnend leer, und wir können uns auf die Sitzbank direkt am Fenster fallen lassen – natürlich mit der gebotenen Pufferzone zwischen uns; die Zweier-Regel gilt selbstverständlich auch für Freunde und Blutsverwandte.

Über der Startbahn bricht gerade die *goldene Stunde* an, wie es in Hollywood heißt – die Tageszeit, zu der alles schön aussieht und man selbst abgehalfterte Schauspieler ohne kiloweise Schminke auftreten lassen kann. Das Licht schafft es, selbst das hässliche Terminal A zu verzaubern: Die abgerundeten roten Plastikpaneele an der Außenwand wirken warm und freundlich, wie ein herzlicher Gruß aus der längst vergangenen Jetset-Ära.

Unsere Mitreisenden lassen sich problemlos in kleine Schubladen packen, sodass man nicht weiter über sie nachdenken muss. Nichtnachdenken müssen – wieder eine der Sachen, die von Jahr für Jahr wichtiger werden. Jedenfalls spielen alle ihr Klischee routiniert: Das freundliche Paar um die Sechzig schweigt sich an; Halbbrillen hocken auf ihren Nasen und beide haben einen aufgeschlagenen Reiseführer im Schoß abgelegt. Ein paar Geschäftsleute, die aussehen, als würden sie aus Thailand oder von den Philippinen kommen, gestikulieren und lachen laut. Ein stämmiger Schnauzbartträger mit Bluthochdruck lutscht in Zeitlupe an seinem Schokoeis. Er sieht genau aus wie einer, der in Malaysia Walzen, Druckventile oder Kugellager verkauft – Zeugs halt, das der Rest der Welt wie durch ein Wunder noch nicht so gut hinkriegt wie wir.

Nur *er* fällt auf: der Typ auf der Bank gegenüber. Er muss direkt hinter uns durch die Sicherheitskontrolle gegangen sein, denn er hat sich fast gleichzeitig mit uns hingesetzt. Objektiv gesehen sticht er nicht wirklich aus der Masse hervor: ein Typ mit blauem Sakko und grauer Flanellhose, sieht ein bisschen nach Busfahrer aus. Er gehört zu dieser Art von Mann, die schon so alt wie der eigene Vater aussehen, obwohl sie wahrscheinlich nur ein paar Jahre älter als man selbst sind. Liegt bei ihm vor allem an der Frisur: Statt die wachsende Lichtung auf dem Kopf hinzunehmen oder einfach alles raspelkurz zu rasieren, hat er die verbleibenden Haare an der Seite einmal quer über die Platte rübergekämmt. Mit diesem Tarnlook sieht er locker wie Fünfzig aus.

Doch was wirklich auffällt, ist, dass er ohne Gepäck reist. Keine Rechnertasche steht zwischen seinen Beinen, kein Aktenkoffer, nicht mal eine Duty-free-Tüte. Nichts. Er hat seine Bordkarte einfach so in die Seitentasche seines Sakkos gestopft, aus der sie jetzt gefährlich weit rausbaumelt. Seine ganze Erscheinung wirkt so, als hätte er bei einem dieser Radio-Gewinnspiele mitgemacht, wo der Sieger eine Reise gewinnt, die er sofort antreten muss. *Sie haben sechzig Minuten Zeit, zum Flughafen zu kommen!* Da muss man den Schreibtischplatz im Einwohnermeldeamt eben mal schnell räumen.

Und er interessiert sich für den Grid. Immer wenn er glaubt, dass keiner von uns hinsieht, fixiert er den schwarzen Kasten auf dem Platz neben Nick. Zack! Und schon wieder kreuzen sich unsere Blicke. Seine grauen Augen liegen in tiefen Höhlen, die Wangen wirken teigig wie bei einer Wasserleiche, dafür ist er perfekt rasiert. Er starrt mich so leer an wie die Linse einer Überwachungskamera. In seinem Gesicht steht nichts, kein Gespanntsein auf den Urlaub, kein Genervtsein von der langen Dienstreise, keine Vorfreude auf zuhause. Nichts. Was will der? Hält er uns für Stricher auf dem Weg zum erotischen Abenteuerurlaub? Oder er ist so ein Air Marshall, der nur mitfliegt, um Terroristen abzuschrecken?

Nick fragen geht nicht, dafür sitzt der Typ zu nah dran. Die Gummisohle unter dem schwarzen Lederschuh des Busfahrers stößt fast mit der Spitze seiner Vans zusammen. Also abwarten.

$001D Immerhin – diese eine Kumpelsitte hat sich Nick noch bewahrt: Die Coolen aus der letzten Bank bleiben so lange sitzen, bis alle eingestiegen sind. Oder vielleicht ist er auch deshalb nicht aufgestanden, weil er gleich noch per Telefon ein letztes Bussi an Sabinchen schicken will. Jedenfalls kauert der Beifahrer ungerührt über seinem Dienstrechner, obwohl die Einsteigeschlange schon auf drei Passagiere abgeschmolzen ist.

Die Kartenabreißerin lässt ihren Blick über die leeren Sitzreihen schweifen und schaut schon etwas streng rüber; der Schnäuzer hat die Verpackungsfolie von seinem Eis einfach liegen lassen. Sei kein Schmutzfink, sagt der Autobahnfink. Nur noch drei Menschen sitzen in der Wartelounge: Nick, ich und der Busfahrer.

Ich sammele meine Reisetasche mit den neuen T-Shirts ein, die wir vor dem Einchecken noch schnell gekauft haben, und stoße Nick an.

»Lass mal aufstehen.«

Er schreckt hoch, als hätte man ihn mitten in der Nacht geweckt.

»Ja, hm, klar.« Mit dem schwarzen Pfund Magnesium unterm Arm trottet er hinter mir her zum Ende der Schlange.

Jetzt bloß nicht umdrehen, bloß nicht auffallen. Außer Nick ist im Augenwinkel keine Bewegung zu erkennen; der graue Fleck

Mensch hinten auf der Sitzbank rührt sich nicht. Warum steht der Typ nicht auf? Ritsch, Pass zeigen, guten Flug,

»Danke«, sage ich.

»Danke«, sagt Nick.

Dann tauchen wir auch schon in das Halbdunkel des Fingers ab, an dessen Ende sich wie immer die Schlange von eben nochmal zum großen Wiedersehen trifft. Ein letzter Blick zurück um die Ecke. Der Busfahrer-Typ ist weg. Nicht hinter uns eingestiegen, sondern einfach weg.

$001E Hinter jeder Ecke Verfolger vermuten darf in unserem Duo mit null Fäusten nur Nick. Darauf hat er ein Monopol; nein, besser, er würde sagen, es sei seine *Kernkompetenz*. Jedenfalls lässt sich der alte Verschwörenöter in diesem Punkt nicht die Butter vom Brot nehmen, erst recht nicht von einem dahergelaufenen *Data Retrieval Specialist*. Dass ich zur Abwechslung auch mal einen von *ihnen* gesichtet habe, passt ihm gar nicht. Deshalb mauert er erst mal:

»Vielleicht hat der Typ was vergessen und musste nochmal zurück. Oder er arbeitet bei der Airline und hat überprüft, ob die Abreißlady auch wirklich alle Pässe überprüft.«

Manchmal benimmt er sich wirklich kindisch.

»Schwachsinn, der hatte eine Bordkarte dabei. Habe ich selbst gesehen, die hing aus seiner Tasche. Ich sag dir: Der wollte nur sichergehen, dass wir einsteigen und den Grid auch wirklich mitnehmen! Oder gucken, ob er uns ihn vorher irgendwie abknöpfen kann.«

Da ich im Grunde genommen zugebe, dass er mit seiner Theorie von *ihnen* Recht hatte, kann er seinen Antikurs natürlich nicht lange durchhalten. Und zack, schon lenkt er ein.

»Wie dem auch sei. Vielleicht glaubst du mir jetzt ja endlich, dass wir bei diesem Fall nicht die Einzigen sind, die ...« Es folgen weitere Sätze, die unter der Überschrift SIEHSTE stehen. Während er sich noch beweihräuchert, schnalle ich mich nochmal ab, hole den Grid aus dem Gepäckfach und schiebe ihn unter meinen Sitz. Wer weiß.

Arbeiten können wir mit der Kiste hier im Flugzeug ohnehin nicht – der Compass 1101 hat keinen Akku. Das dürfte in der Werbung schwierig zu verkaufen gewesen sein. *Arbeiten Sie, wo und wann Sie wollen* – Sternchentext, nur mit der Lupe zu erkennen: *aber nicht weiter als 50 Zentimeter von der nächsten Steckdose entfernt.*

Nach und nach kommt Nick zum Ende: »... wir sollten das Teil jedenfalls nicht mehr aus den Augen lassen. *Selbst dir* dürfte ja wohl jetzt klar sein, dass wir keine Sekunde mehr unbeobachtet sind.« Manchmal ist er wirklich schwer zu ertragen.

Die Stewardess dimmt die Kabinenbeleuchtung runter, damit der Bildschirm an der Decke besser zu erkennen ist, über den die Weltkarte flimmert. Immer wieder malt der 386er den roten Bogen von der Mitte nach ganz rechts, von Europa nach Asien. Ein weiteres Legacy-System, das brav seinen Dienst tut; hoffentlich ist es das einzige an Bord.

Sechstausend Meilen, fünfzehn Stunden, ein Zwischenstopp. Wir heben in der Dämmerung ab, dann rast am Fenster im Zeitraffer ein Tag vorbei, und wenn wir in Kuala Lumpur unser Gepäck holen, geht auch schon fast die Sonne wieder unter. Vor uns liegt ein verdammt langer, dunkler Tunnel.

Das lästige Warten darauf, dass die Maschine von der Parkposition weggeschoben wird, beginnt. Der schneidige Captain, dessen Bariton fast bis in Barry-White-Sphären runterreicht, hat schon bei seiner Klarmacher-Ansage durchblicken lassen, dass es noch ein bisschen dauern kann. Es sei »noch einiger Verkehr vor uns«. Eines Tages, wenn wir wirklich gar nichts mehr zu verlieren haben, werden wir uns einen Edding krallen, zur Cockpit-Tür schleichen und vor CREW ONLY ein kleines S kritzeln.

Nachdem wir gierig die Gratis-Minitüte Salzbrezeln runtergeschlungen und mit dem Gratis-Tomatensaft nachgespült haben, bricht Stille aus. Sie ist von der unangenehmen Sorte, wie wenn man mit entfernten Verwandten in einem Zugabteil eingesperrt ist. Wenn wir erst mal ein paar Tage unterwegs sind, wird sich das gottseidank legen, dann ist Stille der Default. Jetzt allerdings muss irgendwie noch Konversation getrieben werden.

»Sag mal, warum benutzt Irving eigentlich so einen alten Hobel? Der hätte doch sicher genug Geld, um sich einen modernen Rechner zu leisten«, frage ich an.

Nick fischt mit dem kleinen Finger ein paar letzte Salzkrümel aus der Packung.

Schmatz. »Sicherheit durch Seltenheit.« Schmatz.

»Heißt?«

»Siehst du doch: Dadurch, dass er so eine antike Kiste wie den Grid benutzt, kommt keiner an seine Daten ran. Selbst wir – die Profis, haha – haben ewig gebraucht. Daran kannste sehen, was ultimative Sicherheit ist – auf einem Rechner zu arbeiten, der so alt ist, dass ihn niemand mehr kennt.«

Stimmt. Diese Taktik wenden ja angeblich mehr Leute an, als man denkt. So kursieren immer wieder Gerüchte, dass das britische Verteidigungsministerium auf seinen Servern angestaubte Betriebssysteme wie Mac OS 9 oder frühe Versionen von Sun Solaris laufen lässt. Ein genialer Schachzug, schließlich reichen für das einfache Netzzeug die alten Systeme locker aus. Plus: Die meisten Skript-Kiddies haben von diesen IT-Antiquitäten noch nie was gehört und werden sich nicht die Mühe machen, ein Einbruchstool für ein System zu schreiben, dass weltweit vielleicht noch ein paar hundert Mal am Netz hängt. Retrotech gleich billige Sicherheit eben.

»Das heißt, wenn man nur lange genug wartet, wird jedes System irgendwann feuerfest.«

Mein Copilot schaut kurz zur Decke und nickt langsam, während er meine sicherlich kindische Schlussfolgerung überprüft.

»Am Ende des Tages schon – vorausgesetzt, es existiert keine Sicherheitslücke, die sich unentdeckt von den alten auf die neuen Systeme vererbt hat.«

Plötzlich geht ein Ruck durch die Maschine und MC Kranich greift wieder zum Mikro. *Ladies and gentleman, the tower has cleared us for takeoff.* Unsere Reise durch zweieinhalb Tage Dunkelheit kann beginnen.

$001F *Hey, ignorance is bliss!*

Berger war der Coolste, oder besser gesagt: der Berger. Wer zu den ganz Großen gehört, verdient einen Artikel. Wie er wirklich hieß, weiß ich bis heute nicht und will es auch eigentlich nicht wissen, weil das den Nimbus töten würde. Der Berger, das war so einer, wie es ihn in jeder Oberstufe gibt – einer dieser Typen, die über den Dingen stehen. Sie sind so cool, so unabhängig, so erwachsen im guten Sinn, dass es einem den Atem verschlägt. Geheimnisvolle Figuren eben.

Bis heute bin ich mir nicht sicher, ob der Berger überhaupt auf unsere Schule ging. Jedenfalls haben wir nie gesehen, dass er mal hinter einer Schulbank gesessen hat. Überhaupt: Weiter als bis zum Aufenthaltsraum mit dem Kaffeeautomaten ist er ins Schulgebäude anscheinend nie vorgedrungen. Angeblich hatte er einen festen Wohnsitz und Eltern, wobei auch das niemand so richtig bestätigen konnte.

Alles, was wir von ihm kannten, waren er und sein Auto: Der Berger fuhr einen alten orangefarbenen MG – das Modell, bei dem oben am Ganghebel noch ein Overdrive-Knopf drauf ist, der, keine Ahnung, die Kiste irgendwie schneller macht. Gedrückt hat er ihn unter Zeugen natürlich nie, das wäre viel zu hektisch, viel zu uncool gewesen.

Doch, doch, von Understatement verstand der Berger was, das muss man ihm hoch anrechnen, schließlich ist das gerade für Achtzehnjährige ein Fremdwort, erst recht, wenn sie am Ende der Achtzigerjahre aufwachsen. Der Mann war geradezu das Understatement in Person. Anstatt seinen oberlässigen Wagen

auf Hochglanz zu polieren und jeden Morgen damit auf dem Schulparkplatz den Molli zu machen – was er locker gekonnt hätte –, ließ er die Kiste völlig verranzen und stellte sie um die Ecke hinter der Schule ab. Und als vorne die Plastikstoßstange abfiel, band er sie *mit Paketschnur* wieder dran. Wer ständig auf der Durchreise ist, hat eben keine Zeit für Reparaturen. Ein Mann im ewigen Transit.

Doch der absolute Überspleen, sozusagen Understatement im Overdrive, war, dass er immer alleine fuhr. Der Berger hatte nämlich schon einen Beifahrer – ein altes braunes Bücherregal, das den ganzen zweiten Sitz seines Sportwagens belegte. Damit war die Kiste offiziell voll, und immer wenn sich ein Unwissender in Bergers Coolheit sonnen wollte, murmelte der irgendwas von »... Regal, muss ich noch zu ... fahren, sorry«. Das klingt von heute aus gesehen ziemlich arrogant, war es aber nicht. Wer Berger kannte, nahm ihm das nicht übel. Tief in uns drinnen wussten wir alle, dass es einfach falsch wäre, wenn er *nicht* alleine in seinem Wagen säße.

Die ganze Kinderkacke, um die sich unser Leben damals drehte, ließ der Berger links liegen. Fast geprügelt, fast Ampelrennen gewonnen, fast Mädchen klargemacht – in unseren Angeberstorys mit reichlich Konjunktiven, die wir Montagmorgen rausbliesen, kam er nie vor.

Dabei sah er aus wie Pierre Cosso, der Typ, den Sophie Marceau in »La Boum 2« kriegt. Wenn er auch nur eine Minute das verdammte Regal aus seinem Wagen geräumt hätte, wäre sofort ein Mädel reingesprungen, um seine *dreams* zur *reality* zu machen. Doch das hätte nicht zu einem Mann gepasst, der nur einen vollen Tank und eine leere Straße braucht. Und deshalb passierte es auch nicht.

Kurz vor dem Abi jedenfalls fuhr Berger einmal übers Wochenende nach Berlin, was an sich schon eine lässige Aktion war, da die Fahrt wegen der Warterei an der Grenze damals locker acht Stunden dauern konnte und den meisten von uns deshalb wie eine Weltreise vorkam. Er wolle ein paar Freunde besuchen, hatte er gesagt. Ding-ding-ding, der Kandidat erhält weitere Tausend Coolheits-Punkte, noch neuntausend bis zur Mickey-Rourke-Schallmauer. Wer Menschen außerhalb unserer Trabantenstadt kannte, der verdiente nicht weniger als Ehrfurcht.

Der Berger rollte also Freitagnachmittag los und fuhr am nächsten Montagmorgen gähnend wieder auf dem Schulparkplatz vor. Und, wie war's? Im SO36 gewesen, im Linientreu oder gar – haha – im Big Eden? Wie üblich, wenn ihn Unwürdige wie wir ansprachen, blieb er betont freundlich, ließ uns aber gleichzeitig spüren, wie sehr ihn jeder Satz anstrengte.

»Nö, haben Video geguckt.«

Was, das ganze Wochenende?, fragte einer von hinten. Der Berger grinste nur, steckte seinen Autoschlüssel in die Tasche, und dann sagte er diesen unfassbar coolen Satz, in seinem – warum auch immer – perfekten Englisch:

»Hey, ignorance is bliss!«

Genau, Nichtswissen ist Glück. Scheiß auf Kuala Lumpur, »Käi Ell«, wie hier alle sagen. Scheiß auf Land und Leute. Jetzt einen BigMäc essen, BBC World gucken und dann mit der U-Bahn zurück zum Flughafen rasen, ohne auch nur einen einzigen Quadratzentimeter Malaysia mitbekommen zu haben. Wir haben es uns verdient, irgendwo hinzufahren und dort absolut nichts zu erleben, außerhalb des Kopfes. Wir sind alt genug, um ignorant zu sein, oder, Berger?

Wir wissen, dass wir nichts wissen wollen. Gott, wie schön ist es, nicht mehr auf dem Schulhof zu sein und bei allem mitreden zu müssen, sondern stattdessen die selektive Ignoranz zu pflegen. Einfach mal über etwas *nichts* wissen, das ist wahrer Luxus. Teile der Welt einfach ausblenden – die Champions League, Quadfahren oder eben KL.

Nick schnarcht auf dem Bett rechts vor sich hin. Vor dem Bauch hält er ein Kissen umklammert und schmatzt ab und zu. Er hat's gut, der funktioniert wie eine Schlafpuppe: Sobald er seinen Körper in die Horizontale bringt, pennt er ein, da kann drum herum passieren, was will. Nur in absoluten Notfällen schraubt er sich zusätzlich ein paar Ohropax rein.

Andie hat es echt gut gemeint: Unser Zimmer – ein Rechtsabbieger – liegt im einundzwanzigsten Stock, mit Panoramablick über die Stadt, kostet sicher ein Vermögen. Das wird unsere Reisekostenrechnung ordentlich aufblasen. Süß, sie hat sich sogar dran erinnert, dass wir am liebsten im Doppelzimmer pennen, so als Reminiszenz an unsere Kumpeltouren; vielleicht spart das wieder ein paar Dollar, und sie hat uns dafür die Aussicht spendiert? Egal. Ich lehne mich mit der Stirn an die Fensterscheibe und starre runter. Am Fuß des Hotelturms schlängelt sich eine vierspurige Autobahn vorbei, auf der ein paar einsame rote Taxis mit weißem Dach Richtung Innenstadt kriechen. So eins hat uns hier vor fünf Stunden halb tot ausgespuckt.

Wir scheinen mitten im Stadtpark von Kuala Lumpur zu wohnen. Um uns herum türmt sich ein schwarzes Gebirge auf, aus dem nur die Wipfel der Palmen herausragen – als ob Colonel Trautman das Hotel mitten im Dschungel abgesetzt hätte. Der Park reicht weit in die Stadt hinein, bis zu den Türmen der Innenstadt, die sich in den Nachthimmel strecken. Arrogante Klötze, in denen die Weyland-Yutani oder die Tyrell Corporation residieren könnten. Und als ob die voll erleuchteten Etagen nicht schon auffällig genug wären, werden sie zusätzlich noch mit Scheinwerferbatterien von unten angestrahlt – wie Kathedralen, denen der tropische Dunst einen Heiligenschein verpasst hat.

Ein besonderer Ignoranz-Erfolg: Wir haben das einzige Zimmer im Hotel erwischt, von dem aus man die Türme des Ölkonzerns Petronas nicht sehen kann, das Wahrzeichen der Stadt, auf das hier jedermann furchtbar stolz ist. Es sind die größten Zwillingstürme, die man mit Petrodollars kaufen kann, oder so. Hat da nicht mal ein Bond-Film gespielt? Jedenfalls verdeckt von unserem Zimmer aus gesehen ein anderer Wolkenkratzer die Türme. Nur am Glimmen um den Sichtverderber herum ist zu erkennen, dass ein Gigant hinter ihm steht.

Ich ziehe mich leise an und schleiche auf den Flur raus. Er ist mit Teppich ausgelegt, wie im Dorint daheim, nur schöner: ein Mosaik aus hell- und dunkelbraunen Rechtecken, das perfekt zum dunklen Holz der Decke passt. Aus den Ritzen glimmt warmes Licht. Der Aufzug kommt. Fast geräuschlos gleitet die Tür auf, und eine Grotte aus Messing lädt zur Fahrt ein. Stumm schwebt der Fahrstuhl runter ins Wellness-Stockwerk. Jetzt irgendwas Gesundes, nach dem ganzen Flugzeugdreck.

Der Sportraum sieht wie in allen Hotels auf der Welt aus: etwas zu helle Neonröhren, die guten Geräte mit der Schnecke drauf, am Eingang ein kleiner Berg mit blauen Handtüchern. Keine Überraschungen, gut. Ich steige aufs Laufband und trotte halbherzig los. Lästige Körper-Verwaltung. Für so einen Topladen quietscht die Maschine ziemlich laut.

Drüben, in der Ecke bei den Gewichten, drückt sich ein weiterer schlafloser Westler rum. Nach seinen blauen Shorts und weißen Tennissocken zu urteilen, muss es ein Amerikaner sein; keine andere Nation der Welt zieht weiße Schlauchsocken wirklich bis in die Kniekehle hoch. Er stemmt mit seinen ziemlich dünnen Armen ein paar für ihn deutlich zu schwere Hanteln hoch, acht Mal auf jeder Seite, dann schlurrt er zum Wasserspender.

Von oben aus der Sounddusche tröpfelt ein Lied von Spandau Ballet, das gerade laut genug ist, um das Wimmern des Laufbandes zu übertönen. Tony Hadley war schon ein Cooler; letztens im Fernsehen, da sah er aufgedunsen aus wie der späte Marlon Brando. Und Martin Frey von ABC tritt als Pausenclown bei der Wahl zur Miss Slowakei auf. Sind die dir erwachsen genug, Nick? Ein Glück, dass niemand weiß, was der Berger heute macht.

Nachdem sich der Ami sehr bedächtig Wasser in seinen Plastikbecher nachgefüllt hat, greift er ein weiteres Mal zu den Hanteln, setzt sie aber gleich wieder ab und lehnt sich mit der Stirn an ein Gerät. Durch das Dreieck zwischen seinem Ober- und Unterarm hindurch ist sein Profil zu erkennen. Ganz vorsichtig bewegt er die Lippen zum Text, bedacht darauf, bloß keinen lauten Ton von sich zu geben.

We made our love on wa-aste-land – And through the barricades
Auf der Uhr hinter ihm kriecht der Stundenzeiger Richtung drei.

$0020 Der erste Morgen in Kuala Lumpur beginnt mit Regen. Dicke Tropfen perlen an der Panzerglasscheibe runter, die unser Zimmer von vierzig Metern freiem Fall trennt. Es ist seltsam still, als ob jemand beim Fernseher auf Pause gedrückt hat. Dass draußen ein tropischer Sturm wütet, merkt man nur daran, dass der teuer bezahlte Panoramablick komplett verschwunden ist. Bis auf das hässliche DDR-Hochhaus direkt neben uns ertrinkt alles in 50-prozentigem Grau. Tristes Tropique – kein Wunder, dass die britischen Kolonialherren hier unten reihenweise ins Wasser gegangen sind.

Der Kopf fühlt sich an, als hätte jemand von beiden Seiten ein dickes Kissen drangebunden. Alles klingt dumpf, gefiltert. Die dritte Nacht ohne ordentlichen Schlaf, langsam fängt die kritische Zone an. In der Notfalltüte schlummert noch eine Packung *Provigil*, natürlich unangebrochen. Bislang fehlte mir der Mut, die Wachmacher zu nehmen – wer weiß, wie der Nerdkörper darauf reagiert. Professionelle Videospieler werfen das Zeug ja angeblich ein, um konzentrierter zocken zu können.

Rumms. Jetzt hört man doch was vom Gewitter, aber nur das Donnern. Die Fluten stürzen weiter lautlos am Fenster vorbei, das vom Boden bis zur Decke reicht.

Bislang steht unsere Ignoranz-Mauer bombenfest: Wir wissen weder, welche Sprache hier gesprochen wird, noch, wie die Währung heißt oder wie viel sie wert ist. Der einzige Kontakt mit der Außenwelt sind die Präsente auf dem Schreibtisch: zwei Flaschen Wasser mit dem Logo des Hotels drauf, daneben eine Packung amerikanischer Kettle-Chips sowie Reiscracker aus lokaler Produktion. TOHO GARDEN steht drauf, in normalen westlichen Buchstaben. Immerhin verwirren die Malayen, falls sie so heißen, den Besucher nicht mit eigenen Schriftzeichen. Die Steckdose an der Wand sieht dreipolig wie die in England aus, gut, dafür haben wir einen Adapter.

Aus dem rechten, vom Fenster natürlich ein gutes Stück entfernten Bett kommt ein Ächzen. Selbst der Beifahrer ist heute morgen anscheinend nicht in Topform. Anstatt – wie sonst nach dem Aufwachen – sofort aufzuspringen, wälzt er sich seit zehn Minuten von der einen auf die andere Seite. Schließlich dringt doch noch eine Meldung aus dem Kissenberg:

»Energie, Mister La Forge!«

Ich setze mich zurück auf die Bettkante.

»Morgen.«

Dass meiner schon vor vier Stunden begonnen hat, braucht er nicht zu wissen. Wir sind hier schließlich nicht auf irgendeiner Jammertour.

Nick hat das Kissen vor seinem Kopf weggenommen und starrt an die eingelassenen Halospots an der Decke. Als Hausbesitzer fragt er sich jetzt bestimmt, wie weit die Decke dafür abgehängt worden ist und ob das 12-Volt-Strahler sind.

Das Zimmer ist im typischen Stil der frühen Nuller eingerichtet. Dunkelbraunes Holz an der Wand hinterm Bett, der weiße Waschtisch im Bad steht auf einer schwarzen Marmorplatte, die verchromten Wasserhähne gehen nach vorne auf, wie der Zapfhahn beim Bierfass. In ein paar Jahren werden sie wahrscheinlich das ganze Holz an den Wänden rausreißen, weil es total uncool geworden ist – wie Anfang der Achtziger, als die ganzen Eichenpaneele im Bundeskanzleramts-Stil und die Korkdecken des vorigen Jahrzehnts ganz schnell verschwinden mussten, um Platz zu machen für Zeitungsständer aus Acryl und Poster von Patrick Nagel – das ist der Typ, bei dem die Frauen auf den Bildern immer so extrem rote Lippen haben und Tops tragen, wo an einer Seite die Schulter rausguckt.

Nach einer weiteren Minute, die er mit schwer Atmen verbringt, schwingt sich Nick aus dem Bett.

»Wenn man nur so alt ist, wie man sich fühlt, bin ich heute morgen ziemlich alt.«

Er macht keine Anstalten, über sein kleines Witzchen zu lachen, sondern sagt nur leise »haha« – wie Nelson bei den *Simpsons* – und fängt an, seine Socken auf dem Boden zu sortieren.

Zeit für eine kleine Verbitterung am Morgen:

»Weißt du, woran du merkst, dass du echt alt wirst?«

»Ne«, sagt Nick, ohne hochzuschauen.

»Also, pass auf: Du sitzt gerade beim Friseur, und die nette Azubine ist im Prinzip schon fertig mit dem Schneiden. Nur noch einmal kurz die Koteletten mit der Maschine ausdünnen. So – fertig. Aber anstatt den Rasierer auszustellen, fuhrwerkt sie mit dem Teil da an der Seite weiter rum, ohne das, was sie tut, zu kommentieren. Du wirst misstrauisch und guckst in den Spiegel. Und dann siehst du, was sie da treibt. Blanker Horror! Sie macht die ersten Haare am Ohr weg. *Am Ohr*! *Das* ist der Moment, in dem du merkst, dass es echt bergab geht!«

Nick lacht sehr wissend. »Ohhhh, ja. Oder: Es ist Sommer, du sitzt im Auto – Fenster alle schön runter – und hast irgendwas voll aufgedreht. Na, jedenfalls kommt dann die Autobahnausfahrt, und das Erste, was du machst, ist ...«

»... alle Scheiben hoch, damit an der nächsten Ampel keiner hört, was für eine peinliche Altherren-Scheiße du aufgelegt hast.«

Erlösendes Lachen.

Dann fällt der Beifahrer in seinen professionellen Ton zurück.

»Sollen wir mal? Wir müssen schließlich noch die Floppys aus Dr. Irvings Nachlass retten.«

Die Nacht hat also doch nicht den Reset gebracht. Alles sieht nur neu aus, im Speicher schlummern in Wirklichkeit immer noch die Daten von gestern. Wir duschen, ziehen uns an und machen uns auf dem Weg in den Frühstücksraum, natürlich mit dem Grid unter Arm. Wir arbeiten an unserer Ignoranz und bestellen in Kuala Lumpur erst mal zwei amerikanische Frühstücke.

$0021 »Have you been to the Petronas Towers yet?«, fragt der Taxifahrer freundlich.

Leider können wir ihm nicht sofort antworten, da der Zuckerschock von fünf Pfannkuchen mit Ahornsirup gerade unsere Blutbahn erreicht hat, was wiederum dazu führt, dass wir wie Teenager auf dem Weg zur ersten Pfarrsaal-Disko auf dem Rücksitz zappeln und kichern. Nick ist zusätzlich high davon, dass er gerade heimlich mit Sabina telefoniert hat, während ich unter der Dusche war. Süß, er ist halt ein Guter.

»No!«, brüllt Nick schließlich übermütig zum Fahrer nach vorne. Der Inder zuckt leicht zusammen und stellt seine Versuche, ein Gespräch anzuleiern, sofort ein.

Kuala Lumpur – das klingt so, als kämen von hier diese bengalischen Hölzer, die so schön rot und heiß brennen und mit denen wir als Kind unsere Big-Jim-Figuren immer in kleine Freddy Kruegers verwandelt haben. Sehr exotisch eben. Als ob an jeder Ecke ein englischer Offizier – Typ Higgy Baby aus »Magnum« – auf seiner Veranda sitzt und einen Gin Fizz schlürft. Heruntergekommene Kolonialvillen, an denen der Glanz des *Empire* langsam abblättert, genau danach klingt Malaysia.

Fehlanzeige. Wie üblich kann die Wirklichkeit mit dem, was ein Leben vor dem Fernseher in unseren Köpfen hinterlassen hat, nicht mithalten. KL ist einfach nur ein Drecksloch.

Was nicht heißt, dass die Stadt wirklich dreckig ist. Sie ist sogar ziemlich aufgeräumt, zumindest hier in der Innenstadt. Auf den rostrot gekachelten Bürgersteigen liegt kein Müll rum, und die gelben Straßenmarkierungen blitzen wie frisch gemalt. Alles richtig adrett, man merkt, dass nichts das Touristenauge von den tollen Türmen ablenken soll.

Die sehen übrigens von Nahem irgendwie retortenmäßig und gleichzeitig kindisch aus. Mit diesen Zuckerbäcker-Kanten und den runden Kugeln an der Spitze erinnern sie an ein Küchengerät von Alessi, das Sabina ausgesucht haben könnte. Postmoderne vom Schlimmsten. Und selbst das einzig coole Feature, den Gang zwischen den Türmen auf halber Höhe, haben die Architekten dadurch verhunzt, dass sie von unten so hässliche Stahlstreben drangeklatscht haben. Okay, sie sind hoch, aber mehr auch nicht. Obwohl es aufgehört hat zu regnen, hängen immer noch dunkelgraue Gewitterwolken in die obersten Stockwerke rein.

Quälend langsam kämpft sich das Taxi durch den Berufsverkehr. Motorroller schießen wie Mücken an unseren Köpfen vorbei und stürzen sich in jede Lücke, die die Toyotas, Hyundais und SsangYong-Geländewagen den lebensmüden Fahrern lassen. Der Lärm der Zweitakter dröhnt so laut durch die Ritzen des klapprigen Taxis, dass man das Gefühl hat, der Wagen hätte gar keine Türen. Um es uns ein bisschen netter zu machen, hat der Fahrer koreanische Boyband-Sülze aufgelegt. *Melodie D'Amour* steht auf der CD-Hülle, die zwischen einem Handy und irgendwelchen Gebetsbändern neben der Handbremse vor sich hinklappert. Auf dem Cover sitzt der junge Sänger sehr intensiv vor einer Backsteinwand. Bandfotos vor Backsteinwand sollten von der UNO geächtet werden. Genau wie abgehalfterte Musiker, die in Interviews behaupten, die »großen Stadien« satt zu sein und lieber »in kleinen Clubs« spielen zu wollen.

Major Tom hat sich mit seinen weiteren Anweisungen ziemlich viel Zeit gelassen. Während wir gerade ins Taxi steigen, kommt seine Nachricht mit den genauen Zielkoordinaten auf dem Dienstrechner an. Wir sagen die Adresse nach vorne durch. Nach dem Gesichtsausdruck des Fahrers zu urteilen, hat Irving seine Emeritenhütte nicht gerade in der besten Gegend von KL aufgeschlagen. Jedenfalls ließ sich der Inder die Adresse zweimal ansagen, und langsam wird uns auch klar, warum.

Türkische Riviera, circa 1985. Ziemlich genau so sieht Kuala Lumpur da aus, wo die Schatten der Petronas Towers nicht mehr hinreichen. Antalya, Kemer, mit einem Schuss Benidorm vielleicht. Das Taxi rattert über eine breite Straße, die auf beiden Seiten von halbhohen, unverputzten Betonklötzen eingekeilt ist. Die Ladenbesitzer haben bis zum zweiten Stock jeden freien Zentimeter mit Werbung zugehauen, wie bei einem Formel-1-Rennwagen. RESTORAN OKAY,

SEVEN ELEVEN – BUK A 24 JAM, POLIKLINIK LOURDES schreit es von den Balkons runter. Auf manchen Schildern stehen chinesische, auf anderen arabische Schriftzeichen. Davon abgesehen scheint Kuala Lumpur vor allem aus Klimaanlagen zu bestehen; in jedem Fenster schaufelt mindestens ein graues Aggregat die Luft rein, wobei der Trend ganz klar zur Zweit-Klimaanlage geht.

Wir fahren unter einer Betonbrücke durch, über die gerade eine blaue Einschienenbahn fährt. Hurra, Monorail! Genau so haben wir uns die Zukunft immer vorgestellt, als wir damals im Freizeitpark mit der Einschienenbahn an pneumatisch zuckenden Papp-Dinos vorbeigezuckelt sind. Das muss das Verkehrsmittel der Zukunft sein – wenn man nicht gerade mit dem Raketenrucksack unterwegs ist.

$0022 Kein Wunder, dass der Taxifahrer Nick misstrauisch anguckt, als der die Spesen-Kreditkarte nach vorne reicht. Die Gegend, in die uns Major Tom geschickt hat, ist echt übel. Erst kamen die Büroparks, das ging noch, dann zogen kleine Fabriken vorbei, auch okay, doch jetzt sind wir in etwas angekommen, das man wohl einen Slum nennt: abbruchreife Wohnblocks entlang einer Schlaglochpiste, jedes in einen Kokon aus über Putz verlegten Telefon- und Stromkabeln eingehüllt. Dazwischen immer wieder brachliegende Grundstücke und kleine Wellblechhütten. Kuala Lumpur wächst nicht, Kuala Lumpur wuchert. Und wir sind bei einem ziemlich üblen Geschwür angekommen.

MYR steht neben dem Betrag auf dem Thermoausdruck, der aus dem Buchungsgerät surrt. So heißt wohl also die Währung, malayische Rupien vielleicht? Ich schubse Nick so auffällig an, dass er nicht anders kann, als dem Fahrer noch ein paar MYR Trinkgeld einzutragen, denn hier draußen findet der garantiert keine Rücktour in die City. Der Beifahrer ist nämlich sogar mit dem Geld anderer Leute knickrig.

Wir bedanken uns artig und steigen aus. Nach einer halben Stunde in dem fahrenden Kühlschrank trifft uns die Hitze wie ein Faustschlag ins Gesicht – oder zumindest so, wie man sich einen Faustschlag ins Gesicht vorstellt. Die Luft rinnt zähflüssig wie Honig die Bronchien runter, jeder Atemzug wird zur Arbeit. Es riecht nach Abgasen, nassem Asphalt und Kloake. Noch bevor wir uns richtig umgesehen haben, sprießt auf Nicks hellblauem T-Shirt der erste dunkelblaue Fleck am Rücken.

Der Gestank kommt von rechts: Zwanzig Meter neben der Straße, hinter einem kleinen Streifen aus Gestrüpp und Bauschutt, liegt ein Kanal, in dem sich braune Brühe Richtung Meer quält. Am anderen Ufer fängt der Dschungel an, der von hier bis nach Myanmar reicht. Flechten erwürgen die Stämme der Bäume in der ersten Reihe, ihre Äste hängen faulend ins Wasser. Dahinter türmt sich eine undurchdringliche Wand aus Palmen auf.

Der Soundtrack klingt nach dem Südamerika-Haus im Zoo. Ständig schreit es irgendwo im Dickicht, doch das Tier dazu kann man nie erkennen. Manche Schreie klingen wie das Wimmern der Katzen, die sich nachts auf der Straße vorm Dorint gegenseitig halb tot beißen. Irgendwo da drinnen müssen jedenfalls ziemlich viele Viecher sitzen, von der Blutegelsuppe im Kanal mal ganz abgesehen. Willkommen auf Endor.

»Das muss es sein«, sagt Nick und zeigt auf einen Wohnblock rechts vor uns. Völlig unvorstellbar, dass hier mal ein Wissenschaftler von Weltruhm gewohnt haben soll. Ist er einer schönen Malayin in die Falle gegangen, die ihm seine ganze Kohle abgeknöpft hat, sodass er in dieser Höhle rumvegetieren musste? Wir schlendern etwas unschlüssig auf den Bau zu. Beim Einchecken hatte uns die Dame an der Rezeption unserer Panoramaherberge vor Taschendieben in der City gewarnt. Was für Sicherheitsempfehlungen sie wohl für diese Gegend hätte – und welche Warnungen Ede Zimmermann erst?

Irvings Wohnung liegt in einem Gebäude, bei dem die Flure wie ein Balkon an der Außenwand angebracht sind; so kann man schon von der Straße aus sehen, wer in die Wohnungen reingeht.

Keine gute Tarnung. Die Treppe zu den oberen Etagen schlängelt sich – auch offen – an der Gebäudeseite hoch. Nach Jahrzehnten feuchter Tropenluft und Smog sieht die ungestrichene Fassade so schwarz aus wie das untere Ende eines Duschvorhangs, der etwas zu lange nicht ausgetauscht wurde. Ich setze den Fuß auf die erste Stufe, ganz vorsichtig, schließlich betreten wir Boden, den sicher noch nie ein TÜV-zertifizierter Baustatiker berührt hat.

Viel los ist im Block nicht. Anders als in der City besteht hier nicht die Gefahr, eine Menschenallergie zu kriegen. Auf unserem vorsichtigen Weg in den sechsten Stock begegnet uns nur eine Malayin mit Kopftuch, und auch die schaut so auffällig zur Seite, dass man fast nichts von ihrem Gesicht erkennt. Oben auf dem Flur läuft uns noch ein junger Chinese mit Kopfhörern in den Ohren über den Weg, das war's.

Das Domizil der Legende Irving sieht von außen denkbar unlegendär aus: eine fensterlose Betonwand, nur unterbrochen von einer hellgrünen Holztür, die kurz über dem Boden mit kleinen schwarzen Schimmel-Punkten übersät ist. Von Geheimhaltung keine Spur: Irvings Name steht sogar neben der Klingel; er ist auf so einen Aufkleber gekritzelt, mit denen sonst Gefrierbeutel beschriftet werden. Der einzige Unterschied zu den sieben anderen Wohnungen auf dem Flur ist, dass ein Code-Schloss direkt über der Klingel angebracht wurde. Das Edelstahlgehäuse glänzt, als hätte man es erst vor einer Minute an einem deutschen Geldautomaten abgeschraubt. Über der Tastatur glimmt eine eingelassene LED in Unheil verkündendem Rot.

Es ist also wieder so weit: Eine weitere grandiose Odyssee endet vor einer geschlossenen Tür.

Nick sieht das anscheinend weniger pessimistisch. Er stellt den Grid neben der Tür ab und beugt sich neugierig zum Tastenfeld runter.

»Na, dann wolln wir mal!«

Ohne zu zögern gibt er die erste Zahl ein:

Vier.

Dann die nächste:

Null.

Und noch eine Null.

Na klar – die Zahlenkolonne, die direkt hinter Irvings Namen stand, in dem Datensatz aus dem Grid! Wie ging die Reihe nochmal weiter? Der Beifahrer hat sich natürlich jede Ziffer gemerkt.

Fröhlich tippt er weiter – noch eine Vier. »Ich habe übrigens rausgefunden ...« *Übrigens* bedeutet an dieser Stelle, dass er die letzten zwei Tage im Hinterkopf über nichts anderes nachgedacht hat. »... was die Zahlen bedeuten. Da hat sich Irving eine ganz simple Eselsbrücke gebaut. Also: Die ersten vier Ziffern – 4004 – stehen natürlich für den ersten Mikrochip ...«

»... der in Serie ging und von Irving mitkonstruiert wurde«, ergänze ich brav.

»Genau, und der wurde am 15. November 1971 auf den Markt gebracht, in altem amerikanischen Datumsformat schreibt man das elf, fünfzehn, einundsiebzig.« Er tippt die Zahlen ein.

11-15-71

Klack, die LED schaltet von Rot auf Grün um.

»Easy Money.« Nick grinst und schiebt die Tür mit dem Fuß einen Spalt auf. *Easy Money.* Natürlich: »Terminator 2«, die Szene, wo der junge John Connor den Geldautomaten mit seinem Atari Portfolio knackt.

$0023 Da er es nicht tut, muss ich wohl die Frage stellen:

»Willst du jetzt echt da rein?«

Am Gesichtsausdruck des Beifahrers lässt sich ablesen, dass auch er eine Scheißangst hat und keineswegs lockerflockig in die Bude marschieren will, zumal ja gar nicht klar ist, welche Sprengfallen da auf uns warten. Aber wer einmal den Helden gemimt hat, muss ihn halt auch weiter mimen.

»Warum nicht?«, erwidert er gespielt beiläufig.

»Ist das nicht Hausfriedensbruch oder so?«

»Warum? Wir haben doch ganz regulär den Code für die Tür eingegeben«, giftet Nick ungeduldig zurück.

Ich biege auf die juristische Schiene ab: »Heißt das, man darf in eine Wohnung gehen, nur weil man, sagen wir mal, den Schlüssel unter der Matte gefunden hat?« Touché. Wie will er den kontern?

Wenn uns beide etwas verbindet, dann ist es die Angst davor, irgendwie anzuecken oder mit dem Gesetz in Konflikt zu kommen. Und die wird jedes Jahr ein bisschen schlimmer. Vergessen die Zeiten des lockeren »Es wird schon nichts passieren«. Heute reist die Panik mit, und zwar überall und jederzeit: Schon vor der Abreise werden erst mal die Reiseempfehlungen des Auswärtigen Amtes durchgelesen (ich) oder die Zollbestimmungen (Nick). Absolute Pflicht sind natürlich auch die Gesundheitshinweise der Deutschen Gesellschaft für Tropenmedizin und Internationale Gesundheit.

Aber der Beifahrer hat sich entschieden, seine Angst idiotischerweise zu überwinden und die Nummer jetzt durchzuziehen.

»Pass auf, es gehört zu unserem *Assignment* ...«, Assignment – kotz, »... in der Bude nach den fehlenden Datenträgern zu suchen, und das machen wir jetzt auch. John hat sich bei den Angehörigen sicher dafür die Erlaubnis geholt.« Wenn das alles so superlegal ist, warum flüstert er dann?

Na gut, solange er vorgeht.

Ich stelle meinen Dienstrechner ab und beziehe Stellung an der Betonbalustrade gegenüber der Tür.

»Okay. Ich bleibe hier und sage Bescheid, wenn jemand hochkommt«, flüstere ich rüber.

Von hier oben hat man alles im Blick: die Straße, den Kanal, den Dschungel. Von hier aus können wir sie perfekt *bestreichen*, Colonel Braddock. Genau! Das ist genau die Art von Fluss, aus der gleich Chuck Norris in Zeitlupe auftaucht, während er genüsslich sein ganzes Magazin rausrotzt.

»Na gut«, grummelt Nick. Sachte schiebt er die Tür ein Stück auf. Ja, mein Freund, ich weiß, wie voll deine Hose jetzt ist. Aber

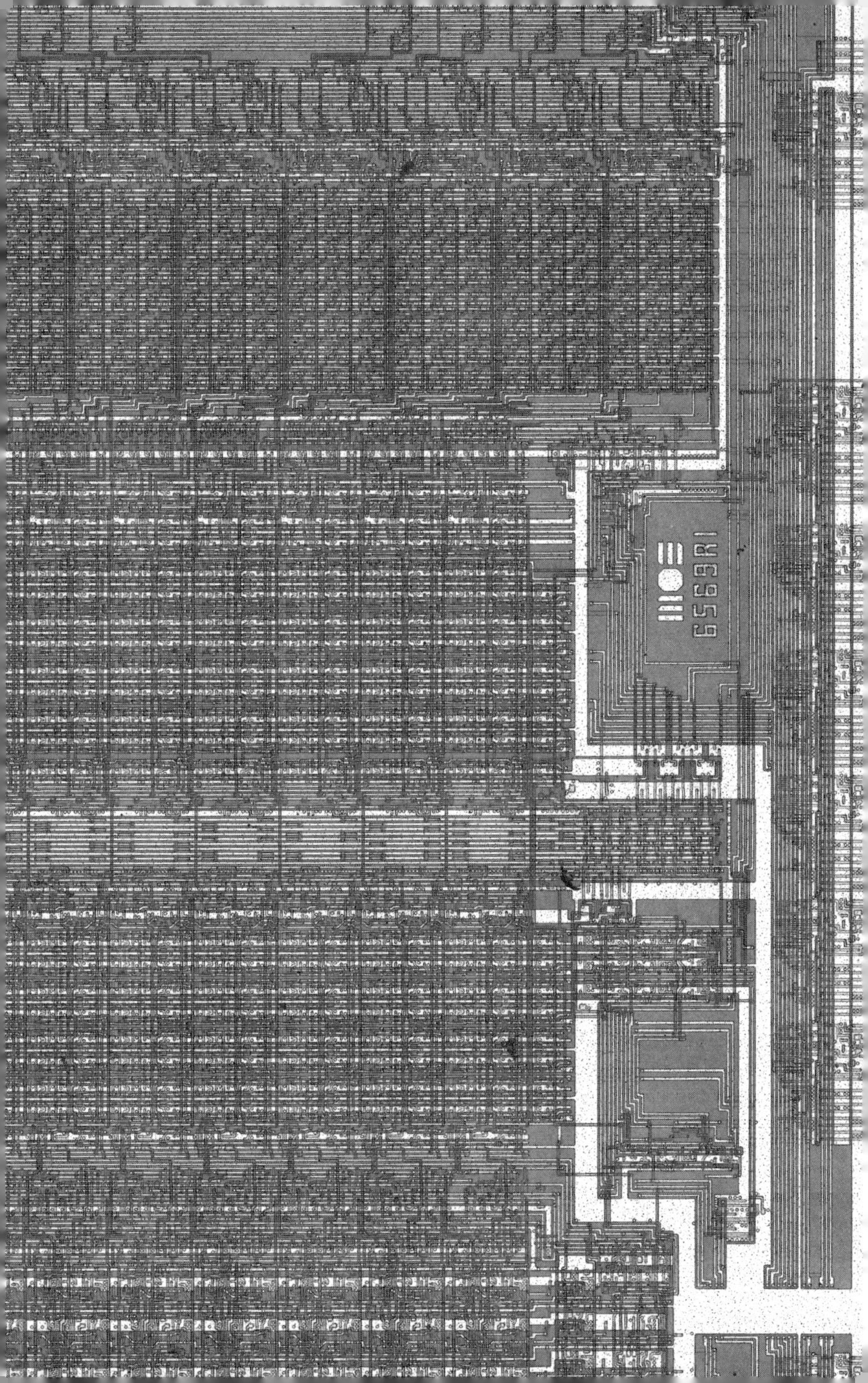

das ist die Strafe dafür, wenn man unbedingt vom Nerdpfad abweichen will. Da musst du jetzt durch.

Als ob er es gehört hätte, macht Nick einen forschen Schritt nach vorne. Dann noch einen weniger forschen, und schließlich schleicht er durch die Tür. Klack! Er ist gegen irgendwas getreten. Das Knacken hallt seltsam lange nach.

Ohne die Augen von der Auffahrt zu lassen, flüstere ich nach hinten: »Und? Was siehst du?«

»Wundervolle Dinge.«

$0024 Zitat Howard Carter, als er das Grab von Tutenchamun zum ersten Mal betreten hat. Seit wann ist Bildungs-Posing erlaubt? Nur Sachen, die irgendwann mal über Leinwand, Monitor oder Glotze geflimmert sind, dürfen auf unseren Trips erwähnt werden! Nick hat doch auch Geschichte in der Elf abgewählt, der Angeber. Wahrscheinlich hat er das Zitat in einer TV-Dokumentation über das alte Ägypten aufgeschnappt. Yeah, genau, wo Mini-Roboter durch versteckte Pyramidengänge fahren.

Ich drehe mich um und flüstere hinein: »Was ist denn jetzt?«

»Komm halt rein!«, sagt Nick fahrlässig laut. Es scheint keine unmittelbare Gefahr zu geben.

Doch eigentlich habe ich keine Lust, ihm hinterherzulaufen.

»Und wer checkt dann die Treppe?«

Er kennt keine Gnade. »Jetzt komm halt rein!«

Also durchatmen und ... shit! Ein kleiner Gecko schießt unter der Tür durch und rast die Wand im Flur rauf. Nochmal Anlauf nehmen und rein, jetzt führt kein Weg mehr zurück.

In der Wohnung steht noch die feuchte Luft des Gewitters von heute morgen, plus der Staub von mehreren Jahren. Irving glaubte wohl nicht an das Konzept Lüften, jedenfalls hat er alle Fenster mit Packpapier zugeklebt, sodass der ganze Raum braun schimmert und genauso aussieht wie ein Ort, an dem sie im Film immer abgehackte Köpfe finden. Nur an zwei Ecken, wo die improvisierten Papiergardinen gerissen sind, tasten sich Lichtstrahlen wie weiße Finger in den Raum vor.

Die Wohnung ist halb so groß wie das Dorint zuhause, vielleicht sogar noch kleiner. Aus dem Badezimmer stinkt es bestialisch. Ich knipse das Licht von außen an: leer, gottseidank keine toten Tiere, nur Stockflecken an den hellgrünen Kacheln. Wäre keine Überraschung, wenn aus dem Kanal nebenan hin und wieder ein paar Blutegel, Piranhas oder was auch immer hierher rübermachen.

Nick kniet in der Mitte des Zimmers.

Richtig gewohnt hat hier sicher noch nie jemand: Die Wände sind kahl, keine schwarzen Ränder verraten unlängst weggerückte Möbel, keine Kleidungsstücke liegen herum, keine persönlichen Gegenstände, nichts, was auf einen Menschen hindeuten könnte. Nur Papiere, Stapel von Papieren. An den Wänden türmen sich die Bücher und Akten hüfthoch. Einige der Stapel sind umgefallen, haben andere Ordner mitgerissen oder sie unter sich begraben. Als ob ein Wahnsinniger getobt hat.

Oder vielleicht auch nicht. Denn von der Tür bis zur Mitte des Zimmers hat dieser jemand mit analfixierter Präzision einen Gang frei gelassen, der genau so breit ist, dass man bequem an alle Papiere rankommt. Vielleicht steckt hinter den Stapeln ja doch das ausgeklügelte Archivsystem eines Genies.

Nicht genial war zumindest die Idee, Papierdokumente auf dem Boden einer unklimatisierten Wohnung in den Tropen aufzubewahren. Als ich versuche, ein Blatt aufzuheben, klebt hinten gleich noch eine halbe Akte dran. So modrig, wie das Zeug riecht, dürfte es bald völlig verschimmelt sein. Wann der Hausherr wohl das letzte Mal hier war – direkt vor der LegaSys? Ich schaue mir die Akte an: Auf dem Deckblatt steht »High Performance Microchip Supply«, darunter prangt das Siegel des US-Verteidigungsministeriums. Oh Mann, Irving war wirklich ein Insider, Nick hat keinen Scheiß erzählt.

»Schon was gefunden?«, flüstere ich zum Boden runter.

»Nichts, nur tote Bäume.« Seine Abneigung gegen Papier wird nach diesem Erlebnis ins Unermessliche steigen. Worum es in all den Dokumenten wohl geht? Manche Papiere sehen wie Schaltpläne aus, andere wie Blaupausen oder Platinenlayouts. Und dazwischen immer wieder offiziell aussehende Akten, manche sogar mit dem roten *Confidential*-Stempel drauf – genau wie auf dem Kram, den der Beifahrer immer präsentiert, wenn er mal wieder eine seiner Verschwörungstheorien untermauern will. Alles sei »absolut authentisch«, lautet dazu seine Standardfloskel.

Der Müll hier ist allerdings wirklich authentisch, genau da liegt das Problem.

»Ich habe ein verdammt mieses Gefühl bei der Sache«, sage ich und meine die Phrase zum ersten Mal seit zwanzig Jahren wirklich ernst.

»Ich auch«, spricht Nick geistesabwesend vor sich hin. Alles klar: Sein Hirn hat längst mit der Auswertung des Materials begonnen. Mister Kano: Was sagt *Computer*?

Eines ist jetzt schon klar: Unsere Mission können wir hier auch nicht erfüllen. Auf den ersten Blick ist nichts Elektronisches in dem Raum zu erkennen, und selbst wenn zwischen all dem feuchten Papier eine Diskette klemmen sollte, wäre sie unter Garantie nicht mehr lesbar. Nein, ein Profi wie Irving würde diesen Fehler nicht begehen.

Was ist das? Ich schiebe zwei Zeitungsstapel auseinander, dazwischen liegt eine alte Musikkassette auf dem Boden. Ordentlich, ordentlich, jemand hat penibel genau einen Aufkleber draufgemacht und ihn mit elektrischer Schreibmaschine beschriftet:

Dad's Lair

Schriftart Courier, wahrscheinlich auf einer IBM Selectric getippt.

Vaters Höhle, wie poetisch. Ob sich das auf diese Bude bezieht?

Stolz halte ich das Tape hoch: »Schau mal!«

Nick schaut nur kurz hoch: »Hm ...« Dann rasen seine Augen wieder über das Papierstück in seiner Hand.

In diesem Moment hören wir den Motor.

$0025 Noch ist es nur ein fernes Grummeln, der Wagen muss noch weit weg sein. Doch das Motorengeräusch ist da, und das reicht.

Ich schnappe das Tape und springe raus auf den Gang. Shit, wirklich: Ein schwarzer Geländewagen biegt hinten um die Straßenecke. Noch ist er einen ganzen Block weit weg, doch selbst auf die Entfernung hallt der V8 schon bedrohlich laut durch die Häuserschlucht. Anders als das klapprige Taxi, mit dem wir gekommen sind, gleitet er unbeeindruckt über die Schlaglöcher hinweg; seine Reifen sind so groß, dass die Karosserie nicht mal wackelt.

Wo ist Nick? Ich drehe mich um. Er kauert immer noch in der Mitte des Archivs. Hallo? Aufwachen?

»Da kommt einer!«

Seelenruhig blättert er weiter.

»Sicher?«

»Voll sicher. Komm!«

Genervt schaut er hoch. Erst als er meinen Alarm-Blick sieht, merkt er, dass die Sache ernst ist, und reagiert. Mit einer schnellen Bewegung rafft er so viele Papiere, wie er nur kann, zusammen und stopft sie unter den Arm. Ich schnappe meinen Dienstrechner, der immer noch neben der Eingangstür lehnt – wer den alles in der Zwischenzeit hätte klauen können! Nick klemmt den Grid unter seinen freien Arm und kriecht raus auf den Flur.

Atemlos kauern wir am Boden hinter der Balustrade. Ich wage einen Blick über den oberen Rand: Zwischen uns und dem Auto liegen nur noch zwei Wohnbunker, und der Fahrer gibt weiter im zweiten Gang Vollgas. Nick riskiert auch einen Blick.

»Wir müssen weg!«, zischt er.

»Aber wohin?«

»Ein Stockwerk nach oben.«

Klingt nach keinem guten Plan.

»Aber da sitzen wir in der Falle!«

Er rollt die Augen. »Wenn wir runtergehen, laufen wir *ihnen* in die Arme!«

Auf einmal klingt das *ihnen* nicht mehr abstrakt, wie ein Witz, sondern nach einer echten Drohung.

Im Hals macht sich ein Kloß breit; mir bleibt nichts übrig, als das Startsignal zu geben.

»Ock!«

Blitzschnell zieht Nick die Wohnungstür zu und rennt vor, immer im Schatten der Balustrade weiter Richtung Treppe. Also hinterher. Jetzt bloß keinem der anderen Bewohner begegnen! Jeder könnte uns verraten. Noch fünf Wohnungstüren, noch vier, aus Nicks Stapel unter dem Arm flattern die ersten Papiere raus, noch drei Türen. Mein Fuß bleibt in einer Fuge hängen und ich falle nach vorne. Automatisch lasse ich das Tape fallen und bremse mit der Hand den Sturz ab. Haut scheuert über Beton, egal, besser auf diese Hand fallen als auf die andere mit dem Rechner. Ich greife nach hinten und sammle das Tape wieder ein. Weiter. Noch zwei Wohnungstüren, die Treppe kommt näher. Noch eine Tür. Rechts abbiegen, geschafft, wir sind schon mal auf der Treppe. Jetzt nur noch ins nächste Stockwerk hochkommen, ohne dass die unten uns sehen. Ihr Motor faucht ein letztes Mal, dann ist es still.

Wie Betrunkene stürzen wir die Stufen rauf. Unmöglich, in der Hocke Treppen zu steigen. Wir müssen uns hinstellen, auch wenn dann die Deckung weg ist. Nick wankt. Der Grid rutscht seinen schweißnassen Arm runter, er kann ihn mit dem Ellenbogen nochmal stoppen; dafür muss er weitere Papiere opfern. Sehr unauffällig: Wenn *sie* uns echt kriegen wollen, müssen sie nur der Aktenspur folgen. Mit einem Satz nimmt Nick die letzten drei Stufen zum Flur des siebten Stockwerks. Weiter hoch geht es nicht, wir sitzen in der Sackgasse.

Von unten hallen Stimmen hoch. Fremde, aufgeregte Stimmen, es klingt nach Kommandos. Dann Schritte, das Keuchen von Männern. Wie viele sind es? Zwei oder drei? Wir hetzen gebückt den Flur runter. Eine völlig sinnlose Aktion. Es gibt auf der anderen Seite keine Treppe, die wir im Notfall runtersteigen könnten, sondern nur eine Wand. Wenn sie in dieses Stockwerk raufkommen, sind wir am Arsch.

Die Türen zischen wieder an uns vorbei, diesmal links, zwei Wohnungen, drei Wohnungen. Die da unten sind keine Amerikaner, dafür klingen die Wortfetzen zu fremd. Warum drei Leute? Um eine Wohnung zu durchsuchen reicht doch theoretisch einer. Warum wir? Warum sind sie hier? Woher kennen sie die Adresse? Klar, sie sind uns vom Hotel aus hinterhergefahren. Nein, dann wären sie ja gleichzeitig mit uns angekommen. Wohnung Nummer fünf, sechs, sieben. Ende. Wie Ameisen kleben wir am Boden und starren an der Betonwand hoch. Sie schaut auf uns zurück, als wollte sie uns auslachen. Und jetzt, ihr Idioten?

Plötzlich klingen die Schritte der Männer unten anders, leiser, sie müssen von der Treppe in den Flur unter uns eingebogen sein. Genau, und jetzt rennt die Truppe den Gang runter, viel schneller als wir. Nur noch ein paar Sekunden, nur ein paar Sekunden. Jetzt! Die Schritte hören auf.

Wir halten die Luft an. Sie stehen genau unter uns. Nur dreißig Zentimeter Beton trennen uns von ihnen. Dreißig Zentimeter zwischen einer bequemen bundesdeutschen Existenz und einer Randnotiz in der Zeitung. Wie das Auswärtige Amt bekannt gab ... zwei Touristen ... ungeklärte Umstände ... in einem Kanal ertrunken. *Bundes*. War immer eine schöne Vorsilbe. Bundeskegelbahn und so, da weiß man, was man hat. Gemütlich, verlässlich, ungefährlich.

Was ist los? Eben haben sie doch noch geredet. Aber auf einmal ist alles still. Vielleicht telefoniert einer?

Dann splittert das hellgrüne Holz.

$0026 Obwohl er sich tierisch anstrengt, entspannt zu wirken, zittert Nicks Hand wie die eines alten Mannes, als er die Kassette in die Sonne dreht, um die Aufschrift zu entziffern. Alles ist schon fast zwei Stunden her, aber die Nerven schießen immer noch Dauerfeuer.

»*Dad's Lair* – wusste nicht, dass Irving Kinder hat«, bemerkt Nick.

Dabei gibt er sich Mühe, im Plauderton zu bleiben. Als er sieht, dass ich sein Zittern bemerke, reicht er mir das Tape eilig wieder rüber. Ist auch besser so, bei der Sonne, nachher leiert die Aufnahme wie unser Interrail-Mix von Neunundachtzig. Ich stecke die Kassette in meine Hosentasche und lenke ab, damit er sein Gesicht wahren kann.

»Hast du dir das Erwachsensein *so* vorgestellt?«

Nick denkt kurz nach.

»Du meinst: Auf einem Bordstein in Kuala Lumpur sitzen, mit einem fünfundzwanzig Jahre alten Laptop, einem Haufen stinkender Papiere und drei Typen im Nacken, die uns um die halbe Welt verfolgen und weiß Gott was mit uns machen, wenn sie uns kriegen. Nein, so habe ich mir das Erwachsensein nicht vorgestellt.«

Wir lachen beide kurz und herzlich.

Es gäbe dazu noch viel zu sagen, aber wir sind so müde wie nach der Führerscheinprüfung und dem mündlichem Abi zusammen.

Nachdem die Typen Irvings Wohnungstür eingetreten hatten, raste alles nur noch vorbei: Zwei, vielleicht drei Minuten haben sie gebraucht, um das Zimmer durchzuwühlen; in unserem Versteck ein Stockwerk drüber war nur das dumpfe Krachen der Aktenordner auf dem Boden zu hören. Dann zogen sie ab, ohne etwas mitzunehmen – zumindest glauben wir, dass sie nichts mitgenommen haben, denn dafür reichte die Zeit nicht. Und ihre Abfahrt klang, als ob sie sauer waren: Der Fahrer gab sofort nach dem Anlassen Vollgas.

Nachdem das Motorengeräusch endgültig verschwunden war, warteten wir sicherheitshalber noch eine halbe Stunde und rannten los, so schnell und weit, wie wir konnten – genau wie damals, als wir Betz' Commodore 64 gekillt hatten. Vielleicht.

Sehr weit sind wir nicht gekommen. Nach drei Blocks rasselte Nicks gesamter Papierstapel runter und wir beschlossen, nun in Sicherheit zu sein.

Jetzt schwitzen wir neben der Einfahrt zu einem Fabrikgelände still vor uns hin. Wir haben den Platz auf dem blauen Bordstein ausgewählt, weil es eine adrette Fabrik ist, mit bewässertem Rasenstreifen vor der Mauer und einem weiß getünchten, geschwungenen Betondach. Niemand wird es wagen, uns hier, im Blickfeld von Dutzenden von Überwachungskameras, in ein Auto zu zerren, oder?

Die letzten Gewitterwolken haben sich verzogen und Platz gemacht für die Äquatorsonne. Gnadenlos sticht sie auf unsere Köpfe runter und macht die Gedanken träge. Meine Handfläche brennt: Beim Hinfallen haben Steinchen zwei tiefe Gräben in die Haut gezogen. Wenn man an der Seite zieht, öffnet sich der Schnitt sogar ein bisschen und der Schweiß kann ungehindert reinlaufen. Da werden sich in der Tropenhitze bestimmt ruckzuck Typhus, Cholera oder der Marburg-Virus einnisten. Bitte einmal zum Institut für Tropenkrankheiten! Zumindest den Dreck abwaschen müsste man.

Als die ersten Lastwagenfahrer beim Einbiegen ins Werkstor komisch gucken, wird es Zeit für eine Entscheidung. Es kann nicht mehr lange dauern, bis die adrette Fabrikleitung den vielleicht nicht ganz so adretten Werkschutz vorbeischickt, um zu checken, was da für Freaks vor der Tür rumhängen.

»Und jetzt?«, frage ich.

»Erst mal ein bisschen in der Stadt abhängen und den ganzen Kram sichten«, murmelt Nick, während er sich die Schläfen reibt. »Direkt ins Hotel zu gehen ist, glaube ich, keine gute Idee, weil sie uns da wahrscheinlich erwarten. Das sollten wir erst versuchen, wenn es dunkel ist.«

An dieser Stelle wäre es bis vor zwei Stunden noch meine Pflicht gewesen, ihn mit äußerster, Scully-mäßiger Verachtung fertigzurühren, so von wegen: *Oho, da müssen wir uns wohl im Dunkeln an den Dunkelmännern vorbeischleichen! Haha, das ist wohl unsere »Dark Mission«!*

Doch das geht jetzt nicht mehr. Nick hat Recht, *sie* sind real. Unvorstellbar.

Dafür, dass er zum ersten Mal mit seinem Verfolgungswahn richtig lag, bleibt Mister Top Secret erstaunlich ruhig. Keine Siehste-Predigt sprudelt diesmal aus ihm heraus, und er fängt auch nicht an, die ganze Sache in Richtung einer außerirdischen Invasion weiterzuspinnen. Nein, er schweigt das befriedigte Schweigen von einem, der es schon immer gewusst hat.

Wobei – eine Hintertür bleibt noch.

»Und was ist, wenn die Typen nicht *uns* verfolgt haben, sondern nur zufällig zur gleichen Zeit am gleichen Ort waren?«

Nach Jahrzehnten von Diskussionen lernt der Beifahrer natürlich auch dazu. Anstatt in den Köder zu beißen und mit jeder Zelle seines Körpers zu explodieren, winkt er den Einwand ohne nennenswerten Widerstand durch.

»Möglich – aber nicht wahrscheinlich.« Betont gelangweilt bringt er seinen Papierstapel für den Abmarsch in Form.

Ist ja schon gut. Blick auf die Uhr: noch neun Stunden bis Sonnenuntergang, genug Zeit, um zu checken, was hinter der Kassette aus Vaters Höhle steckt. Wir irren noch eine halbe Stunde über die kochenden Bürgersteige des Industriegebiets, bevor uns ein Taxi vor einer Moschee aufliest.

$0027 Bei *Raumschiff Enterprise* gibt es eine Folge, in der die Mannschaft von einem Planeten zurückkommt und Kirk danach ständig ein Summen im Ohr hat – so, als ob eine Fliege auf der Brücke ihre Runden dreht. Am Schluss der Folge kommt dann raus, dass der Landetrupp keine Fliegen, sondern ein paar Außerirdische mit hochgebeamt hat, die sich aber in einer beschleunigten Zeit bewegen. Was Kirk gehört hatte, waren ihre Gespräche, im Super-Vorspulmodus quasi.

So ungefähr kommen wir uns im KAFE INTERNET 24 vor. Wir kauern in unserem kleinen, langsamen Universum, während um uns herum das Leben mit doppelter oder dreifacher Geschwindigkeit vorbeirast.

Seit wir Anfang der Neunziger das letzte Mal eine Arcade betreten haben, also eine richtige Videozockhalle, ist uns nicht mehr eine derart heftige Energie entgegengeschlagen. In dem flachen Verschlag wuselt es wie in einem Ameisenhaufen. Vor jedem Bildschirmplatz kauert ein chinesischer Schüler und zockt irgendein obskures Online-Rollenspiel; dahinter stehen ein paar seiner Kumpels, die klugscheißen oder ihn wegrempeln, um selber zocken zu können.

Da niemand Kopfhörer benutzt, herrscht der gute alte Proberaum-Darwinismus: Jeder reißt die billigen Boxen neben seinem Flatscreen ein bisschen mehr auf, um die anderen zu übertönen. Todesschreie, Schwerterklirren und dröhnende Raumschiffdüsen schaukeln sich in der schwülen Luft zu einem infernalischen Soundbrei hoch, gegen den der billige malayische Mädchen-Pop aus den Boxen unter der Decke keine Chance hat.

Kurz gesagt: Es ist das Paradies – und wir würden verdammt gerne aufgenommen werden. Doch das geht natürlich nicht – aus vielen Gründen. Erst mal fassen wir das komplizierte MMORPG-Zeugs grundsätzlich nicht an, weil es wertvolle Lebensenergie raubt, die viel besser in Ballerspiele investiert werden kann. *Avoid missing ball for highscore* – Games, die längere Instruktionen als *Pong* brauchen, taugen nichts, so lautet unser eisernes Gesetz.

Und dann wäre da noch die unangenehme Kleinigkeit, dass alle Typen hier drinnen zu einer Zeit geboren wurden, als wir auf der Uni-Party »es ist Neunzehnsechsundneunzig...« mitgrölten. Die würden mit uns den Boden aufwischen, bevor wir auch nur verstanden hätten, wo bei einer malayischen Tastatur die Umschalt-Taste ist.

Da hocken wir also, zwei Außerirdische aus einer alten Welt mit ebenso alten Medien vor dem Bildschirmplatz mit der Nummer 29. Papier, Grid, Dienstrechner und die Audiokassette haben wir ordentlich vor uns aufgebaut. Wie die Währung hier in Malaysia wirklich heißt, haben wir mittlerweile rausgekriegt: Ringgit – und vier Einheiten davon kostet uns der Ausblick auf den Flatscreen und die puffrot gestrichene Wand dahinter pro Stunde.

Wie viel das ist, wissen wir nicht. Die Reisekostenabteilung der Datacorp wird es verschmerzen, genau wie die zweitausend

Ringgit, die wir bei einem Elektronik-Discounter um die Ecke für einen Kassettenrecorder verbrannt haben. Ein richtig schönes Gerät für Profis mit Edelstahlgehäuse und analoger Aussteuerungsanzeige – perfekt, um ein Interview mit Bundeskanzler Helmut Schmidt in seinem Bonner Bungalow mitzuschneiden.

Allein das Auspacken war schon pure Entspannung. Unboxing – ein weiterer Kult, dem wir allzu gerne huldigen. Im Karton versteckten sich viele schöne Kabel in kleinen Säckchen und – Freude! – eine gedruckte Gebrauchsanleitung. Herrlich. Auch wenn wir niemals auf die Idee kämen, das Heftchen zu lesen, ist es doch toll, so ein Ding aus den Tiefen der Kartonschatztruhe zutage zu fördern.

Ich drücke die schwere Play-Taste runter und genieße das satte Klacken, mit dem sie wieder hochspringt, sobald man die Stopp-Taste betätigt. Wie ein stolzer Vater, der zum ersten Mal seinen Nachwuchs sieht, hat sich Nick über das Gerät gebeugt und lächelt.

»Ist es nicht schön, dass der Kasten keine MOTS-Taste hat?«

»Was zur Hölle ist eine MOTS-Taste?«

»More of the same. Gibt es bei den neuen Anlagen. Sucht dir aus deiner Musik-Sammlung oder irgendeinem Netz-Laden andere Stücke raus, die so ähnlich klingen.« Ekel steht in seinem Gesicht.

»Kann doch praktisch sein«, halte ich dagegen.

Müder als sonst, aber trotzdem überzeugt, geht der Beifahrer auf Gegenkurs: »Was ist denn praktisch daran, sich ständig auf ausgetretenen Pfaden zu bewegen ...«

»Aber so findest du doch vielleicht neue coole Sachen ...«, beharre ich.

»... die alle genauso klingen wie deine alten. Nein, ich sage dir, MOTS kann niemals das ersetzen, was dir ein guter DJ gibt – diese Mischung aus dem, was du willst, und dem, von dem du denkst, es niemals zu wollen, aber nach dreieinhalb Minuten für das geilste Stück hältst, das jemals aufgenommen wurde.«

Vielleicht lässt sich ein Kompromiss stricken ...

»Optimal wäre also MOTS plus eingebauter Zufallsgenerator.«

Einer technischen Lösung kann sich Nick natürlich niemals verweigern. Pro forma kratzt er sich kurz am Kinn, um das Kriegsbeil dann mit einem genuschelten »Geht zumindest in die richtige Richtung« zu begraben.

Der Angestellte des Monats wünscht sich also auch bei der Musik eine führende Hand; aber vielleicht ist das jetzt nicht der richtige Moment, um darauf rumzureiten.

Jedenfalls sind wir uns also einig geworden, so schnell wie lange nicht mehr. Wow, wir sind echt müde.

$0028 Es geht runter in Vaters Höhle: Wir haben das mysteriöse Tape aus Irvings Bude in den Rekorder gelegt und den Ausgang mit meinem Dienstrechner verbunden. Als Erstes werden wir mal eine digitale Kopie ziehen, schön mit 24 Bit und 96 Kilohertz, fast besser als das Original. Nick zeigt mit einer einladenden Handbewegung auf die Play-Taste, so, als wollte er sagen: Bitte sehr, dem Herrn Hardware-Beauftragten gebührt der Vortritt.

Danke, gerne. Ich drücke auf Wiedergabe, und der Mini-Lautsprecher des Rekorders rauscht leise vor sich hin, während das Vorspannband durchläuft. Es ist die reinste Therapie, mal wieder.

Ohne Technik wären wir längst durchgedreht. Wie oft war dieses Rumgeschraube unser letzter Anker, als alles drum herum unterging? Vorletztes Jahr zum Beispiel, als Nicks Vater starb. Es passierte einfach so – *das Herz*, raunte jemand auf der Beerdigung rüber. Das hat den Dude echt mitgenommen. Und wie sah seine Trauerarbeit aus? Holte er die Bibel raus, las er nochmal *Siddhartha* von Hesse oder entdeckte er die Kirche wieder? Nein, er verschanzte sich eine volle Woche lang in seiner Bude, um ein Gerät zu bauen, mit dem er sein Garagentor fernsteuern kann, und zwar so richtig, über eine Distanz von 1 000 Kilometern. Mit seinem Apple Newton von 1993.

Nun ist es nicht so, dass er mit seinem Dad so richtig dicke war. Überhaupt nicht: Bis auf Weihnachten und Ostern haben sich die zwei überhaupt nicht mehr gesehen, und selbst auf diese Treffen hat sich Nick nicht gerade gefreut. Als ich ihn mal fragte, was da so abläuft, meinte er nur lakonisch. »Wir gehen mit dem Hund in den Park und reden über Drucker.«

Woher sollte die Freundschaft auch kommen? Sein alter Herr gehörte zu diesen Wirtschaftswunder-Relikten, er war so ein Vater von der Sorte, die sich darauf beschränkt, ab und zu die Hinterköpfe der Kinder zu tätscheln. Ingenieur in der Chemieindustrie, sein halbes Leben in Brasilien oder sonst wo unterwegs. Trotzdem nahm sich Nick seinen Tod, wie fast alles, was mit Menschen zu tun hat, richtig zu Herzen. In der Kirche hat er fast lauter geschluchzt als seine Mom, als der Organist »A Whiter Shade of Pale« verhackstückte. Bei dem Lied haben sich seine Eltern wohl kennen gelernt.

Na ja, und danach war er halt weg. »Sprich doch mal mit ihm«, hatte mich Sabina angefleht. Ganz sicher nicht, kleine Lady! Denn anders als ihr war mir klar, was er in diesem Moment wirklich brauchte: Er musste allein sein mit den Schaltkreisen, und wenn er eine Sache nicht brauchte, dann war es ein Gespräch, mit wem auch immer.

Es ist halt alles so schön einfach mit der Technik.

LDA #$3E – lädt den Akkumulator mit dem Wert $3E.

STA $E842 – legt den Wert im Speicher an der Adresse $E842 ab.

Nichts bleibt im Unklaren, es gibt nichts zu diskutieren oder zu interpretieren. Die kleine, reine Welt der Maschine. Klar ist das verschroben, aber auch nicht verschrobener, als sich im Keller eine kleine, perfekte Modellbahn-Landschaft hinzubauen und in den Schlafzimmern der Minihäuser kopulierende Eheleute im Maßstab Ho zu verteilen.

Oft war die Technik der letzte Fluchtpunkt. Doch so sehr wie heute haben wir es noch nie genossen, in diese perfekte Welt abtauchen zu können. Wir hocken so dicht am Rekorder, dass unsere Ohren fast das Gehäuse berühren; anders kann man bei dem Lärm hier drinnen ohnehin nichts hören. Doch das bisschen, was wir mitkriegen, reicht.

Wir müssen beide schlucken.

»Vier-vier-fünf-acht Komma acht Gigahertz, ist wahrscheinlich nichts«, flüstert Nick. Ein Zitat aus »Contact« – die Szene, in der Jodie Foster zum ersten Mal das Funksignal der Außerirdischen im Äther hört. Ein tiefes, bedrohliches Mahlen, als ob eine gigantische Metallfräse ganze Welten in Stücke zerreibt.

Doch Irvings Tape klingt ganz anders, wie ein Bienenstock neben einer Autobahn, irgendwie verstörend.

Wir werfen den Spectrum-Analyzer an. Als Erstes fällt auf, dass auf dem linken und dem rechten Kanal total unterschiedliche Signale sind – anders als bei einer normalen Stereo-Musikaufnahme, wo ja aus beiden Boxen normalerweise fast das Gleiche zu hören ist.

Das Geräusch aus dem linken Lautsprecher klingt bekannt.

»Das sind Daten«, stelle ich fest. Nick rollt mit den Augen. Hey Beifahrer, gib mir nicht diesen genervten Blick! Das Offensichtliche auszusprechen ist nun mal mein Job! Das Summen erinnert an das *Krrrrr,* das früher aus den Boxen plärrte, wenn man eine Datenkassette vom Commodore 64 über eine normale Anlage abgespielt hat.

Nur dass das Geräusch auf Irvings Tape viel, viel höher klingt, eher wie das Summen eines Bienenstocks. Die Bits hocken näher aneinander, es müssen größere Datenmengen sein. Es wird noch lustig werden, rauszufinden, welcher Rechner und welches Format sich dahinter verbergen, schließlich gab es in den Achtzigern kaum einen Heimcomputer – das Wort ist immer wieder schön –, der seine Daten nicht auf Audiokassetten rein- und rausgeschaufelt hat. Es könnte ein Programm für den Sinclair ZX-81 sein, genau wie für den Schneider CPC464 oder einen meiner lieben Tandys.

So weit der linke Kanal.

Nick kneift die Augen zusammen und dreht das Ohr noch ein bisschen mehr Richtung Gehäuse: »Klar, aber was ist das rechts?«

Der Analyzer zeigt fast nichts oberhalb von 50 Hertz an. Ein dunkles Rauschen, wie eine weit entfernte Autobahn. Könnten runtergestimmte Geräusche sein, wie bei einer 45er-Single, die mit 33 Umdrehungen abgespielt wird, nur viel extremer. Wenn wir die Aufnahme auf den Rechner überspielt haben, müssen wir alles erst mal mindestens 200 Prozent hochstimmen.

Mit pochenden Nerdherzen lauschen wir dem Rest der Aufnahme. Die Reise in Vaters Höhle verspricht interessant zu werden. Dass heute Vormittag nur dreißig Zentimeter Beton zwischen uns und einer malayischen Schläger-Gang lagen, ist schon dunkle Vergangenheit. Genau wie bei Irvings Tod vor ein paar Wochen legt sich die Technik mit ihren unendlichen Details wie ein Pflaster über die Seele.

$0029 Wie lang eine Kassettenseite ist – unglaublich. Und das hat man früher ständig ausgesessen, bevor es die Doppeltapedecks mit dem Modus zum schnellen Überspielen gab. Jede Seite eine satte Dreiviertelstunde – was haben wir in der Zeit nur gemacht? Ach ja, wichtige Sachen wie: den Zauberwürfel auseinandernehmen und von innen mit Vaseline einschmieren, damit er sich leichter drehen lässt.

Um die Zeit totzuschlagen, gehen wir abwechselnd in dem Restaurant direkt neben dem KAFE INTERNET 24 essen. Klar, man hätte sich auch bei McD verpflegen können, aber die Imbissbude nebenan heißt 3 ELEVEN, und wir haben seit jeher ein Herz für Markenrechtsschänder – zumal das Original, der Minisupermarkt von 7 ELEVEN, nur eine Querstraße weiter residiert.

In dem kleinen, von Neonröhren ausgeleuchteten Kabuff drängen sich die ersten Kunden, um ihr Mittagessen abzuholen. Der Betreiber hätte es sich sparen können, drei Tische samt Monobloc-Stühlen in den Gastraum zu quetschen, denn bis auf mich möchte in diesem Ambiente anscheinend niemand essen. Alle sitzen draußen auf dem Bürgersteig.

Auf einem Leuchtbalken hinter der Theke sind Fotos der Gerichte angebracht. Die Bilder sehen aus wie zugeblitzte Fotos von einem Tatort und lassen nur erahnen, was nachher tatsächlich auf dem Teller liegt. Irgendwie macht alles, was die Spurensicherung abgelichtet hat, einen einheimischen Eindruck. Wie soll man da die Ignoranz aufrecht erhalten? Zähneknirschend bestelle ich eine Art Ramen-Suppe mit etwas Gelbem drauf. Es entpuppt sich als geschlagenes Ei und schmeckt auch noch verdammt gut. Lecker einheimisch essen – so werden wir niemals das Niveau eines Berger erreichen. Was kommt als Nächstes? Eine nette Plauderei mit den anderen Gästen, um *Land und Leute* kennen zu lernen?

Als ich zurückkomme, kauert Nick in unveränderter Position am Bildschirmplatz 29. Er starrt auf eines von Irvings Papieren; ab und zu schaut er hoch, um was im Netz nachzuschauen – schließlich wollen wir für unser Geld auch was haben. Ich falle in den Stuhl neben ihm und reibe mir den Bauch. Im kleinen Fensterchen des Rekorders kann man erkennen, dass fast das ganze Band von der linken auf die rechte Spule rübergewandert ist; die Überspielerei auf den Dienstrechner muss gleich zu Ende sein.

Aus Langeweile schalte ich nochmal den Grid an. Die gleiche bernsteinfarbene Schrift, die gleichen, langweiligen Menüs – alles sieht immer noch so sexy wie die Steuerung einer Klimaanlage aus. Keine neuen Geheimnisse an dieser Front. Ich probiere nochmal alle Kombinationen mit der Taste *Code* durch, die ist schließlich als einzige nicht weiß, sondern rot beschriftet. Code-A, Code-O, Code-P. Komisch, war dieses Symbol, das aussieht wie eine Brezel, schon immer unten rechts auf dem Bildschirm? Bestimmt – wenn der Beifahrer das Teil unter die Lupe genommen hat, dann gründlich. Nick übersieht nichts, darauf kann man sich verlassen.

Plock – die Wiedergabetaste des Rekorders springt raus. Nick schreckt hoch und wir beugen uns beide über meinen Dienstrechner, um die digitale Kopie von Irvings Kassette unter die Lupe zu nehmen. Also, los geht's: erst mal mit dem rechten Kanal anfangen, auf dem dieses dumpfe, analoge Grummeln zu hören war. Wellenform-Editor aufrufen, *detune* plus 100 Prozent, die Spur wird mit doppelter Geschwindigkeit wiedergegeben. Keine große Veränderung.

»Leg noch 'ne Schippe drauf«, schlägt Nick vor.

Plus 200 Prozent, schon besser. Plus 400 Prozent, der Soundbrei erinnert immer noch an eine weit entfernte U-Bahn. Doch dann, bei 700 Prozent, sind wir da: Jetzt ist das Audiosignal ganz klar und deutlich. Nach und nach nehmen die Signale Gestalt an und fangen an, nach ganz normalen Geräuschen zu klingen: Eine Klimaanlage rauscht, ein Generator brummt – und Schritte. Unregelmäßige Schritte, als ob jemand vorwärts stolpert. Dazwischen schweres Atmen, wie bei »2001« – die Szene, in der Astronaut Frank den Raumspaziergang macht, um die defekte AE-35-Einheit auszutauschen.

Minutenlang ändert sich nichts am Soundtrack. Mal wird das Atmen lauter, dann klingen die Schritte, als ob jemand eine Stahltreppe hochsteigt. Aber plötzlich, kurz vor dem Ende der Aufzeichnung, taucht am rechten Bildschirmrand, wo die Wellenformen vorbeiziehen, ein Berg auf. Unser Wow!-Signal. Ich tippe mit dem Finger drauf: »Schau mal, da kommt was Lautes.«

Nick atmet fast so schwer wie der Mann auf dem Tape. »Ich wette, da sagt einer was.«

Und dann sagt wirklich einer was. Die Stimme ist gut zu verstehen, sie klingt nach einem sechzehnjährigen Amerikaner.

Man, this place is awesome!

$002A

Nick kramt eine zerknüllte Serviette aus seiner Hosentasche und wischt sich den Glanz von der Stirn. Die Bewegung sieht ziemlich nach Opa aus. Stirnschweiß, eine weitere Geißel der Lebensmitte, fast noch schlimmer als die Sache mit den Haaren in den Ohren.

»Also, Irvings Apartment kann er nicht gemeint haben, dafür war die Klitsche viel zu wenig *awesome.*«

»Ne, das klingt außerdem nach einem viel größeren Raum, die Early Reflections kommen erst nach 100 Millisekunden. Mindestens zwanzig Meter Abstand zwischen den Wänden, würde ich sagen.« Mein in die Jahre gekommenes Audionerd-Wissen prallt innerhalb von null Millisekunden am Beifahrer ab.

Nick schnippst den durchnässten Serviettenball auf die Tastatur. »Hm. Wie wär's damit: Irvings Sohn hat ihm mal eine Art von Hörspiel aufgenommen, und sein alter Herr hat die Kassette später dazu benutzt, irgendwelche Daten zu speichern; solche Typen sind doch gefühlsmäßig meist ein bisschen unterkühlt. Jedenfalls gäbe es zwischen dem linken und dem rechten Kanal dann keinen Zusammenhang, und wir jagen einem Phantom hinterher.«

Mir bleibt nichts, als den Finger in die Wunde zu legen. »Dafür müssten wir erst mal wissen, was für Daten auf dem linken Kanal drauf sind.«

Nick schaut genervt auf den Dienstrechner.

»Jau.«

Seit dem Mittagessen hat er alles versucht, um den Bitstrom auf dem linken Kanal der Kassette zu entschlüsseln – ohne Erfolg. Jetzt ist es halb fünf, und unsere Nerven liegen blank. Statt uns für die jugendliche Energie zu begeistern, sind wir nur noch genervt vom ständigen Lärm und den Wolken von Teenieschweiß, die durch den flachen Schlauch wabern. Außerdem stecken wir seit drei Tagen mehr oder weniger in den gleichen speckigen Jeans, uns gehen schon wieder die T-Shirts aus, Nick hat Sodbrennen vom Fraß in 3 ELEVEN, und wir beide müssten mal dringend zwei Tage am Stück schlafen.

So ratlos habe ich ihn schon lange nicht mehr gesehen. Eigentlich habe ich ihn noch nie ratlos gesehen, wenn es um Technik ging, höchstens »ge-challenged«, wie er in seinem Business-Blabla sagen würde.

Grundsätzlich lagen wir ja richtig: Auf dem linken Kanal sind Daten drauf, wie auf einer Kasi für den C64. Nur was sie bedeuten, das konnten wir noch nicht rausfinden. Nick hat die Daten mit jedem halbwegs bekannten Maschinencode verglichen und jedes Entschlüsselungstool in seinem Arsenal drüberlaufen lassen – ohne Erfolg. Sollte es wirklich ein Programm sein, dann kennen wir den dazu passenden Rechner jedenfalls nicht. Wir stehen vor einem großen Haufen Bitmüll.

Noch traut sich keiner von uns, laut die Frage zu stellen, dabei ist sie nur logisch: Warum nicht einfach aufgeben?

Selbst Nick spielt mit dem Gedanken, das sieht man seinem Gesicht an. Streng genommen haben wir unseren Auftrag ja erfüllt: Wir waren in Irvings Wohnung, haben alles durchsucht, keine Disketten für den Grid gefunden, Ende, aus. Theoretisch könnte ich Andie anrufen, und in fünf oder zehn Stunden säßen wir wieder in einer Maschine nach Hause. Alles wäre gut. Major Tom könnte seinen Vorgesetzten, falls es die überhaupt gibt, mit gutem Gewissen berichten, dass alles versucht wurde. Ich könnte im Dorint sitzen und auf einen Anruf von Andie warten, Nick wäre rechtzeitig zum Abendessen und Rasenmähen bei seiner Sabina.

Doch so sehr er auch ein Konzernsoldat geworden sein mag – er könnte jetzt niemals aufgeben. Vor allem, weil ich dabei bin. Wie heißt es bei der Nasa: Failure is not an option, Versagen ist keine Option. Schlösser sind eine Provokation und müssen geknackt werden – und erst recht dieses letzte Schloss, das den Eingang zu Vaters Höhle versperrt, so verlangt es der Codex des *Tech Model Railroad Club*. Genau deshalb hat uns John, der Fuchs, überhaupt zusammen losgeschickt. Weil er weiß, dass keiner von uns der Loser sein will, der vor dem Rätsel kapituliert hat. Ein smarter Schachzug, Herr Major, denn wir werden wirklich weitermachen, bis die Herren bei der Datacorp zufrieden sind.

»Lass mal die *Location* wechseln«, schlägt Nick vor. Wir packen unseren Krempel zusammen und schwanken auf die Hitzemauer hinter dem Ausgang zu.

$002B Es tut gut, endlich aus dem Zockbunker rauszukommen, obwohl es draußen schwül wie im Affenhaus ist und auf der Straße pure Anarchie herrscht: Schulter an Schulter schieben sich die Menschen den Bürgersteig runter, immer haarscharf vorbei an den mit Plastikflaschen übersäten Monobloc-Tischen der Imbissbuden. Gesichter rauschen auf uns zu und weichen in letzter Sekunde aus: ein chinesischer Fahrradkurier, eine Gruppe Inder um die Vierzig mit kurzärmeligen hellgelben Hemden (ein Betriebsausflug?), eine wunderschöne Thailänderin mit drei Kindern im Schlepptau (eine Nanny?). Komisch, keine Frau hat hier was Kurzes an.

Der Menschenstrom fließt zäh in Richtung Innenstadt, er wird rüder gedrängelt als zuhause auf der Herbstkirmes – jahrelang der Höhepunkt unseres Lebens.

Keuchend rempeln wir uns vorwärts, unsere elektronischen Habseligkeiten wie einen rettenden Fallschirm an die Brust gedrückt. Beware of pickpockets – Vorsicht vor Taschendieben, stand auf dem kleinen Schild, das das Hotelmanagement etwas verschämt ans Ende der Rezeptionstheke verbannt hat. In diesem Chaos könnten sie uns die Hosen ausziehen, ohne dass wir was merken würden.

»Also«, hechelt Nick. Weiter kommt er nicht, weil plötzlich ein Imbisswagen aus dem *Katamari Damacy* der Körper auftaucht. Wir weichen nach links in den Menschen-Gegenverkehr aus und tauchen frontal in die heiße Dampfwolke der mobilen Küche ein; sie riecht nach Frittierfett, Ingwer und Curry. An einem Stromkasten hängt ein Plakat mit einem kranken Kind drauf. BEWARE OF DENGUE! Na toll, der Schnitt an der Hand brennt noch stärker als heute morgen. Noch mehr Geschubse, *Sorry Ma'am*, zurück in unsere Spur, zwischendurch immer mal die Straße scannen, ob ein Taxi vorbeikommt, das uns klimatisierten Frieden schenken könnte.

»Also«, setzt Nick wieder an, als wir ausnahmsweise mal drei Meter freien Asphalt vor uns haben. »Um auf unsere Diskussion von vorhin zurückzukommen ...«

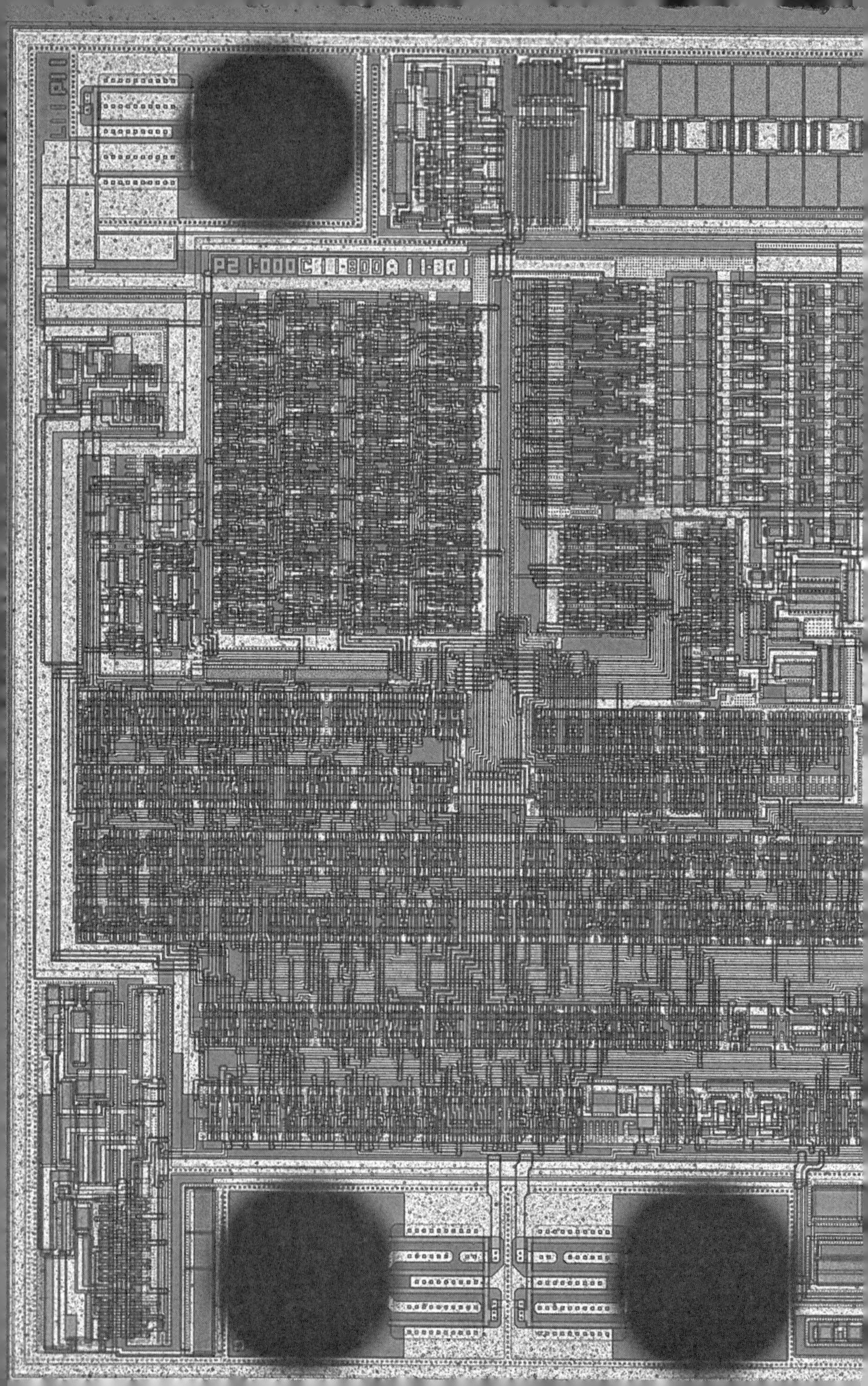

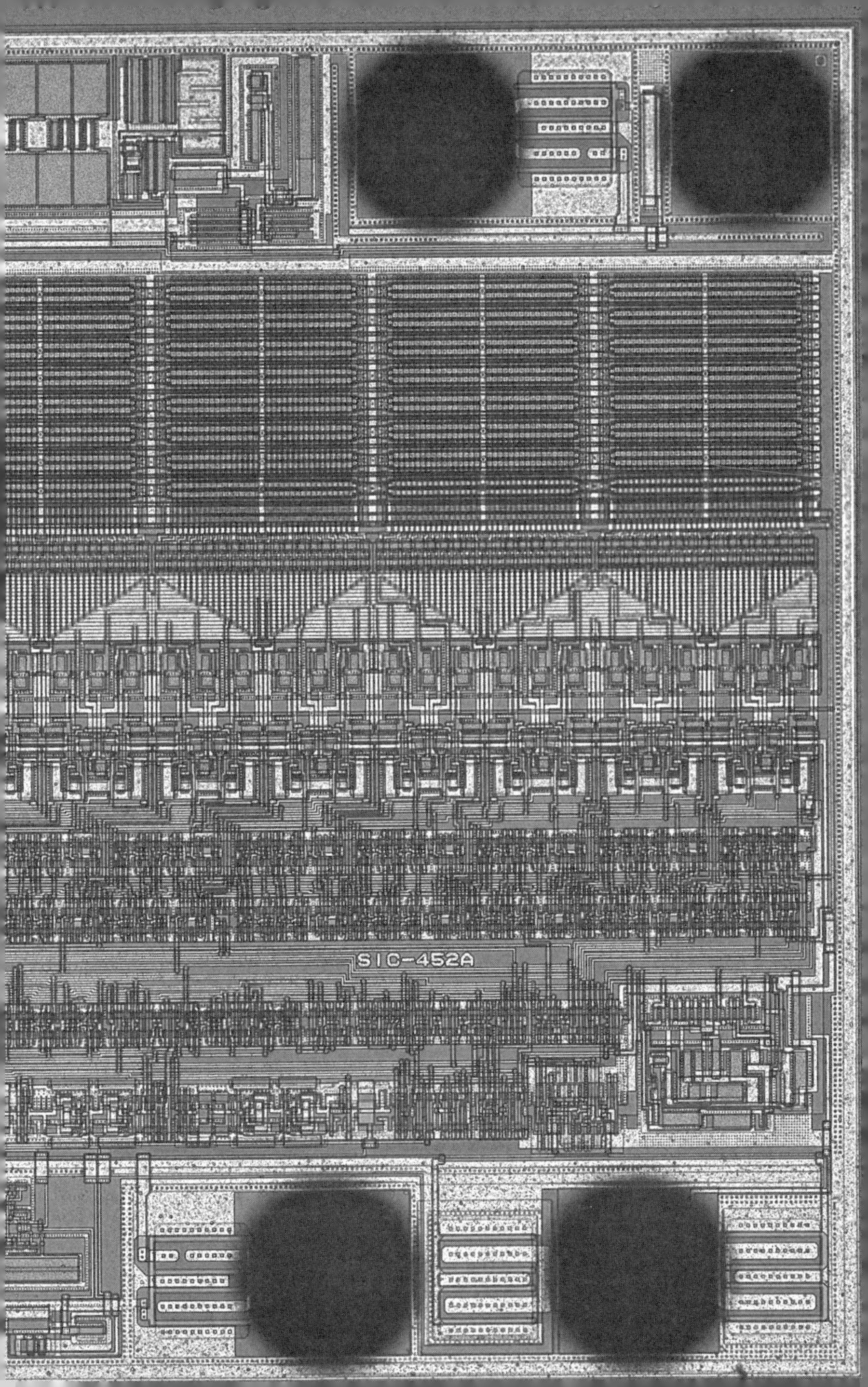
SIC-452A

Achtung, Gedächtnis aktivieren, denn »vorhin« bedeutet bei ihm nämlich nicht unbedingt »vor einer halben Stunde« oder »vor einer Minute«, sondern es kann gut sein, dass er irgendetwas rauskramt, worüber wir vor Tagen oder sogar Wochen gesprochen haben. »Vorhin« heißt nur, dass er auf dem Gedanken im Interrupt weiter rumgebrütet hat.

»... ob ich mir mein Leben so mit sechzehn vorgestellt hätte.« Ach, die Sache.

Die Frage ist an sich völlig akademisch, denn eigentlich hatten wir früher überhaupt keine Vision von unserer Zukunft – von der Sache mit dem Loft und den Models aus »Addicted to Love« mal abgesehen. Allein das Jahr Zweitausend erschien einem Teenager in den Achtzigern so unendlich weit weg. Unmöglich, sich das vorzustellen. Wir würden erfolgreich sein, irgendwie, ganz bestimmt, und wir würden 1999 Party machen, naja, als ob 1999 wäre, wie ein kleiner Mann, der damals noch Prince hieß, sang. Alles andere lag im Dunkeln.

Ohne die Straße aus den Augen zu lassen, steige ich ins Thema ein. »Alles jenseits von Zweitausend konnte ich mir einfach nicht vorstellen. Dreißig werden, vielleicht heiraten, Kinder kriegen – das war Eltern-Zeugs, darüber wurde nicht mal nachgedacht«

Nick lacht etwas verkrampft. »Allerdings.« Er hat gut lachen. Er hat das Erwachsenending gut im Griff, mit Sabina, seinem Haus und seinem Posten, der Rest ist doch nur noch Formsache. Wenn in ein paar Monaten der Herbst kommt und der Hausmeister vor dem Dorint seinen Laubbläser anwirft, werde ich ihn wieder ein bisschen beneiden, vielleicht sogar ein bisschen mehr als im letzten Jahr. Einen eigenen Laubbläser besitzen oder sogar einen *Hochdruckreiniger* und damit dann mal so richtig saubermachen vor dem Haus – das wär's. Bei der Gelegenheit könnte ich gleich noch einen Bewegungsmelder für die Lampe neben der Hausnummer installieren.

Aber warum hatte Nick das Thema überhaupt nochmal angeschnitten?

»Ja, und?«

Er guckt etwas verlegen weg.

»Na ja …«

Jaja, wunderbar, tolle Rede, Mann, aber nicht jetzt! Ich klopfe ihm auf die Schulter. »Sorry, aber da drüben kommt ein Taxi!«

Wir boxen uns durch die Menge zum Rand des Bürgersteigs durch. Von hinten kommt ein erbostes »Hey«. Kein gutes Gefühl, zu den Kosmoproleten zu gehören, die rumrempeln und zuhause nur erzählen, wie viel sie auf dem Hin- und Rückflug getrunken haben.

Beim Einsteigen mustert uns der Fahrer neugierig: zwei Europäer mit irgendwelchem Elektroschrott unterm Arm – diese Rucksacktouris werden auch immer seltsamer.

»To the Towers?«, fragt er mit einem breiten Lächeln.

Wir müssen beide lachen.

»Why not?«, rufe ich an Nicks Schulter vorbei.

$002C Okay, das Spiel heißt: über die Wupper gehen. Die Regeln sind einfach: Einer muss eine Sache erwähnen, die man früher supercool fand, also zum Beispiel einen Film oder eine Fernsehserie, Schauspieler gehen auch. Und der andere muss dann sagen, wann derjenige oder die Sache über die Wupper ging, also uncool wurde. Ein einfaches Spiel, wenn man a) leicht verbittert und b) leicht angetrunken ist. Zweimal ein klares *positive*: Wir sitzen vor dem höchsten Gebäude der Welt, das übrigens auch von Nahem aussieht, als wäre es von einem Konditorlehrling designt worden, und machen unser viertes Tiger-Bier auf.

Das heißt, wir machen die Flasche tarnmäßig im Innern einer brauen Papiertüte auf, da wir bisher noch niemanden in Kuala Lumpur gesehen haben, der öffentlich Alkohol trinkt. Wahrscheinlich gibt's dafür dreißig Stockschläge auf den Rücken, so singapurmäßig. Also besser tarnen.

Wir sitzen auf einer Treppenstufe direkt am Fuß der ach so tollen Türme und schauen – Punk! – in die andere Richtung, also vom Gebäude weg. Nach den Trophäen-Ehefrauen zu urteilen, die an uns vorbeihetzen, scheint drinnen ein Luxus-Einkaufszentrum untergebracht zu sein. Die kleinen Stückchen Frau, die nicht von riesigen italienischen Sonnenbrillen oder einem Schleier verdeckt werden, sehen nach der Arbeit guter Schönheitschirurgen aus. Reihenweise Beachvolleyballerinnen mit einem perfekten hellbraunen Teint tänzeln an uns vorbei, an zwei Pennern in nassgeschwitzten Shirts.

Ein großer Teich, der die Form eines Firmenlogos hat, nimmt einen Großteil des Platzes ein. Da er so groß ist, kann man nicht erkennen, um welche Firma es sich handelt – OCP vielleicht. In seinem Wasser spiegeln sich die Fassaden der Hochhäuser gegenüber. Ab und zu, wenn der Wind gut steht, weht eine kühle Brise vom Teich rüber, der fast bis zu unseren Füßen reicht. Die Luft riecht schon ein bisschen nach Abend; noch eine halbe Stunde, und der Ofen KL kühlt sich endlich ab.

Ich starte unser Spiel mit etwas Einfachem.

»John Cusack?«

Der Beifahrer lästert gierig los: »Ging direkt nach dem *Volltreffer* über die Wupper. Dreht heute romantische Komödien, in denen sich Hundebesitzer im reifen Alter ineinander verlieben.«

Also etwa schwieriger. »Arnold Schwarzenegg...«

»... angezählt nach dem Film mit Danny DeVito, in dem er einen schwangeren Mann spielt, ausgeknockt mit *Jingle all the Way*, diesem unsäglichen Weihnachtsscheiß!«

»Rocky?«

Wie jeder Junge unseres Jahrgangs hat auch Nick irgendwann mal ein rohes Ei runtergewürgt, um für einen Moment so wie Rocky zu sein; doch wie bei vielen anderen hielt der so geschlossene Bund mit Mister Balboa nicht allzu lange.

»Teil III, als Stallone gegen Hulk Hogan kämpft. Da wurde Rocky zur Witzfigur«, rattert Nick voller Abscheu runter.

»Star Wars?«

Er muss zögern. »Eigentlich würde ich sagen *Episode I*, der Moment, in dem angedeutet wird, dass Anakin Skywalker unbefleckt empfangen wurde.« Kurze Denkpause. »Aber eigentlich war Lucas schon mit den Ewoks in der *Rückkehr der Jedi-Ritter* über die Wupper gegangen.«

Ich sehe da einen größeren Zusammenhang. »Vielleicht auch schon vorher? *Star Wars* gehört zu den Sachen, die – wenn man mal richtig drüber nachdenkt – nur als *Idee* gut sind und die sich ohne den Nostalgiefaktor in nichts auflösen.«

Nick guckt so angewidert, als müsste er Haare aus einem verstopften Waschbecken ziehen. Wenn ihm ein Gedanke gefällt, dann der, dass die *Klassiker*, wie er sie nennt – also alles, was in seiner Kindheit cool war –, eben doch keine *Klassiker* sind. Dass die Filme, Spiele und Helden am berühmten Ende des Tages über das reine Ey-weißte-noch-Geschwärme hinaus überhaupt keinen Wert haben. Für ihn undenkbar. Er ist felsenfest davon überzeugt, dass die alten Sachen fast immer auch besser sind. Deshalb spielt er auch so gerne bei *über die Wupper* mit: Es gibt ihm die Gelegenheit, ganz genau festzulegen, wann das Neue kam – und damit der Abstieg begann.

Sein Gegenangriff lässt nicht lange auf sich warten, und er startet ihn, gar nicht doof, über die erotische Flanke: » Prinzessin Leia im Metallbikini hat also keinen Wert?« Augenzwinkern.

Ein fieser Trick. Mir bleibt nichts übrig, als zu kapitulieren. »Okay, der Punkt geht an dich.«

So richtig scheint sich Nickybaby aber nicht über den Sieg zu freuen. Zwischen seinen Augenbrauen wirft sich diese Falte auf, in die er seine gesamte Sorge über die Welt von heute packt – ein sicherer Vorbote für einen nahenden Retroanfall. Und dann ist es auch schon so weit. Mit düsterer Mine beginnt er, in seine Biertüte hineinzulamentieren.

»Gibt es überhaupt wen, der nicht über die Wupper gegangen ist?«

So leicht darf der Yesterday Man nicht gewinnen!

»Klar: Eastwood, Bowie, James Last. Alle top bis zum Schluss.«

Obwohl er eigentlich nicht will, muss Nick grinsen. Doch dann setzt er zur nächsten Strophe in seinem großen Klagelied über die Welt an, die über die Wupper gegangen ist.

»Nehmen wir mal die Nasa ...« Ein bitteres Beispiel, stimmt. Niemand genoss bei uns früher mehr Respekt als die Nasa. Alles, was die Jungs in Houston anpackten, war perfekt, am technischen Limit, ausgereift. Deshalb mussten alle Sachen, die auch nur im Entferntesten mit der Nasa oder mit Raumflug zu tun hatten, angeschafft werden – bis hin zum Astronauten-Kuli, der auch in Schwerelosigkeit oder an der Decke schreiben konnte.

Nasa, das war Nerdtum in Vollendung. Eine Traumwelt, von der jeder ein Stückchen abhaben wollte. Deshalb wird es am Ende dieser Mission nochmal ordentlich krachen, nämlich dann, wenn es darum geht, wer den Grid behalten darf – den *Space-Shuttle-Laptop*!

Mitte der Achtziger ging dann der Scheiß los: Challenger – okay, konnte man noch als bedauerlichen Unfall abtun. Dann haben die Ingenieure *Meter* mit *Fuss* verwechselt und so die Marssonde Climate Orbiter noch vor der Landung gegrillt. Und spätestens als rauskam, dass die Nasa die einzigen hochauflösenden Filmaufnahmen von der Mondlandung ein paar Jahre lang verbummelt hatte, krepierte die Legende. Der Stoff, aus dem die Helden waren, wurde plötzlich der Stoff, aus dem billige Witze sind.

Nicks Stimme senkt sich wie zum Gebet. »... und am Schluss waren sie nur noch Beamte.«

Mit bleibt nichts übrig, als betroffen zu nicken. Seine Analyse trifft den Nagel auf den Kopf. In der Hoffnung, wieder in fröhlichere Welten eintauchen zu können, stoße ich mit meiner Tüte gegen seine Tüte und bringe einen Toast aus.

»Auf die alte Nasa!«

Doch der Beifahrer ist noch nicht fertig. Mit glänzenden Augen schaut er zu den Türmen hoch, während er einen tiefen Schluck aus seiner Tüte nimmt. Jetzt kann das Schlusswort nicht mehr weit sein.

»Stell dir mal vor.« Er zeigt auf den Brückengang, der die Türme verbindet. »Ungefähr bis da hin reichte die Spitze der Saturn-V-Rakete, mir der sie zum Mond geflogen sind – das größte und schwerste Fluggerät, das die Menschheit jemals gebaut hat ...« Alles klar, theatralische Wortwahl, jetzt kommt gleich das große *Überhaupt* und dann ist Schluss. »... und überhaupt: Selbst wenn die Amis wollten, könnten sie keine Saturn-V mehr bauen, weil die Techniker das nötige Wissen mit ins Grab genommen haben. Davon ganz abgesehen, dass niemand mehr genug Geld für so eine Aktion locker machen könnte. Mit dem Mondflug ist es genau dasselbe wie mit der Concorde: Kein Land oder kein Unternehmen auf der Welt hätte mehr die Milliarden, um einen neuen Überschalljet zu bauen oder sonst eine große Vision zu verfolgen. Nein, ich sag's dir: Die zweite Hälfte des zwanzigsten Jahrhunderts wird als goldene Ära der Hardware in die Geschichte eingehen. Und man wird uns noch heftig dafür beneiden, dass wir das mitgekriegt haben!«

Am liebsten würde ich »Amen« sagen, doch dann würde die Predigt weitergehen. Also murmele ich nur »wahrscheinlich« und starre entschieden solidarisch in den Himmel.

Warum schmeckt Bier eigentlich besser, wenn man beim Trinken mehr als hundert Meter freie Sicht in die Ferne hat? Sogar dieser lächerliche Teich schafft es, die Tiger-Plörre zu adeln und die goldene Stunde noch etwas goldiger zu machen. Die Aussicht tut einfach gut, und dass die Bodenfliesen noch glühen, obwohl uns die Türme längst mit ihren Schatten eingeholt haben, auch. Kühl von oben, warm von unten, Panoramablick – was will der Rentner mehr?

Ruhe vielleicht. Aber die gibt's nicht. Denn direkt vor unserer Nase turnt ein kleiner malayischer Junge mit einer Handycam rum. Er fuhrwerkt wild mit dem Zoomhebel herum und schreit dabei ständig Regieanweisungen zu seinen Eltern rüber, die sich gerade eben mit einem lauten Stöhnen auf den Stufen neben uns fallen gelassen haben. Um ihnen zu zeigen, wie schlaff sie aussehen, dreht der Junge kichernd das Display um.

Mensch, das ist es!

$002D Zuzugeben, dass er was nicht weiß, war noch nie die Stärke des Beifahrers. Und sollte sich ausnahmsweise doch mal eine Wissenslücke auftun, versucht er alles, damit es nicht auffällt. Das läuft immer gleich ab: Erst mal rettet er sich mit einem »so« über die Runden. Anstatt zu sagen »wusste ich nicht«, eiert er rum und behauptet »das wusste ich *so* nicht«. Das soll dann klingen, als ob er es *anders* gewusst hätte, sich aber nicht an die trivialen Details erinnern kann. Danach startet er sein nächstes Ablenkungsmanöver: Er lässt sich alles genau erklären, nickt währenddessen wohlwollend und schiebt ein »exakt« oder »genau« dazwischen. Mit dieser Taktik erreicht er, dass man am Schluss das Gefühl hat, *er* habe einem was erklärt.

An diesem Punkt sind wir fast angekommen. Der Beifahrer nickt doller als ein Wackeldackel auf der Rückbank eines Audi 100, während er ständig dazwischenquatscht – »ja, doch, klar, Pixelvision, ich erinnere mich«.

Ich lasse ihm den Spaß und klappe den Dienstrechner auf, um aus dem DCSNet schnell die Details zu meiner Theorie zu fischen. So, wie es aussieht, stehen wir kurz davor, das Rätsel der Kassette aus Irvings Apartment zu lüften.

Mal sehen, ob mir auch so eine kulturhistorische Einordnung gelingt, wie Nick sie zu allem und jedem aus dem Ärmel schütteln kann. »Also: 1987 bringt Fisher Price in den USA eine Videokamera für Kinder raus. Das Medium Musikvideo ist auf dem Höhepunkt seiner Popularität angekommen. Es ist das Jahr legendärer Clips wie *Land of Confusion* von Genesis – das mit den Puppen aus Spitting Image ...«

Nick gackert vor sich hin. »Und nicht zu vergessen das Hair-Metal-Meisterwerk der Dekade: Whitesnake mit *Here I go again*. Unerreicht die Dame auf der Haube des Jaguar.«

Weiteres Kichern, leichtes Erröten. Wie hält Sabina nur diese geballte Verklemmtheit aus? Keine weiteren *Tiger* in deinen Tank, Dude, sonst kriegen wir das Tape heute nicht mehr geknackt.

Das ist meine Show, verdammt! Ich versuche, meinen Vortrag seriös fortzusetzen. »Jedenfalls bringt Fisher Price dieses Teil raus, die PXL2000. Mit der Kamera kann ab sofort jeder Junge sein eigener Videoregisseur sein, und das für gerade mal 100 Dollar.« Herrlich, ein Produkt, das 2000 im Namen trägt, eigentlich eher typisch für die Siebziger.

Wir checken das Foto aus dem Netz. Die Kamera sieht aus wie eine Super-8-Kamera für Barbies, mit abgerundeten Ecken und dem damals üblichen Overkill an Knöpfchen und Schiebereglern. Quer über das klapprige Plastikgehäuse zieht sich ein hässlicher Rallyestreifen mit dem Schriftzug PXL2000 drauf. Unten aus dem Klotz schauen vier überdimensionale Tasten raus: Record, Play, Rewind und Stop – genau wie bei einem Kassettenrekorder. Und ziemlich genau das war die Pixelvision auch.

»Und jetzt kommt der Hammer: Weil die Kids sich kein teures Bandmaterial leisten können, zeichnet die Kamera ihre Bilder auf eine stinknormale Audiokassette auf. Video auf *Musikkassette*!«

Obwohl Nick den Kopf sehr wissend zur Seite gekippt hat, merke ich, dass er von dem Teil noch nie gehört hat. Kee: 1 – Nick: 0. Yess!

Es ist Zeit, unbarmherzig wie mein großes Vorbild zur Detailschaufel zu greifen: »Damit die Bilddaten auf das Tape passen, läuft das Band mit gut *achtfachem Tempo* durch. Bei normalen Tempo abgespielt, dürfte das ziemlich seltsam klingen. Kommt uns bekannt vor, oder? Na ja, jedenfalls schaffen es die Techniker von Fisher Price mit ihren technischen Tricks tatsächlich, ein paar Minuten Film – schwarz-weiß, versteht sich – auf eine Neunzig-Minuten-Kasi zu quetschen.« Und jetzt, mein lieber Watson, kommen wir zum alles entscheidenden Beweis. »Dabei zeichnet die Pixelvision die Bilddaten auf dem linken Kanal auf und den Ton auf dem rechten.«

Nicks Mund steht offen. »Echt?«

»Echt.« Genau wie bei der Kassette aus Irvings Bude.

Ich überfliege den Rest der Info.

»Na ja, das Teil floppte jedenfalls gewaltig und wurde 1989 wieder vom Markt genommen. Bei dem Mördertempo, den das Band draufhatte, rissen die Antriebsriemen andauernd; außerdem kriegten es kleine Kinder mit der Angst, wenn sie die Filme anguckten, weil durch die billige Optik alle Gesichter wie Gespenster aussahen.«

»Ich bin der Choppeeeer«, röchelt Nick. So albern war er schon lange nicht mehr drauf – an sich erfreulich, nur im Moment etwas ungelegen.

Die Info, dass die Pixelvision-Kamera danach hauptsächlich von lesbischen Independent-Filmerinnen benutzt wurde, spare ich lieber mal aus. Sonst kriegt sich der alte Klemmi überhaupt nicht mehr ein.

Ich schiebe den Rechner zu ihm rüber.

»Wir haben einen Auftrag, würde ich sagen.«

Sofort findet Nick zu alter Dienstbeflissenheit zurück. »Alles klar. Mal sehen, wie es in Vaters Höhle ausschaut!«

$002E Ein neues Taxi, ein neuer Inder, die Achterbahn setzt sich wieder in Bewegung, diesmal zurück ins Hotel.

»Komm schon, komm schon, komm, kleiner Schlagmann, mach mit!«

Nick trommelt gegen die Portabdeckung des Dienstrechners, als ob er ein lahmes Pferd über eine letzte Hürde peitschen müsste. Wenn auf eine Sache Verlass ist, dann die: Sobald ihn eine Maschine zum Duell auffordert, ist alles andere vergessen: die Schwüle, die Müdigkeit, sogar die Tiger-Biere. Da ist er echt launisch im positivsten Sinn.

Hoch konzentriert wie ein Formel-1-Pilot vor dem Start scannt Nick die Zeilen auf seinem Bildschirm; dabei zucken seine Pupillen mit einem fast erschreckenden Tempo hin und her. Ob ihm die Databorgs irgendein Zeug mitgegeben haben, Speed oder so?

Um der Musikkassette die Videobilder zu entlocken, reicht meine lächerliche Technik-Einführung natürlich nicht aus. Das waren profane Informationen für *Anwender*, die FAQ. Für die echte

Arbeit muss der Profi zurück an die Quelle gehen. Ein paar Großbuchstaben huschen über Nicks Bildschirm.

NUMBER 5,010,419 APPARATUS FOR STORING VIDEO SIGNALS ON AUDIO CASSETTE.

Er scannt die Patentschrift der Pixelvision-Kamera nach Hinweisen, die uns helfen können, die Daten auf der Kasi zu entschlüsseln. Den Ton auf dem rechten Kanal haben wir ja schon, jetzt fehlt nur noch das Bild.

»Looking for the gift of sound *and vision*«, spricht er vor sich hin, während er die Bildschirmseiten ohne anzuhalten runterscrollt; schnell lesen konnte er schon immer, aber er ist noch besser geworden in den letzten zwei Jahren. Die Welt um ihn herum hat er längst ausgeblendet. Keine Klage über das sperrangelweit offene Fenster des Taxis, durch das der Klang von Kuala Lumpur wie ein Presslufthammer hereindröhnt. Kein Kopfschütteln über das Mördertempo, mit dem der Inder den Wagen durch die Rush Hour hetzt. Kein Gemecker über den Hiphop, der so laut aufgerissen ist, dass die Boxen in der Hutablage klingen, als ob jemand Papier zerreißt. Dieses Sitar-Sample, ist das nicht Panjabi MC? Was für ein Klischee, so, als würde man am Münchner Hauptbahnhof ins Taxi steigen und der Fahrer hätte die Zillertaler Herzbuben eingelegt.

Nachdem er die technischen Daten des Pixelformats innerhalb von zwei Minuten inhaliert hat, fischt Nick die digitale Kopie der Kassette aus dem Speicher des Dienstrechners und macht sich an die Arbeit. Wie er den Bitstrom wohl in Bilder umwandelt? Er sieht jedenfalls aus, als wüsste er, was er tut. Gezielt klickt er sich durch seinen digitalen Werkzeugkasten und doziert weiter vor sich hin.

»Okay, unser Fehler war, dass wir auf der Kassette nach einem Programm gesucht haben. In Wirklichkeit ist der Bit-Salat, den wir bei achtfacher Bandgeschwindigkeit empfangen haben, ein digitales Fernsehsignal, und zwar eines, das brutalst zusammengekloppt wurde. Geht ja auch nicht anders: Ein normales Bild hat vertikal 576 Pixel. Das ist 'ne Menge Holz und passt nie und nimmer auf eine Audiokassette, nicht mal bei achtfachem Tempo. Also haben die Ingenieure bei Fisher Price ordentlich abgespeckt: Die Pixelvision-Cam zeichnet nur 120 mal 90 Pixel auf, schwarz-weiß. Statt zwei Megahertz ist so nur eine Trägerfrequenz von 100 Kilohertz nötig, die kriegt man auf eine beschleunigte Kasi gerade noch so drauf.«

Bahnhof, Nickybaby, Bahnhof.

Er schaut mitleidig zu mir rüber.

»Mann, je schneller ein Magnetband läuft, desto höher ist die Bandbreite – logisch, oder?«

Ein malayischer Polizeiwagen sprintet auf der Standspur vorbei; die Cops tragen verspiegelte Brillen und bewegen ihre Köpfe keinen Millimeter.

Zoom, wir rasen unter den Betonpfeilern der Einschienenbahn durch. Direkt dahinter kassiert der Taxifahrer einen klapprigen, grünen Bus, der eine schwarze Dieselfahne hinter sich herzieht. Hinter der Betonbarrikade, die die Spuren der Stadtautobahn trennt, tauchen kurz die oberen Stockwerke unseres Hotels auf. Wenn der Fahrer weiter so heizt, sind wir in zehn Minuten da. Und was dann? Was, wenn die Typen mit dem schwarzen Geländewagen da schon warten?

Nick jetzt darauf anzusprechen wäre Schwachsinn. Er ist im *Flow,* wie nach drei Stunden *Commando* zocken am Stück, er hat auf Autopilot geschaltet, sitzt im Tunnel. Ihn da jetzt rauszuholen, würde auch nichts bringen. Nein, je schneller wir rauskriegen, was auf dem Band drauf ist, desto besser; vielleicht wissen wir ja dann, warum die Typen hinter uns her sind.

Wie besessen hackt der Beifahrer immer neue Werte in die Eingabefelder des Video-Analyseprogramms. »Bin fast da, bin fast da«, murmelt er, als ob er meine Gedanken lesen könnte. Keine Angst, niemand wird dich beim Zielanflug stören.

»Jetzt noch den schwarzen Rand berücksichtigen ...«

»Welchen Rand?«

»Weil das Videobild selbst so klein ist, hat die Pixelvision einen schwarzen Kasten drum herum gerechnet, damit man sich das

Ganze auf einem normalen Fernseher angucken kann. Also quasi Bild-im-Bild.« Weiteres Tastaturhacken. »Kleine Warnung schon mal: Bild und Ton werde ich nicht ganz synchron kriegen ...«

Was bist du denn für ein *German Engineer*? Das macht dann nochmal zwanzig Stockschläge, Dude.

Das Taxi donnert so heftig über ein Schlagloch, dass Nick fast der Rechner vom Schoß kippt. Es ist höchste Zeit, dass wir mal wieder in einem eigenen Auto sitzen. Wie der Beifahrer nur dieses Beifahrertum aushält? Ohne Lenkrad in der Hand ist doch überhaupt kein klarer Gedanke möglich. Sollte irgendwann mal der Individualverkehr total abgeschafft werden, sitze ich hoffentlich schon sabbernd im Altersheim.

Das Taxi taucht in die Palmenhaine des Stadtwalds ein. Sofort weht es ein bisschen kühler rein. Man kann schon fast das Fenster unseres Zimmers an der Hotelfassade abzählen: einundzwanzig Stockwerke nach oben, dann ganz in die Mitte.

Nick schwitzt wie ein Schwein. »Jetzt nur noch ...«, presst er zwischen den Zähnen raus, während er auf seiner Unterlippe rumkaut.

Ich tippe den Fahrer an der Schulter an und zeige auf die Straßenecke vor unserem Hotel. »You can drop us off over there!«

»Very well, Sir«, antwortet der Inder überfreundlich. Er spricht viel zu laut und deutlich – halt auf diese Art, an der man Leute erkennt, die ihr gesamtes Leben lang ständig Kontakt mit Menschen hatten, hinter einer Theke oder eben dem Steuer eines Taxis.

Jetzt hilft nichts mehr: Ich muss Nick zurückholen.

»Alter?«

»Was?«

»Alter, wir sind da!«

»Trifft sich gut ...«

Ich schaue beim Abschnallen rüber. »Warum?«

Nick grinst extrabreit. »Willkommen in Vaters Höhle!« Er setzt dazu an, den Rechner rumzudrehen. Doch bevor er zu seiner legendären Handbewegung ansetzen kann, steigt der Taxifahrer voll in die Eisen, um nicht an der Hoteleinfahrt vorbeizudonnern.

$002F Man hört ja immer wieder von diesen Snuff-Streifen, in denen angeblich echte Menschen beim Sterben gefilmt werden. Sollte es die wirklich geben, fangen sie sicher so an.

We're on a road to nowhere. Come on inside ...

Genau an dieser Stelle des Videos müssten eigentlich die Talking Heads laufen. Aber es läuft gar nichts, denn der Beifahrer hat den Ton doch nicht hingekriegt. Dafür das Bild. Aber das alleine reicht schon. Aus dem Augenwinkel sehe ich, wie sich die Haare auf Nicks Unterarm aufstellen – trotz fünfundzwanzig Grad im Schatten.

Wir starren auf eine schwarz-weiße Straße, die so gerade am Horizont verschwindet, als hätte sie ein Schüler gemalt, der im Kunstunterricht gerade die Fluchtpunktperspektive gelernt hat. Es ist eine kleine Straße, ohne Mittelstreifen, auf beiden Seiten von hohen Bäumen gesäumt. Von der Landschaft neben dem Asphaltband ist nichts zu erkennen; vielleicht Wüste. Langsam quält sich die Kamera voran, genau, das sind *Pappeln* am Straßenrand.

Warum Pixelvision floppte, ist jetzt auch klar. Die fahlen Bilder sehen aus wie eine Live-Übertragung aus dem Jenseits, wie ein Nahtod-Erlebnis – nein, genau! – wie die Bilder aus den Zielkameras der Stealth-Bomber.

120 mal 90 Pixel – wie niedlich, erinnert an die Videos aus frühen Netztagen, als noch die süße Jennycam auf Sendung war und nicht nur versaute Cam-Huren. Als *BigVideos* bedeutete, dass das Wiedergabefenster auf dem Bildschirm so groß war wie einer dieser gelben Haftnotizzettel. Als es mal ganz gut für uns lief.

Es war die Ära der Wunderkinder, von Shawn Fannings Napster und Marc Andreessens Netscape. Eine Zeit lang sah es damals aus, als bekämen wir, die Computerkids der Achtziger, endlich das, was uns schon immer zustand: die Weltherrschaft, zum Beispiel.

Am Schluss haben wir den ganz großen Fisch – so mit Millionen und Börsengang – zwar nicht an Land gezogen, aber immerhin: Nick wurde von seinem Prof damit beauftragt, die Seite des Lehrstuhls im Netz zu renovieren; dass er nur noch pro forma eingeschrieben war und eigentlich gar nicht mehr studierte, hatte wohl keiner bemerkt. Selbst ich durfte bei dem Job mitmischen und ein paar extrem stylische animierte GIF-Grafiken beisteuern, so was in Richtung UNDER CONSTRUCTION. Doch die Sache lief nicht rund, vielleicht, weil wir zu viel Frisbee im Park spielten. Letztendlich hat dann irgendein Ersti die Sache übernommen. Nicks Entwurf war technisch wahrscheinlich so weit draußen, dass außer seinem eigenen Rechner kein anderer auf diesem Planeten die Seite anzeigen konnte.

Schnitt. Der Bildschirm wird schwarz.

»Was soll das?«, murmelt Nick, nachdem er den Dienstrechner ein bisschen auf der Liege zurechtgerückt hat. Gleich hoch aufs Zimmer zu gehen haben wir uns noch nicht getraut – wegen *ihnen*. Vor der Tür des Hotels und in der Lobby ist uns zwar niemand aufgefallen, aber man weiß ja nie. Um auf Nummer sicher zu gehen, hängen wir jedenfalls erst mal am Hotelpool ab, was sich als ziemliche Scheiß-Idee herausgestellt hat. Denn der Garten ist so leer wie ein Seebad in der Vorsaison, sodass wir total auf dem Präsentierteller sitzen. Menschen sind der beste Schutzschild – weiß doch jeder Sofa-Agent!

Um uns herum rascheln Palmblätter im Abendwind. Wie nett, das würde auch unseren Müttern gefallen, bis auf die Mücken und die Stadtautobahn hinter der Hecke vielleicht.

Auf den paar Metern vom Taxi hierher ist es stockdunkel geworden, einfach so. Die Sonne ging nicht unter – sie stürzte ab. Jetzt leuchtet nur noch das Wasser des Pools diabolisch unsere Hälse hoch. So hellblau angestrahlt sieht Nick original aus wie Spock, wenn er in dieses Gerät schaut, das immer alles Mögliche anzeigt.

Ob die netten Kellner mit den bordeauxroten Westen wohl auch einen Drink hier rausbringen? Zimmerservice – das ist echt einer der großen Vorteile bei dem ganzen Business-Spielchen. Früher auf unseren Forschungsreisen hätten wir uns eher die Hand abhacken lassen, als zum Telefonhörer zu greifen und uns was zu essen kommen zu lassen. Denn das hätte bedeutet, zuhause noch eine Woche länger nur von Mirácoli zu leben, um das Geld wieder reinzuholen. Jetzt spielt es keine Rolle mehr, solange man – *ja Nick!* – eine Quittung vorweisen kann.

Da, das Daumenkino aus der digitalen Vorzeit zuckelt wieder los. Das muss die Höhle sein! Pechschwarzes Bildschirmrauschen, dann taucht von unten langsam ein Fußboden auf; er wackelt bei jedem Schritt des Kameramanns hin und her. Wie bei *Doom*. Heimatgefühle. Und es geht Egoshooter-mäßig weiter. Die Kamera schwankt durch einen kreisrunden Tunnel, der rundherum mit Wellblech ausgekleidet ist. Eine Druckschleuse kommt ins Bild. Auch sie ist kreisrund, wie die Tür zu einem Schweizer Banktresor. Dann wieder Bildausfall. Schwarz, weiß, der Kameramann ist wohl unter einer Lampe durchgelaufen. Fuck, die Framerate des Videos ist ja unterirdisch. Haha.

Da, eine neue Kulisse, mit viel mehr Hightech. Schwenk über Metallfronten mit großen Schaltern und Warnschildern.

»Unterbrechungsfreie Stromversorgung«, flüstert Nick. Besitzt Irving wirklich ein eigenes Rechenzentrum?

Schwenk zurück. Tatsächlich. Eine kleine Reihe von Rechnerschränken. Schwenk nach oben. Unglaublich, der Raum ist mehrere Stockwerke hoch und halbrund, wie die Kuppel einer Kathedrale, nur aus Beton. Genüsslich zittert die Kamera den gesamten Stahlbetonbogen ab. Bei der Datacorp haben wir ja schon einige subterrane Installationen gesehen, aber so was noch nie. Das muss die Stelle sein, wo der Typ *this place is awesome* sagt. Und es ist keine Übertreibung. Dieser Ort ist der Hammer.

Wieder Blackout. Hektik. Jetzt ist dem Kameramann wohl eingefallen, dass die Kassette schon fast voll ist, denn auf einmal macht er nur noch Schnappschüsse, keiner länger als zwei Sekunden. Rasender Schwenk durch den Raum; viel Platz für wenige Rechner, die Schränke stehen in der Mitte der riesigen Halle wie ein Altar. Nahaufnahme auf den Rechnerschrank. Was ist das? Nicht die üblichen Blades, sondern große weiße Kästen, jeweils drei übereinander. Auf dem obersten liegt etwas, eine Tortenabdeckung aus Plastik. Definitiv keine neue Technologie – oder von unserer Welt.

»IBM 3330«, stellt Nick fest, »100-MB-Wechselplatten, Mitte der Siebziger auf den Markt gekommen. Angeschlossen an einen Series/1-Mikrocomputer.«

Damit wäre meine Alien-Vision wohl gekillt, schade. Immer wieder beschämend, wie gut er die technischen Handbücher auswendig gelernt hat, die uns unser Brötchengeber zu Beginn unseres, ja, *Anstellungsverhältnisses* rübergeschoben hat. Meine Aufmerksamkeitsspanne reichte nur für das Inhaltsverzeichnis plus ein paar Seiten, mehr war nicht drin. Nobody reads the fucking manual, oder? Nick reads the fucking manual, und wieder mal hat es sich ausgezahlt. Sollte das die Lektion der Arbeitswelt sein – lies die Gebrauchsanweisung und bringe es zu was? Deprimierend.

Noch ein kurzer weißer Lichtblitz, dann endet die Aufzeichnung.

»Wow«, stellt Nick fest.

»In der Tat, aber was haben wir gerade gesehen?«

»Ein privates Datenarchiv, würde ich tippen.« Er sagt das so, als ob man so was heutzutage einfach im Keller haben muss.

»Ja, aber die Räume ...«

»Die waren in der Tat komisch. Wie ...«

»... ein Bunker.«

Nick kippt unschlüssig den Kopf hin und her. »Schon, aber die Halle am Schluss war doch ein bisschen zu groß für einen stinknormalen Bunker.«

»Ich fasse zusammen: Dr. Irving hat sich irgendwo auf der Welt ein nettes unterirdisches Plätzchen für seine Sicherheitskopien eingerichtet. Kein Wunder, dass in seiner Bude keine Disketten für den Grid rumlagen. Derart profane Speichermedien hat der schon in den Siebzigern hinter sich gelassen.«

Der Beifahrer schaut zustimmend. »Bleiben zwei Fragen.«

»Wie hat er die Daten da hingekriegt ...«, lege ich vor.

»... und wo genau liegt Vaters Höhle?«, locht Nick ein.

Aber vielleicht haben wir das fehlende Glied längst gefunden, ohne es zu merken. Dieses Symbol, das auf dem Grid erschien, als ich vorhin auf der Kiste rumgedrückt habe – diese Brezel. Das könnte auch ein Telefonhörer sein. Und Nick hat ihn wirklich übersehen.

$0030 Zurück im Hotelzimmer, zurück in der *Interzone*, das beruhigt die Nerven. Über den Fernseher, der diskret in die dunkel getäfelte Wand eingelassen ist, flimmern die Abendnachrichten von BBC World. Was das Hotel wohl dafür kriegt, dass der Kanal voreingestellt ist und automatisch beim Reinkommen angeht? Die Bettdecken sind so glatt gestrichen wie eine Eislaufbahn, das Personal hat die Schokoladenstückchen auf den Kopfkissen perfekt zentriert. Alles sauber, alles wieder unter Kontrolle, ein schönes Gefühl. Es muss was haben, wenn einen so was zuhause erwartet – und nicht der gärende Müll, den man vergessen hat, vor der Dienstreise rauszubringen.

Nachdem wir einen vorsichtigen Blick in alle Zimmer geworfen haben, spulen wir wortlos das Verwaltungsprogramm ab, in absteigender Wichtigkeit. Zuerst alle Geräte wieder zum Aufladen an die Steckdose hängen, dann duschen und neue T-Shirts anziehen. Ich wasche im Bad die Wunde an der Hand aus; noch sieht der Schnitt okay aus, ohne roten Rand oder so.

Die *Interzone*, das ist der natürliche Lebensraum des Ignoranten. Sie beginnt eigentlich schon hinter der Sicherheitskontrolle im Flughafen, zwischen Check-in und Abfluggate. Hier breitet sie sich aus, die Wüste aus den immer gleichen Luxusläden, aus mit Börsen-TV berieselten Wartehallen und Fress-Passagen, die weltweit normiertes Essen servieren – was gerade Nick mit seinem empfindlichen Magen sehr schätzt.

Die *Interzone* macht es eben allen leicht. In ihr findet sich der Reisende auch nach achtundzwanzig Stunden Flug noch zurecht, dafür sorgt ein einfacher Farbencode: Grün heißt Café Latte, Rot-Weiß bedeutet Pizza, Rot-Gelb Burger, und überall kann man mit Rot-Orange bezahlen. Alles ist generisch, effizient und absolut seelenfrei.

Nur ab und zu mogelt sich ein frecher Lokalanbieter in die *Interzone*: Auf amerikanischen Flughäfen sind es zum Beispiel diese Stände, an denen man seine Koffer – im Bootsflüchtling-Style – mit Plastikfolie umwickeln lassen kann, damit sie nicht während des Transports aus Versehen aufgehen. Aber selbst dieses Geschäft wird in dieser Sekunde wahrscheinlich gerade weltweit als Franchise-System ausgerollt.

Wie die echten Wüsten dehnt sich auch die *Interzone* immer weiter aus. Das eine oder andere Einkaufszentrum in der deutschen Provinz hat sie schon annektiert, und natürlich sämtliche Ketten-Hotels. So wie unseres in KL. Dafür gibt es ein ganz klares Indiz: Sobald man die Vorhänge zuzieht, lässt sich nicht mehr feststellen, wo auf der Welt man sich eigentlich befindet. Es könnte die Seminarhölle am Frankfurter Westkreuz sein oder das *Mars Hilton* aus »Total Recall« – übrigens einer der letzten Streifen vor Arnies finaler Wupper-Überquerung.

Dabei muss die ganze Retortenschlacht nicht unbedingt schlecht sein. Im Gegenteil: An Tagen wie diesen ist es eine Erlösung, in den sicheren Schoß der *Interzone* zurückkehren zu können. Nichts strengt nämlich mehr an, als ständig dem Authentischen und Echten hinterherzuhecheln.

Mann, wann ist Nick endlich im Bad fertig? Ob er die Telefonhörer-Brezel wirklich übersehen hat? Unser Problem war, dass wir die ganze Zeit zu Standalone-mäßig gedacht haben, dass wir unvernetzte Männer in einer vernetzten Welt waren, Hank! Völlig engstirnig, am Ende der Welt eine nebulöse Diskette zu suchen, auf der alle Geheimnisse gespeichert sind. *It was acceptable in the eighties* – aber doch nicht mehr heute! Wir sind echt Gefangene der Achtziger. Irving hat seine Daten nicht gespeichert, sondern hochgeladen.

Er lacht sich oben auf seiner Wolke wahrscheinlich kaputt über die verrückten Deutschen, die sein Erbe verwalten sollen. Als wir noch vor dem Commodore 64 saßen und mit einem kleinen Knipser aus einseitigen zweiseitig bespielbare Floppys machten, bastelte er schon sein eigenes, weltweites Netz mit privater Serverhöhle. Die müssen wir jetzt nur noch finden, und dann geht's nach Hause.

MacGyver zieht schon mal das Kabel aus der Telefondose und bewaffnet sich mit dem Messer, das neben der Schale mit dem Begrüßungsobst liegt – für den Fall, dass es was abzuisolieren gibt.

Nick kommt aus dem Bad und pfeffert sein T-Shirt quer durchs Zimmer Richtung Papierkorb. Erst sieht es aus, als würde es am Rand hängen bleiben, dann taucht es mit einem leisen *Flopp* doch noch in den Korb ab. Er sagt »Yeah«, allerdings sieht seine Becker-Faust dazu ziemlich müde aus. Anscheinend rechnet er auch damit, dass unsere Dienstreise bald zu Ende geht – sonst würde er seine Shirts sicher nicht *wegwerfen*.

Die Zeit für meine Attacke ist gekommen. »Alter, du musst dir unbedingt nochmal den Grid ...«

Gelangweilt hält mir der Beifahrer seine Handfläche mitten vors Gesicht. »Gleich! Jetzt schauen wir erst mal, ob wir allein sind. Komm.« Er macht seine Hose zu, geht zur Zimmertür rüber und hockt sich direkt davor auf den Boden. »Jetzt komm schon!«, zischt er genervt rüber. Was wird das wieder für eine Geheimaktion?

Nachdem ich mich brav neben ihn auf den Fußboden gesetzt habe, greift er nach oben zu dem Kästchen, in das man die Codekarte stecken muss, damit der Strom im Zimmer angeht.

Er zwinkert mit dem Auge und legt den Zeigefinger vor die Lippen. »Psst. Wir tun jetzt mal so, als ob wir noch um die Häuser ziehen würden.« Gottseidank nur *so tun also ob*, dafür hätte ich keine Energie. Schnipp, er zieht die Karte raus, und sofort fällt der Raum in tiefen Schlaf. Licht und Fernseher gehen aus, nach ein paar Sekunden auch die Lüftung im Bad. Wir kauern bewegungslos auf dem Boden, hören dem Säuseln der Klimaanlage zu und warten.

Aber worauf – *Duke Nukem Forever*? Was soll jetzt passieren?

Ist gar nicht so lange her, dass wir das letzte Mal so nebeneinander gekauert haben. Nur ... fünfundzwanzig Jahre. Lustig, so was sagt man immer häufiger: Ist noch nicht lange her, nur fünfzehn

Jahre, oder doch schon zwanzig? *25 Years* – hieß nicht mal ein One-Hit-Wonder-Hit so?

Als Teenies kamen uns zweistellige Zeitspannen völlig surreal vor, das passt zur Wie-wir-uns-das-Leben-vorgestellt-haben-Diskussion von gestern. Muss ich Nick mal sagen, wenn wir wieder sprechen dürfen.

Jedenfalls hockten wir damals genauso nebeneinander, auf dem Boden der alten Ziegelei. Wir, die Spätentwickler, waren noch ziemlich dick drin in der Pubertät und immer auf der Suche nach was Verbotenem. Natürlich nichts wirklich Illegalem; wir suchten eher nach der soften Variante von illegal, in Richtung Ordnungswidrigkeit. So etwas wie durch ein Loch im Zaun heimlich auf das Gelände einer alten Ziegelei zu klettern.

Einen Sommer lang war sie also unser Abenteuerspielplatz, die Ziegelei. Und obwohl wir für solche Vorstadtkrokodile-Aktionen eigentlich schon viel zu alt waren, sind wir jeden Samstagnachmittag rüber, haben mit der Luftpistole von Nicks Vater auf alte Ölfässer geballert – oder einfach nur auf einer Backsteinmauer gesessen und darüber geredet, ob Dolby B oder C besser klingt.

Da der Betrieb kurz vor der Pleite stand, war es ein ungefährlicher Gesetzesbruch. Arbeiter sah man so gut wie nie; die Gefahr, entdeckt zu werden, ging gegen null. Außerdem kannten wir nach einem Dutzend Forschungs-Exkursionen jeden Meter und fühlten uns fit genug, alle Verfolger einfach abzuhängen. Es würde schon gutgehen.

Die Ziegelei sah aus wie die Welt von *Myst*, nur in der Fünfzigerjahre-Version. Über das ganze Gelände waren Gruben verteilt, aus denen früher der Ton geholt wurde. Einige der Krater hatten Brennnesseln überwuchert, andere waren zu kleinen Seen geworden. Von den Gruben aus führten die verrosteten Schienen einer Schmalspurbahn zum Brennofen und dem Lager dahinter.

Und da saßen wir da an diesem einen Nachmittag im Juli, unsere Ärsche so dicht an den Boden gedrückt, wie es nur irgendwie ging. An diesem Tag war nämlich nicht alles gutgegangen.

Wir hatten den Bogen überspannt: Statt wie immer den Weg durch den Zaun zu nehmen, hatten wir uns in den Kopf gesetzt, einfach durchs Eingangstor zu marschieren, am helllichten Tag, vorbei an der Stechuhr. Die Strafe ließ nicht lange auf sich warten: Gleich hinter der Werksmauer bemerkte uns ein Blaumann und die Jagd begann. Wir rannten sofort los, rein ins Lager, erstmal auf Tauchstation gehen.

Doch der Typ war hartnäckig: Gang für Gang klapperte er die Regale ab, während er zwischendurch wütend rumkrakeelte. »Ich finde euch!« oder »Scheißpack!«. Er klang nicht sympathisch, eher nach Merkur-Sektor und einem Tattoo auf dem Unterarm, das er sich im Knast selbst mit einem Füller reingestochen hat. Als er so dicht an unserem Versteck dran war, dass man schon seinen Schnäuzer im Halbdunkel erkennen konnte, rannte ich einfach los, ohne Nick zu warnen. Das war ein Fehler. Denn der kauerte, völlig geplättet, noch einige Schrecksekunden länger am Boden, bevor er auch startete. Aber da war es schon zu spät: Als ich mich im Rennen noch einmal umsah, hatte der Arbeiter seinen Arm erwischt und zerrte wild an ihm rum.

Ich hielt nicht an. Nein, ich rannte bis zum Zaun, kletterte durch die Lücke und hetzte bis nach Hause, wie immer.

Abends haben wir dann noch telefoniert. »Alles halb so wild«, hatte Nick cool getan. Später erzählte mir seine Mutter, dass ihn sein alter Herr persönlich im Büro des Werksleiters abholen musste und er nur mit Mühe und Not verhindern konnte, dass die Bullen gerufen wurden.

Es war das einzige Mal, dass wir erwischt wurden, und sollte eigentlich auch das letzte Mal sein. Warum also den Feind extra anlocken? Weshalb tun wir so, als hätten wir unser Hotelzimmer nochmal verlassen?

»Was soll das?«

»Wart's ab«, wispert der Beifahrer zurück.

Er hat mir nie einen Vorwurf daraus gemacht, dass ich damals einfach weitergerannt bin, obwohl *er* garantiert anders reagiert hätte. So ist Kee nun mal, hat er sich wahrscheinlich eingeredet, der meint es nicht böse, wahrscheinlich eine Kurzschlussreaktion. Wir haben einfach nicht mehr über diesen Tag gesprochen, so, als ob er nie existiert hätte, bis heute.

Nick stößt mir seinen Ellenbogen in die Rippe.

Ja, da ist was, da kommt einer den Gang runter. Die gedämmten Wände schlucken zwar alles, was vom Gang oder aus dem Nebenzimmer kommt, aber der Trittschall vom Flur dringt durch. Fomp, fomp, fomp. Die Schritte werden lauter, noch ein bisschen lauter – und stoppen direkt vor unserer Tür.

Stille. Ich spüre, wie Nick sich langsam bewegt. Was macht der bloß, hoffentlich nicht wieder den Helden mimen wie bei ihm im Garten. Mittlerweile ist ihm alles zuzutrauen, sogar jetzt die Tür aufzureißen.

Nein, so dumm ist er doch nicht. Klack, mit einem schnellen Griff verriegelt er die Tür. Sofort setzen die Schritte vor der Tür wieder ein, diesmal im Stakkato, als ob jemand wegläuft. Als wir uns endlich trauen, nachzuschauen, lacht uns nur die teure Auslegware auf dem Flur aus. Auf einmal erscheint die Telefonhörer-Brezel-Theorie wieder völlig banal, eine elektronische Kleinigkeit.

Als ob nichts gewesen wäre, lässt Nick die Tür wieder ins Schloss fallen.

»Es wird höchste Zeit, dass wir hier verschwinden«, stellt er fest. Dann schlendert er rüber zum Schreibtisch und fängt an, die Karte des Zimmerservice zu studieren. Blasiert bis zum Anschlag schaut er rüber.

»Du wolltest mir was Wichtiges sagen?«

$0031 Essen hält Leib und Seele zusammen, hat Mutter früher immer gesagt. Und wie bei fast allen ihrer Weisheiten, mit denen sie uns Kinder jahrzehntelang genervt hat, muss man auch bei dieser zugeben: Sie stimmt. Kaum hat der Kellner die

Silberglocken über unseren Tellern geliftet, steigt die Stimmung schon. Wir hocken mit gekreuzten Beinen auf unseren Betten und schaufeln das Sterne-Essen rein. Lauchküchlein mit Lachs-Salat, dazu importiertes Heineken. Ein Essen für die Götter, wer die in dieser Ecke der Welt auch immer sein mögen.

Nick schluckt zum Reden nicht mal runter.

»Waff wolltefft du mir denn jetff feigen?«

Ich imitiere den Beifahrer-Style und lasse die Bombe platzen, ohne hochzuschauen.

»Ich weiß, wie wir die Location von Irvings Datenbunker rausfinden.«

Nick ist so überrascht, dass er sogar kurz zu kauen aufhört.

»Echt?«

Ja, zur Abwechslung kommt mal eine Idee von mir.

»Echt. Pass auf. Der Grid hat doch hinten einen Telefonanschluss.«

Nick winkt mit der Gabel ab. »Habe ich gesehen. Aber der ist nur zum Telefonieren, glaube ich. Man konnte an den Grid nämlich einen Hörer anschließen.«

Ein bisschen schnell aufgegeben, mein Guter.

»Ne ne, die Kiste hat ein eingebautes Modem. Und mit dem hat Irving sein Zeug einfach per Telefonleitung in seine Höhle hochgeladen. Habe das Terminal-Programm schon lokalisiert.« Okay, *lokalisiert* ist vielleicht ein bisschen hoch gegriffen.

Ich klappe den Grid auf, zur Abwechslung zittern mal meine Hände; aber Nick sitzt viel zu weit weg, um das zu erkennen. Jetzt einfach nochmal dasselbe machen wie vorhin, nochmal die gleiche Tastenkombination wie im KAFE INTERNET 24 erwischen.

Besonders viel Vertrauen scheint der Beifahrer nicht in meine Fähigkeiten zu haben, sonst würde er nicht weiter so konzentriert die Lachsstreifen aus seinem Salat fischen. Ist ja nur Kee, das kann nichts Wichtiges sein.

Okay, ganz ruhig. Irgendwas mit Code-A, dann Code-U, nein, das ruft das Menü mit der Speicherbelegung auf. Ich kneife unauffällig die Augen zusammen, bis ich nichts mehr erkennen kann, und tippe einfach blind drauf los. Als ich sie wieder öffne, ist die Brezel da. Oder besser gesagt – das Telefon, jetzt ist es klar zu erkennen, mit einem wulstigen Hörer wie früher.

Ausnahmsweise darf ich den großen Dreh veranstalten.

Natürlich muss Nick erst mal auf cool tun und weiter im Salat rumprokeln. Als er sich dann endlich erbarmt, auf den Bildschirm des Grid zu gucken, kann er seine Begeisterung kaum verbergen. Seine Augen leuchten, und er lässt sich sogar zu einer seiner schlechten Stimm-Imitationen hinreißen.

» E.T. nach Hause telefonieren.«

»Gelle, dann wollen wir mal.«

Ich fische das Telefonkabel raus und stöpsele es an einem Ende in den Grid rein, am anderen in Nicks Dienstrechner. Tadaa! Mit einem zufriedenen Klick rastet es auf beiden Seiten ein.

Es kann also losgehen: Wenn ich gleich das Programm zur Datenübertragung im Grid starte, wird die Kiste versuchen, rauszutelefonieren, zu Irvings geheimen Bunker, wo immer er auch versteckt sein mag. In diesem Moment wird der Dienstrechner die Tonwahlsignale mitschneiden – ein schönes Wort, mitschneiden, das klingt wieder nach Tonbändern und dem Interview mit Helmut Schmidt. Der Rest ist Routine: Der Dienstrechner dechiffriert das Gepiepse und zeigt im Klartext die Nummer an, die der Grid gewählt hat. Grundlagen, darüber brauchen wir kein Wort zu verlieren.

Nick fährt am Dienstrechner routiniert das Programm hoch, mit dem sich Audiosignale aufzeichnen lassen. Ich lenke die Auswahlleiste des Grid auf den Menüpunkt DIAL.

»Fertig?«

Nick klickt wild rum. »Ja, Aufnahme läuft.«

Ich drücke auf RETURN. Der Grid fängt an zu wählen, ohne auf ein Freizeichen zu warten. Aus dem Lautsprecher des Dienstrechners, der ihn abhört, erklingt das typische Stakkato, wie eine elektronische Spieluhr. Tonwahlverfahren, steckt seit Jahrzehnten in jedem Telefon. Das Prinzip ist völlig simpel: Je nachdem, welche

Taste auf dem Nummernfeld gedrückt wird, gibt das Gerät zwei Töne gleichzeitig von sich. Bei der »1« zum Beispiel ist es ein ziemlich schräger Zweiklang – 697 Hertz und 1 209 Hertz. Die Vermittlungsstelle erkennt anhand der Töne, welche Taste gedrückt wurde, und stellt die Verbindung mit der gewünschten Nummer her. Plain old telephone service – die gute alte Telefonie.

Der Grid braucht gerade mal zwei Sekunden, um die Nummer zu wählen, an die er seine Daten senden will. Wirklich senden kann er natürlich nicht, weil er ja gar nicht mit einer Telefonbuchse verbunden ist.

LINE BUSY, beschwert sich der Oldie prompt.

Keine Chance, von uns kriegst du keine freie Leitung, Bitch! Dafür hast du uns gerade verraten, wo dein Herrchen seine schönen IBM-Schmuckstücke versteckt hat.

Ich schaue zu Nick rüber. »Alles angekommen?«

»... und ausgewertet«, quittiert der.

Genug des pathetischen Rechner-Rumdrehens. Ich springe auf Nicks Bett und spinkse auf den Bildschirm des Dienstrechners. Das Programm hat dem Gefiepse eine Nummer zugeordnet und freundlicherweise gleich noch im Datacorp-Netz nachgeschlagen, wem der Anschluss gehört. Jetzt wissen wir nämlich, wo du wohnst!

SITE 6 COMMUNICATIONS, Batum/WA.

Washington State, amerikanischer Nordwesten. Zurück in unsere zweite Heimat. Ich frickele die Telefonleitung wieder in die Dose und wähle testweise die gleiche Nummer, die der Grid eben ausprobiert hat. Die Leitung ist tot. Wir müssen also mal wieder persönlich ausrücken – die letzten zwei Handlungsreisenden in einer virtualisierten Welt.

Nick legt den Dienstrechner beiseite, greift zum Telefon rüber und ordert im Überschwang noch vier Heineken, um den Tiger-Schwips aufzufrischen. Wo ist nur seine Sparsamkeit hin? Wir sind noch lange nicht zuhause, Nickybaby. Noch lange nicht, das liegt in der Luft.

$0032 Was heißt hier, sie ist nicht da? Andies einziger Job besteht darin, immer da zu sein. Warum also nicht heute? Auf der Uhr des Fernsehers steht, dass es in unserem stinkenden Sumpf jetzt nach zehn ist; minus sechs Stunden nach Deutschland, minus sechs Stunden nach Amerika. Macht kurz nach zehn morgens, normale Bürozeit, sie müsste also an ihrem Schreibtisch sitzen und mit ihren manikürten Krallen den Café Latte im Pappbecher zu ihrem göttlichen Mund führen, der bis auf einen leichten Überbiss wirklich perfekt ist.

»Sorry. Do you want to leave a message?«, krächzt es aus der Leitung.

Ich will keine Nachricht hinterlassen, ich will mit der Göttin sprechen.

Die Stimme des Mannes am anderen Ende klingt völlig teilnahmslos. Ich frage ihn, ob er für uns einen Flug buchen könne, auf das Kundenkonto der Datacorp.

»Sure«, antwortet der Mann, immer noch völlig regungslos.

Ich gebe ihm den Zielflughafen durch; am nächsten an dem Kaff namens Batum ist Seattle dran. Von da dürften es mit dem Auto bis zur Destination X, Vaters Höhle, nur ein paar Stunden sein.

»One moment, plea...« Noch vor dem Ende des *please* hat der Unbekannte den Hörer auf Pause gestellt. Leise zischelt die transkontinentale Leitung vor sich hin; zum ersten Mal seit zwei Jahren fällt mir auf, dass weder bei der Datacorp noch bei einer der Firmen, mit denen sie zusammenarbeitet, Musik in der Telefonwarteschleife läuft. Was könnte man da nehmen? Eine Muzak-Version von Moroders »Electric Dreams« vielleicht, bei der die Melodie von einer Panflöte gespielt wird, so Fußgängerzonen-Peruaner-mäßig?

Eine halbe Minute vergeht, dann knackt es und der Mann atmet schwer in die Muschel; immerhin, er ist keine Simulation.

»Listen, um ...« Es folgt eine Erklärung, die mit vielen »um«, dem amerikanischen »Äh«, durchsetzt ist: Derzeit sei das System abgestürzt und man könne keine Buchungen vornehmen, aber das sei alles kein Thema. In wenigen Stunden wäre alles wieder

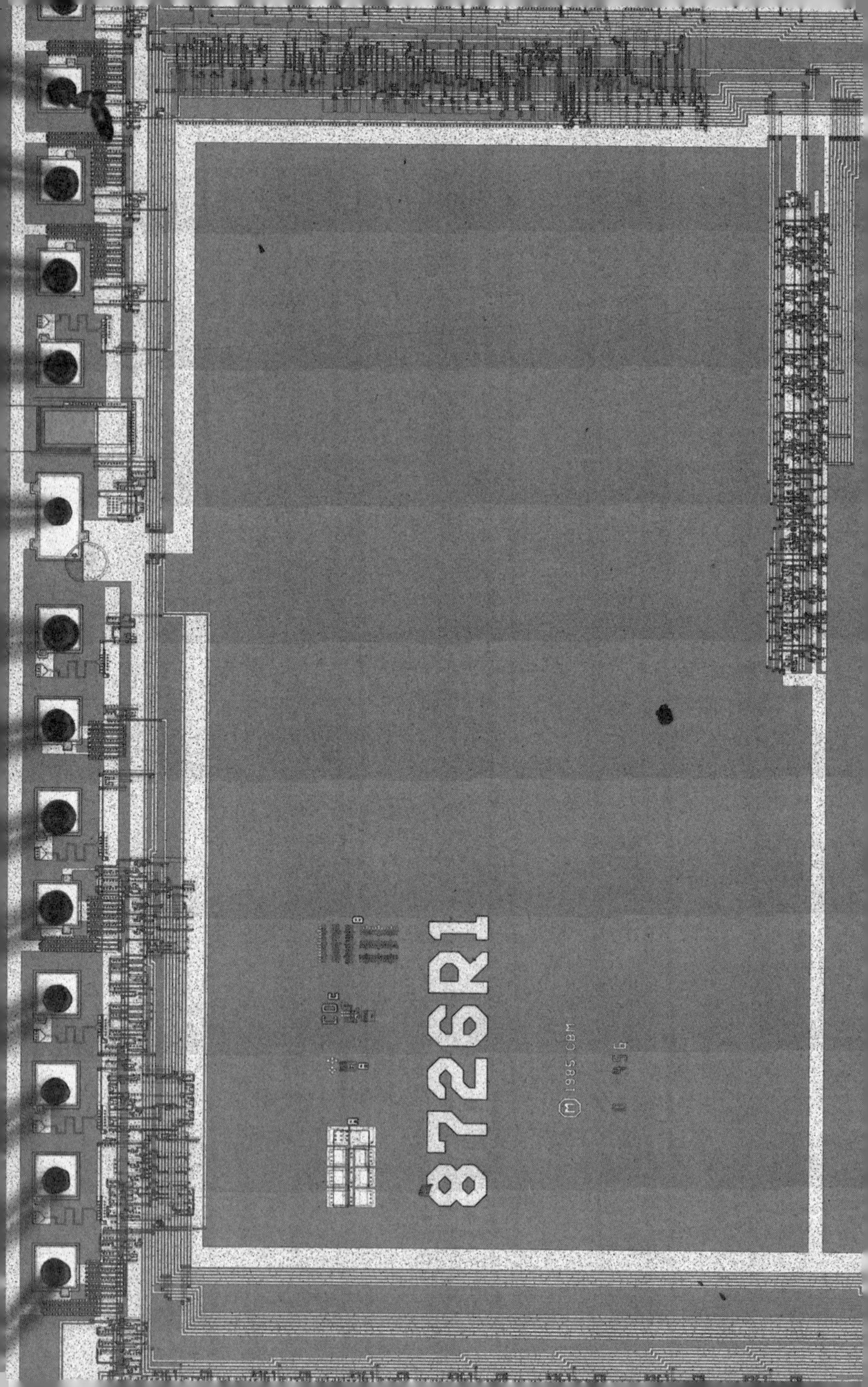
8726R1
1985 CBM

online, dann würde er sich nochmal bei uns melden, unsere Nummer hätte er ja. Ich sage ihm, dass er sich in frühestens acht Stunden melden soll, wir ab dann aber sofort abfahrt bereit wären.

Jeppesen und Computerprobleme? Bei denen sind doch sicher alle System drei- oder vierfach redundant ausgelegt, genau wie bei uns auch. Ha – »uns«! Jetzt hat mich das Kollektiv doch noch assimiliert.

Nick, der das Gespräch von seinem Bett aus mitgehört hat, ruft dazwischen: »Sag ihnen, dass wir kein Auto brauchen, okay?«

Nachdem ich Andies unterkühlter Vertretung erklärt habe, dass wir uns selbst einen Wagen mieten werden, ist das Gespräch beendet. Alles ziemlich komisch.

Ich erstatte Bericht. »Wir werden morgen ausgeflogen, wann, sagen sie uns dann. Apropos: Sollten wir uns den Trip nicht erst von John abnicken lassen?«

»Auf jeden Fall«, sagt Nick, während er zum Dienstrechner greift, »ich schreib ihm schon was. Dürfte aber kein Problem sein.«

»Was soll eigentlich der Kram, von wegen dass wir uns selber ein Auto mieten?«

»Ach, nur so.«

Es klopft. Ich sehe dem Beifahrer an, dass er nicht recht weiß, ob er aufmachen soll oder nicht. Wir sitzen etwas unentschlossen da, bis ein dumpfes »Room-Service« durch die Tür dringt. Als Menschen, die ihr Leben überwiegend vor dem Fernseher verbracht haben, wissen wir natürlich, dass das nichts bedeutet und die Bösen immer »Room-Service« sagen, bevor sie reinkommen und dem Helden mit einem im Schuh eingebauten Springmesser in den Bauch treten. Andererseits will sich keiner von uns die Blöße geben und wegen dieser lächerlichen Sofa-Agenten-Weisheit auf sein Heineken verzichten.

»Coming«, ruft Nick und steht auf. Doch so richtig traut er dem Braten noch nicht. Jedenfalls knallt er, sofort nachdem er die Biere in Empfang genommen hat, die Tür wieder zu und dreht das Schloss hektisch bis zum Anschlag.

Ich versuche, so ernst wie möglich zu klingen. »Glaubst du, das reicht?«

»Was – das Schloss? Klar«, sagt er locker. In Wirklichkeit meint er: »Natürlich nicht; aber wenn du den ersten Schritt machst, helfe ich dir, dieses Zimmer in eine Scheiß-Festung zu verwandeln.«

Mann, der Tag war viel zu lang, um jetzt noch rumzuspielen.

»Sollten wir nicht noch was zusätzlich vor die Tür stellen?«

Erleichtert lässt Nick seinen Blick durch den Raum schweifen. »Den Schreibtisch vielleicht?«

»Okay.«

Wir brauchen geschlagene fünf Minuten, um den schweren Mahagoni-Schreibtisch vor die Tür zu schleifen. Nick klemmt sich dabei zweimal die Finger ein, und der Schnitt an meiner Hand fängt wieder kurz zu bluten an.

Nachdem wir fertig sind, begutachten wir den Schutzwall und beschließen, dass das Bollwerk noch nicht dick genug ist. Wir brauchen weitere zehn Minuten, um hinter dem Schreibtisch noch unsere Nachttische aufzubauen. Wenn es jetzt brennt, sind wir Toast. Aber manchmal muss man sich im Leben halt entscheiden.

$0033 Schon elf durch, shit. Seit dem Tischeschleppen will der Puls einfach nicht mehr runterkommen, dabei haben wir schon vor einer halben Stunde das Licht ausgemacht. Vielleicht geht es dem Beifahrer ja auch so?

»Nick?«

Die Klimaanlage säuselt.

»*Nick!*«

Es raschelt im Bett links. Natürlich links, denn wir wohnen ja in einem Rechtsabbieger-Zimmer, und der Beifahrer soll sich bloß keinen potenziell tödlichen Zug holen. Also schläft er links von mir, im vom Fenster maximal entfernten Bett.

Er zieht die Nase hoch. »Ja?«

»Erzähl mal was.«

»Bist du bescheuert? Warum?«

»Einfach so, erzähl halt noch was, so als Schleuse, damit ich besser pennen kann.«

Nochmal Rascheln, widerwilliges Stöhnen. Kurze Pause.

»Also, wusstest du, dass der 6502-Prozessor ...«

»... nicht *so was*, Mann.«

»Was *denn*?« Er klingt echt bepisst; wahrscheinlich war er schon halb weggedöst, die alte Schlafbarbie. Bei mir tut sich trotz der ganzen Biere nichts, es flimmert vor den Augen, als ob fünf Uhr morgens wäre.

»Irgendeine *echte* Geschichte, wie am Lagerfeuer oder so.«

Natürlich völliger Schwachsinn. Klar haben wir auf unseren Forschungsreisen auch mal Feuer gemacht, mit einer Lupe und so, aber nur, um zu beweisen, dass wir mindestens so survivalmäßig drauf sind wie Rüdiger Nehberg. In Wirklichkeit haben wir uns die besten Geschichten an einem Lagerfeuer namens Bildschirm erzählt. Aber irgendwie hilft Analoges besser beim Einschlafen.

»Wie am Lagerfeuer, hm?« Die Möglichkeit, dass jemand einem seiner Monologe lauscht, und sei es auch nur, um schneller einschlafen zu können, holt ihn aus dem Halbschlaf zurück. »Kennst du die Story vom Dyatlov-Pass?«

»Hat das was mit Tunguska zu tun?« In Tunguska, Sibirien, ist 1908 ja ein Meteor runtergekommen und hat über Hunderte von Kilometern alles plattgemacht. Manche Leute denken bis heute ...

»Nein, mit dem UFO-Ereignis in Tunguska hat das nichts zu tun«, fährt Mulder dazwischen. Dann zieht er nochmal die Nase hoch – klingt nach einem nahenden Klimaanlagen-Schnupfen – und legt los.

»Also, 1959 brechen neun russische Skilangläufer zu einer Tour in den Ural auf, sieben Männer und zwei Frauen. Ihr Anführer ist ein Mann namens Igor Dyatlov; er soll sie zu einer Loipe namens Kholat Syakhl führen, was übersetzt so viel bedeutet wie Berg der Toten ...«

Warum er immer so dick auftragen muss?

»Komm schon, spar dir die Folklore.«

»Wenn der Berg doch so hieß!«, meckert Nick, »und überhaupt: Ich will gleich kein Gejammer hören, wenn du überhaupt nicht mehr schlafen kannst. Die Geschichte ist nämlich echt hart.«

Härter als der heutige Tage kann sie nicht sein.

»Ja, ja.«

»Also, auf dem Weg nach oben werden sie von schlechtem Wetter überrascht, kommen vom Weg ab und entscheiden sich dafür, die Sache auszusitzen. Sie schlagen ihr Lager auf – zu diesem Zeitpunkt ist noch alles in Butter. Einige der Skifahrer schießen sogar ein paar Fotos von der Landschaft. Dann gehen sie schlafen.«

Nick macht eine seiner berühmten Kunstpausen und senkt die Stimme für das Finale.

»Mitten in der Nacht stürzen auf einmal alle aus ihren Zelten; sie haben es so eilig, dass sie nicht einmal die Reißverschlüsse öffnen, sondern die Stoffbahnen einfach zerfetzen. Draußen sind minus 30 Grad, und alle tragen nur Unterwäsche. Ein paar aus der Gruppe kommen noch einen Kilometer weit, doch alle sterben innerhalb kürzester Zeit.«

Ein Anflug von Gänsehaut kriecht meinen Nacken hoch.

»Krass.«

»Wart's ab: Die Sache wird natürlich untersucht, und es kommt raus, dass fünf der Skiläufer einfach erfroren sind, ohne Anzeichen von Gewaltanwendung. So weit, so klar. Anders sieht es bei den restlichen vier aus, die weit weg von ihren Kollegen gefunden wurden: Zwei von denen hatten massive innere Verletzungen, als ob sie vor ein Auto gelaufen wären. Bei einem war der Schädel zertrümmert. Aber in allen Fällen gab es keine Anzeichen von *äußerer* Gewalteinwirkung.«

Wäre es sehr peinlich, Nick jetzt abzuwürgen?

Er spürt meine Angst und bohrt umso unbarmherziger weiter. »Es kommt noch besser: *Eine der Frauen hatte keine Zunge mehr!*

Außerdem ergaben Tests, dass die Kleidung von allen hoher radioaktiver Bestrahlung ausgesetzt war. Die Verwandten erzählten später, dass die Haut der Leichen wie verbrannt ausgesehen habe und alle komplett graue Haare hatten. Ach ja: Augenzeugen berichteten, dass in dieser Nacht helle Lichter am Himmel ...«

»Oh bitte, bis hierhin war die Geschichte echt originell. Jetzt versau sie nicht durch so einen abgeschmackten Alien-Dreh.«

Ich kann ihn zwar im Dunkeln nicht erkennen, aber ich weiß, dass er jetzt beide Hände mit dieser Ich-bin-unschuldig-Miene nach oben streckt.

»Bitteschön. Fakt ist, dass die gesamte Gegend nach dem Vorfall drei Jahre lang gesperrt war und alle Dokumente bis 1990 weggeschlossen wurden.«

»Wahrscheinlich nur ein Atomtest«, wiegele ich ab.

»Macht die Haare nicht grau. Erklärt außerdem nicht, wo die Zunge der Frau geblieben ist.«

Ich gebe es auf, mir weitere logische Erklärungen auszudenken, da er sich für jeden nur denkbaren Einwand schon eine Antwort zurechtgelegt hat – sonst hätte er die Story gar nicht erst erzählt.

»Wer weiß, was Chruschtschow damals in den Bergen getestet hat.«

»Ja, wer weiß«, säuselt Nick mit der Befriedigung eines Mannes, der seine Mission erfüllt hat. »Na dann, gute Nacht.«

»Nacht, Mann.«

Warum zur Hölle habe ich ihn nicht weiterschlafen lassen?

$0034 Dieser Geschmack von Metall, das ist doch ... Schnell zum Spiegel. Die Pupillen krampfen sich zusammen, wehren die grellen Neonstrahlen ab, bevor sie die Netzhaut verbrennen. Mund auf, so weit es geht. Nein, alles noch da. Was sollte auch nicht da sein? Natürlich, die Zunge. Ich habe tatsächlich von Nicks beschissener Einschlafstory geträumt.

Wäre früher auch nicht passiert. Da haben wir uns hintereinander alle »Nightmare«-Teile mit Freddy Krueger reingetan – und noch »Hellraiser« hinterher – und trotzdem bestens geschlafen. Oder haben wir in Wirklichkeit doch von dem ganzen Splatter-Kram geträumt und bloß den anderen nichts davon erzählt? Schwer zu sagen. Es war halt so verdammt wichtig, allen zu demonstrieren, dass das Zeugs im Fernsehen an einem abprallte, als ob es die Sesamstraße wäre. Bloß keine Regung zeigen – absolut und wirklich *keine* Regung. Da trug man zum Pornovideo-Abend eben zwei Badehosen *übereinander* als Unterhose.

Zurück ins Bett. Unter den Vorhängen glimmt schon das erste Tageslicht durch. Viertel nach fünf, genau die Uhrzeit, zu der es sich gerade nicht mehr lohnt, viel Energie ins Einschlafen zu stecken, weil ohnehin gleich wieder der Wecker klingelt oder Andies Vertretung anruft, um uns zu sagen, dass wir in zwei Stunden am Flughafen sein sollen. Es muss ja ein ziemlich wichtiger Termin gewesen sein, der sie da vom Schreibtisch weggetrieben hat. Vielleicht ist sie auch krank geworden, wie in dem Bild von Roy Lichtenstein »Maybe he became ill and couldn't leave the studio«. Ja, klar.

Es hat wieder angefangen zu schütten. Der dichte Tropenregen gurgelt die Scheibe runter, einundzwanzig Stockwerke bis zur Vorfahrt des Hotels. Der Moloch verabschiedet sich, wie er uns begrüßt hat – grau und unnahbar. War das wirklich erst gestern? Malaysia, du bist uns fremd geblieben. Ist das okay? Berger lehnt sich an seinen orangefarbenen MG, zündet mit seinem Benzinfeuerzeug eine Benson & Hedges an und lächelt wohlwollend. Gut gemacht, Jungs, gut gemacht.

Ob Nick wach wird, wenn ich mir mit der kleinen Maschine auf dem Schreibtisch einen Kaffee mache? Wann hat man eigentlich aufgehört, einen Kaffee *aufzubrühen*? Opa Heinrich hat das immer gesagt, die paar Mal, als wir bei ihm übernachten durften. Das Letzte, woran ich mich erinnere, ist sein achtzigster Geburtstag. Da war er nicht mehr ganz auf der Höhe, Schlaganfall. Trotzdem haben sich alle in seine kleine Wohnung gequetscht, die ganze Mischpoke, und Sekt getrunken aus Kristallschalen, die Oma gekauft hat, als sie noch lebte.

Na, jedenfalls hat Heinrich zwischen all den lachenden Leuten gesessen und ziemlich verlassen ausgesehen. Also ist jemand zu ihm hin und hat gefragt: »Na, Heinrich, noch eine warme Milch für dich?« Das war total nett gemeint, auch wenn es vielleicht nicht für alle so klang. Obwohl Opa nichts gesagt oder sonst wie reagiert hat, haben sie ihm die Milch gebracht, liebevoll gepustet, bis sie wirklich nur noch warm war, und dann eingeflößt. Über den Tassenrand hinweg schaute er mich an, und in den Augen hatte er den leeren Ausdruck von jemandem, der eigentlich schon längst woanders ist. Trotzdem hat ihm die Milch geschmeckt, glaube ich.

Nicht mehr lange, und dann werden wir in eine Tasse heißer Milch reinpusten. Nicht dass man es sich wirklich vorstellen könnte, nur das theoretische Wissen wird nur von Tag zu Tag größer.

Doch, Heinrich, gleich werde ich mir einen Kaffee *aufbrühen*. Nur noch einmal umdrehen.

$0035 »Aufstehen, Mann, die Räder müssen rollen. Wir haben das *Go* von Major Tom, und Jeppesen war auch schon fleißig.«

Immer nachdem er mit Sabina telefoniert hat, steht Nick für anderthalb Stunden total unter Strom, so, als ob er sich eine Line Koks reingezogen hätte. Hektisch rafft er seine T-Shirts aus allen Ecken des Zimmers zusammen und schmeißt sie aufs Bett, während er dazu laut und schräg pfeift – das Thema von *Jeopardy*, warum auch immer. Kein Zweifel, vor Kurzem muss wieder ein heimliches Telefonat unter der Dusche stattgefunden haben. Gott, hoffentlich telefonieren sie echt nur.

»Wir haben schon ...« Er hält sein Handy ein bisschen weg und kneift die Augen zusammen. Ha! Sollte er tatsächlich weitsichtig werden? Das wäre ja der Knaller, so unverschämt, wie das Alter bisher an ihm vorbeigegangen ist. »... kurz nach sieben.« Danke, mein Freund, danke fürs Ausschlafenlassen.

»In ziemlich genau vier Stunden geht unsere Maschine.« Er dreht das Handgelenk so rum, als ob er eine Armbanduhr ablesen würde. »Uhrenvergleich!« Albernes Gackern, noch schrägeres Pfeifen.

Komm zum wahren Punkt!

»War Andie dran?«

»Ne, irgendein Typ. John hat übrigens eine seltsame Order geschickt: Wir sollen die Daten aus Irvings geheimen Archiv kopieren – und danach die Originaldaten löschen. Komisch, oder?«

Ja, komisch. Genau wie die Tatsache, dass wieder der Typ dran war.

Gedanken ordnen, den völlig bizarren Status kurz festhalten. Wir fliegen in vier Stunden nach Seattle, um den geheimem Datenbunker eines – ziemlich verwirrten – Computerschrats auszuheben. Unser Gepäck: zwei Duty-free-Tüten voller T-Shirts, teilweise getragen, teilweise noch in Plastikfolie eingeschweißt, zwei Dienstrechner und ein Grid Compass 1101, Typ CIA. Außerdem noch ein Stapel vermutlich geheimer Dokumente des US-Verteidigungsministeriums plus Mikrochip-Baupläne. Wenn es so etwas wie Sicherheit heute noch gibt, kann das bei der Ankunft in Seattle nur eines bedeuten: *full cavity search*, komplette Durchsuchung aller Körperöffnungen. Danach lebenslange Dunkelhaft, unterbrochen von gelegentlichem Seife-Aufheben in der Gemeinschaftsdusche.

»Sag mal, glaubst du, die lassen uns mit dem ganzen Kram rein?«

Nick hört kurz auf zu flöten.

»Klar.« Er klingt überzeugt.

Vielleicht weiß er was, was ich nicht weiß, zum Beispiel, dass Jeppesen mal wieder für eine reibungslose Abfertigung sorgt, mit einem geheimen Funkspruch oder so.

Nüchtern geht es deutlich schneller, das Bollwerk vor der Zimmertür wieder wegzuräumen. Knapp zehn Minuten, dann ist der

Weg frei. Weder auf dem Gang noch im Frühstücksraum war eine Spur von *ihnen* zu sehen, alle Leute machten einen unverdächtigen Eindruck, sofern überhaupt noch jemand unverdächtig ist. Um den Abschied von Malaysia zu feiern, bestellen wir Croissants und Birchermüsli.

$0036 *Share your memories.* Teile deine Erinnerungen.

Von hier aus ist es unmöglich, den Leuchtkasten mit der Werbung für die Videokamera zu ignorieren. Dafür sitzen wir zu dicht dran. Das Plakat ist gerade mal zwei Meter von unserer gemütlichen Sitzecke weg. Vor und hinter »gemütlich« würde Andie wieder ihre ironischen Gänsefüßchen in die Luft malen, denn »Gemütlichkeit« ist eines der wenigen deutschen Worte, das sie selbst als Amerikanerin kennt.

Wie es sich für die Verlorenen der *Interzone* gehört, sind wir für einen Braunen beim Team Grün eingekehrt und sitzen unter dem Logo mit der Meerjungfrau, die ihre Beine breitmacht. Auf der politisch-korrekten Version von heute ist das natürlich kaum noch zu erkennen; im Original aus den Siebzigern schon.

Share your memories.

Obwohl er versucht, es zu ignorieren, muss Nick immer wieder auf das Plakat gucken; als ob es eine frisch verheilte Wunde wäre, die juckt und die man allzu gerne wieder aufkratzen würde. Schließlich bricht der ganze Ekel aus ihm raus.

»Das ist ja echt *der Horror*!«

Schön zu sehen, dass die Aussicht auf fünfundzwanzig Stunden Kniescheibenmassage seine ätzend gute Laune von vorhin aufgefressen hat. Einen Tag lang in der verdammten Thrombose-Röhre eingezwängt, mit einmal Umsteigen in Tokio, das wird die reinste Geisterbahnfahrt. Wenn wir in Seattle ankommen, ist es … eigentlich auch egal. MC Kranich wird bei der Landung ja durchhauchen, wie spät es ist.

»Was ist der Horror?«

»Na, *sharing* – teilen. Früher hat jeder für sich selbst geknipst und gefilmt. Und heute muss alles geteilt werden – der blanke Horror. Nein – Terror.«

»Wollen die Kids halt so.«

Wir nippen an unserem Milchkaffee, der so toll, nein: so *tall*, wie auf der ganzen Welt ist, und freuen uns über die Standardisierung. Wenn *sie* uns jetzt heimlich mit einem Teleobjekt fotografieren würden, könnte selbst der beste Experte nicht rausfinden, wo das Foto aufgenommen wurde. Eben weil die gleichen rostroten Sessel, in denen wir sitzen, an ungefähr 40 000 Plätzen dieser Welt vor den gleichen dunklen Holztischchen stehen. Halt! Das grüne Notausgangsschild unter der Decke ist nicht nur mit EXIT, sondern auch mit dem Wort KELUAR beschriftet. Das wäre aber auch der einzige Hinweis auf unseren Aufenthaltsort.

»Sharing bedeutet nichts anderes«, leiert der Beifahrer weiter, »als *teile und langweile*! So schlimm wie heute haben sich Menschen noch nie zuvor in der Geschichte gegenseitig gelangweilt. Dagegen waren die Dia-Abende unserer Eltern und die fetten Fotoalben nix. Weißt du noch? Wenn bei uns in der Stufe jemand aus den Ferien zurückkam, hatte man nichts zu befürchten außer einer, maximal zwei Filmtaschen, also zweiundsiebzig Fotos. Und heute? Da kommt am Ende des Tages die freundliche Nachricht mit dem Hinweis, doch bitteschön an den Erinnerungen teilzuhaben. Und wehe, du brichst unter dem Mobbing zusammen – dann heißt es: Slideshow, 576 Items.«

Er schiebt ein »ts, ts« hinterher, wie ein Opa, der sich über die zu tief sitzenden Jeans der Jugend aufregt. Der Dialog, also der *Austausch* von Infos, und seien es auch nur Fotos, liegt dem Beifahrer eben nicht so. Wenn es nach ihm ginge, könnte man in jeden Netzanschluss eine Diode einbauen – damit ja nichts von den niedrigen Anwendern in die perfekte Datenwelt zurückfließt.

Ist natürlich mal wieder ausgemachter Stuss, aber aus Trägheit winke ich sein Argument durch.

»Jap, fast so schlimm wie *Interaktivität.*«

Nick tut so, als spucke er auf den Boden.

»Oder Sendungen im Radio, wo die Leute anrufen können und sich dann furchtbar freuen müssen, wenn sie ein Meet-and-greet mit irgendwelchen Boyband-Pupsies gewonnen haben.«

»Tja, heute müssen sich halt alle bei den Händen fassen und Kumbaya singen, da ist es nicht mehr so unpersönlich wie früher.«

»Dreck. Gelobt sei das Unpersönliche. Zu unserer Unizeit, zum Beispiel, da war alles noch schön überlaufen, schön anonym, da gab's keine Kuschelsprechstunde beim Prof, und der kannte auch nicht deinen Vornamen, selbst nach zehn Semestern. Herrlich. Und heute? Die Studis kriegen Heuleritis, wenn sie dem Dozenten ein paar Tage lang nicht die Hand schütteln dürfen.«

Womit er mal wieder ziemlich weit vom Thema abgekommen wäre. Es braucht halt einen echten Nickmeister, um die Verbindung zwischen dieser armen Videokamera-Werbung und dem Betreuungsverhältnis an deutschen Hochschulen herzustellen.

Nachdem das geklärt wäre, können sich Waldorf und Statler, die zwei verbitterten Herren aus der »Muppet Show«-Loge, wieder in ihren Sesseln zurücklehnen.

$0037 Er ist so ein Scheiß-Streber geworden. Unfassbar. Kaum sind die Anschnallzeichen ausgegangen, fängt er auch schon an, auf dem Dienstrechner irgendwelche Anleitungen durchzuackern – allerdings nicht ohne sich vorher wie üblich einzuigeln: Fensterblende runter, Wolldecke über die Beine, vorher die Lüftungsdüse überm Sitz zuschrauben. Es könnte ja ein tödlicher Zug auftreten. Sehr sinnvoll, zumal die Luft in den kommenden Stunden ja nur ungefähr 368-mal durch die Nasen und Bronchien aller lieben Mitpassagiere gezuzelt wird.

Bevor er sich mit zwei rosa Ohropax-Stöpseln endgültig in seinen Kokon verkroch, ließ er noch verlautbaren: »Wir wollen doch wissen, womit wir es zu tun bekommen.« Dann ging das Gestrebe los. Endlos ließ er alte IBM-Datenblätter über seinen Bildschirm wandern – will er partout schlechtes Gewissen produzieren?

Ab morgen wird gelernt, hatte jemand in die Bank reingeritzt, an der ich im Physiksaal immer saß. Wäre jede Art von Lebensmotto nicht völlig uncool, könnte das ein gutes sein. Ab morgen wird gelernt. Macht total Sinn, schließlich fliegen wir nachher über die Datumsgrenze. Oder müsste es dann heißen *ab gestern wird gelernt*?

Augen zu, einfach nicht hingucken, soll er mal büffeln. In einem Tag haben wir amerikanischen Boden unter den Füßen, dann wird sich schon alles fügen.

Wow – was für ein Flash, das erste Mal in Amerika. Mit sieben war das, oder acht. Am hintersten Ende der Siebziger jedenfalls. Mein Dad hatte mich zu einem Geschäftstermin in San Diego mitgenommen, eine Konferenz oder so. Die Bilder stecken noch im Kopf, als ob es gestern gewesen wäre.

Wir stiegen in L.A. in den Pendelbus, der uns zum Hotel brachte, und ich schaute durch die getönten Scheiben auf die vorbeiziehenden Palmen. Der schwarze Fahrer hatte das Radio angestellt, und durch den Van dudelte eine Musik, die ich noch nie zuvor gehört hatte. Es müssen Earth Wind & Fire gewesen sein, ist mir Jahrzehnte später aufgefallen. Mucke, die dir Time-Life heutzutage um zwei Uhr Nachts im Fernsehen aufschwatzt. Und wenn du sofort anrufst, legen sie noch eine beschichtete Pfanne drauf. Schwer verkäufliche Oldies halt – damals waren EWF die Nummer eins in den Charts.

Wir rollten also über den Freeway und: Boom. Die Autos! So groß, so anders. Zu der Zeit fuhren ja in Deutschland gerade mal hundert Ami-Schlitten rum, davon zwei außerhalb von St. Pauli. Gelobte vorglobalisierte Zeit. Als wir beim Hotel ankamen, konnte ich meinem Vater alle Marken und Modelle aufzählen. Auf den paar Meilen hatte das Hirn des Grundschülers eine Schwacke-Liste für die Vereinigten Staaten erstellt.

Kurz bevor wir wieder zurückmussten, hat mir mein alter Herr am Flughafen noch ein T-Shirt geschenkt – rot, vorne mit einem aufgebügelten Motiv drauf. Eine Corvette mit glitzerrotem Lack. *Wrap your ass in fiberglass,* stand drunter, in so einer hippiemäßigen Schreibschrift, die aussah, als käme sie von einem Plakat für ein Hendrix-Konzert. Warum das draufstand, ist mir bis heute nicht klar; vielleicht war die Karosserie des Wagens ja aus Fiberglas oder so. Auf jeden Fall eine warme Erinnerung – und das nicht nur, weil man an der Stelle, wo das Gummimotiv vorne draufgepappt war, geschwitzt hat wie Sau.

Ich puffe Nick in die Seite und warte, bis er seine Ohrstöpsel rausgezogen hat.

»Die Seventies waren doch cool, oder?«

Eine seiner besten Eigenschaften ist, dass er auf solche Sachen immer gerne einsteigt, auch ohne dass man ihm vorher stundenlang den Zusammenhang erklärt hat. Könnte daran liegen, dass es um das Gestern geht.

Wenn wir beide von den Siebzigern schwärmen, dann ist das immer eher theoretisch, schließlich haben wir von dem Jahrzehnt ja nur noch die Rücklichter gesehen. So richtig bewusst mitgekriegt haben wir die Welt außerhalb unserer Spielstraße erst, als Kohl rankam.

Nick bestätigt natürlich trotzdem meine generelle Einschätzung zu den Siebzigern. »Völlig cool«, sagt er und klappt den Bildschirm des Dienstrechners zu, »wo sollen wir anfangen?«

»Mir kommen die Siebziger immer so mystisch vor. Da hatten die Leute noch Mut zum Abgedrehten.«

»Allerdings.« Er reibt sich über seine Stirn, die schon nach den paar Minuten Flugzeugluft glänzt wie sonst nur seine Anzugschuhe. »Kennst du die Folge von *Mondbasis Alpha Eins*, wo der Mond gegen einen anderen Planeten stoßen soll?«

»Erinnere mich dunkel.«

Vor ein paar Jahren hatte die Serie mal ein kurzes Revival, 1999 natürlich, denn die Serie hieß im Original ja »Space 1999«. Da haben wir uns alle Folgen nochmal reingekloppt.

Nick steigt lustvoll in sein – absolut *nicht* interaktives – Referat ein: »Also. Der Mond mit Mondbasis drauf rast auf einen fremden Planeten zu, und wie üblich steht die Apokalypse ins Haus. Nur Commander Koenig bleibt cool: Dem hat irgendein Alien, der aussieht wie eine alte Frau, geflüstert, dass alles gut wird, solange die Alphaner nur an ihr Überleben glauben. Und siehe da: In der Sekunde, in der die fatale Kollision passieren soll, verschwindet der todbringende Himmelskörper einfach vom Schirm. Zack. Mal kurz mit der Macht der Suggestion dreihundert Leute gerettet. Solches Zeugs wird heute nicht mehr gebaut. Selbst Mulder und Scully jagen keinen Aliens mehr hinterher, sondern russischen Möchtegern-Frankensteins. Das nur nebenher. Der Punkt ist, dass die in den Seventies noch Mut zur *Fantasie* hatten!«

»Genau: zum Beispiel bei *Nummer 6*, wo der Typ in diesem Kurort gefangen gehalten wird und die Roboter, die alle bewachen, wie weiße Gymnastikbälle aussehen. Weißt du noch? Sobald jemand flüchtete, sind sie hinterher gekugelt, haben sich aufs Gesicht gesaugt und denjenigen erstickt. Fantasie halt.«

»Da kann man natürlich noch viel mehr aufzählen – *Dark Star, Phase IV, Die Delegation* ... Die haben sich getraut, mal was *Neues* auszuprobieren.«

Witzig, dass gerade er das sagt – der erbitterte Feind von allem Neuen. Aber stimmt schon, die Seventies waren wohl so eine Art von kollektiver Experimentierphase. Schön war das allerdings nicht immer.

»In manchen Punkten haben sie es in den Siebzigern mit den Experimenten aber auch übertrieben«, bremse ich Nick ab. »Irgendwann zum Beispiel, mitten in der Pubertät, habe ich bei meinem Dad im Schrank ein Buch gefunden, das *Liebe zu Viert* hieß. Schauder. Da erschien einem der Urlaub mit der befreundeten jungen Familie in Holland plötzlich in einem völlig neuen Licht.«

Dem Beifahrer entfährt ein leises »Neeeeeeein«, sodass sich die Leute in der Sitzreihe vor uns schon umdrehen. »Dein Dad und ...« Wechsel auf Flüsterton. »... Gruppen...?« Völlig überdreht packt Nick meinen T-Shirt-Kragen und zerrt an mir rum. »Bitte, schnell, das Hirn-Domestos, ich muss die Gedanken irgendwie rausätzen. Schnell, *schnell*!« Wir lachen uns halb kaputt.

Und während der Jumbo unbeirrbar weiter auf die Datumsgrenze zurast, tauchen wir in die Siebziger ein, oder besser gesagt: in die gefühlten Siebziger – so, wie wir sie uns vorstellen. Wahrscheinlich sind sie tausendmal besser als die echten jemals waren.

$0038 Irgendwann kommt im Leben eines Jungen der Moment, in dem er sich entscheiden muss, auf welcher Seite er stehen will. Dann gilt es, wichtige, ja sogar existenzielle Entscheidungen zu treffen, die dem Leben für die nächsten achtzig Jahre eine Richtung geben. Man muss Fragen beantworten wie: Adidas oder Nike? Amiga oder Atari? Star Trek oder Star Wars?

Und manchmal wird zu dieser Zeit auch die allerwichtigste aller Weichen gestellt: cool oder uncool? John Cusack hat es im Volltreffer kurz vor seiner Wupperüberquerung gut auf den Punkt gebracht: Willst du ein *Nick* sein – einer, der mit dir einen hebt und dem du ins Auto kotzen kannst? Oder ein Elliot, ein fettes Kind mit Brille, das Brei isst? Das war übrigens auch der Moment, in dem Herr Niklas beschloss, seinen echten Vornamen für immer zu begraben.

Dagegen sind die Entscheidungen in der Erwachsenenwelt völlig banal. Es wird ohnehin das meiste für dich entschieden. Nur eine Frage musst du selbst beantworten, egal, wie alt du wirst:

Pasta or chicken?

Unsicher wie jeder Berufsanfänger arbeitet sich die blutjunge japanische Flugbegleiterin durch die Reihen und ringt den Passagieren eine Entscheidung ab. Der Beifahrer nimmt die Nudeln – weil da die Chance geringer ist, eine Fleischvergiftung zu bekommen, kennt man doch aus Filmen. Um nicht pärchenmäßig rüberzukommen, bleibt mir nur das Hähnchen. Und zu trinken? Obwohl alles – Bier, Wein, Schnaps – gratis ist, entscheiden wir uns beide für einen Tomatensaft. Hinweis Nummer fünfhundertdreiundneunzig darauf, dass man kein Teenager mehr ist: Obwohl es kostenlosen Sprit gibt, nimmt man ein alkoholfreies Getränk.

Nachdem wir die Plastiktütchen mit dem Pfeffer komplett in unsere Becher geleert haben, spinnt Nick den Siebziger-Faden weiter.

»Cool war auch, dass Computer damals noch so ein Zauber umgab – eben weil sie noch nicht in jedem Wohnzimmer standen. Das waren noch mystische, unnahbare Elektronenhirne, kein Haushaltsgegenstand wie ein Mixer.«

Das ist eine von seinen Lieblingstheorien: Dass es heutzutage keine *Exklusivität* mehr gibt, mit Exklusivität in *Sperrdruck*. Der Grund für das Klagelied ist ziemlich banal: Früher, auf der Schule, war er immer der Held, weil sein Vater ständig brandneue Gadgets in seinem Büro hatte, von denen wir niedrigen Kreaturen nur träumen konnten: Faxgerät, Btx-Terminal, Motorola-Autotelefon. Dass dieser Vorsprung durch Technik dahin ist und heute so gut wie jeder das allerneueste Zeugs haben kann, geht ihm einfach gegen den Strich.

Ein bisschen was ist natürlich dran, an der Exklusivitäts-Sache. Gilt auch für das Fliegen: Als es sich nur die Bardot und Gunter Sachs leisten konnten, mit dem Jet von Nizza nach London zu hoppen, hatte eine Flugreise noch Glamour. Jetset halt. Heute ist der Lack ab, du sitzt zwischen Krethi und Plethi und wirst gefragt, ob du Huhn oder Nudeln willst.

Doch diese Straße sind wir häufig runtergefahren, zu häufig. Deshalb setze ich den Blinker und biege zu einem anderen Thema ab.

»Na ja, stimmt nicht hundertprozentig. Auch in den Siebzigern gab's schon überall Rechner, man konnte sie bloß nicht sehen. Sobald du einen Flug gebucht oder mit der Kreditkarte bezahlt hast, waren damals auch schon Computer im Spiel.«

»Hm.«

Nick lenkt aber ungewöhnlich schnell ein. Moment, dieser leere Blick ... nein, er hat gar nicht eingelenkt, sondern abgeschaltet und währenddessen an einer anderen Geschichte gebastelt. Und die kommt in drei, zwei ...

»Was ich noch zum Todes-Poke sagen wollte.« Und da ist sie schon. »Mir ist noch ein Beispiel eingefallen: Anfang der Sechziger brachte Xerox die ersten xenografischen Drucker auf den Markt, also im Grunde genommen nichts anderes als eine Art Kopierer. Und die hatten innen drin eine Art von Heizung, warum auch immer. Na, jedenfalls, wenn die Programmierer einen Fehler machten und das Papier nicht schnell genug durch den Drucker gezogen wurde, konnte es sein, dass erst das Papier und dann das Gerät in Flammen aufging. Kein Scheiß. Deshalb musste beim Programmieren auch immer ein Feuerlöscher in der Nähe stehen.«

Määäp. Mein Versuch, das Geräusch eines Quizshow-Summers nachzumachen, scheitert.

»Der Kandidat kriegt leider null Punkte. Denn wir hatten uns ja auf folgende Definition geeinigt ...« Warum nicht mal seine Masche austesten? Einfach behaupten, wir hätten uns auf meine Meinung geeinigt, auch wenn das überhaupt nicht stimmt. »... dass ein Todes-Poke bedeutet, dass der *Prozessor* eines Rechners mithilfe von Software irreparabel zerstört wird, nicht irgendein Peripherie-Gerät.«

Der Beifahrer murmelt nur ein »mag sein« und klappt den Dienstrechner wieder auf. Sein Besserwisser-Energiepegel war auch schon mal höher.

»Und? Wie geht's jetzt weiter?«, erkundige ich mich.

Nick steckt seine Nase wieder in den Bildschirm.

»Was meinst du?«

Er hat doch hoffentlich einen Plan, oder?

»Mit unserer Mission«, bohre ich nach.

»Wie soll es da schon weitergehen? Wenn wir in Seattle sind, ist da Nacht. Würde sagen, wir hauen uns kurz aufs Ohr. Morgen reißen wir die paar Meilen bis zu Vaters Höhle runter, und den Rest – schaun mer mal. Dürfte nicht so schwer sein.« Er tippt auf den Bildschirm. »Habe mir die wichtigsten Infos schon mal gezogen.«

Alles kein Problem, alles unter Kontrolle, nur ein unbedeutendes Reaktorleck. Das gleiche Motivationsgewäsch hatte er vor unserem Abflug nach Kuala Lumpur auch abgelassen. Und am nächsten Tag lag zwischen uns und *ihnen* nur noch eine Betondecke.

$0039 Willkommen in den Vereinigten Staaten des grünen und weißen Formulars.

»Sag mal.«

Nick schaut hinter seinen Derrick-Augenringen hervor.

»Ja?«

Ich halte ihm das grüne Formular vor die Nase.

»Was passiert wohl, wenn man die Kästchen für *ich bin Drogenhändler, ich war bei den Nazis* und *ich habe ein Kind entführt* gleichzeitig ankreuzt?«

Ein voller Erfolg. Erst gluckst Nick wie irre, dann geht sein Gelächter nahtlos in einen Hustenanfall über. Er ist echt gerockt. Sein Klimaanlagen-Schnüpfchen ist kurz nach dem Start in Tokio richtig durchgestartet. Die ganze Pazifik-Überquerung hat er durchgeschnieft und so oft in die Papierserviette vom Essen reingeschnäuzt, dass davon bei der Landung in Seattle nur noch feuchte Fetzen übrig waren. An Schlaf war auf beiden Plätzen nicht zu denken. Es herrscht also ausnahmsweise mal Fertigkeits-Gleichstand.

Als wir vor einer halben Stunde endlich unsere geschwollenen Füße auf amerikanischen Boden setzen durften, war alles vorbei. Akku leer, endgültig. Schlaflos in Seattle – Tusch! Es ist elf Uhr abends, und wir führen uns so albern auf wie Kinder, die in den Ferien ausnahmsweise mal lange aufbleiben dürfen und im Innenhof einer Pizzeria Fangen spielen, bis sie vor Müdigkeit Schüttelfrost bekommen.

»Du kannst auf dem Formular alles ankreuzen, was du willst – kein Problem, solange du keine staatsgefährdenden Würstchen einführst«, belehrt Nick mit erhobenem Zeigefinger. Wieder Gackern. Noch können wir locker lachen, beziehungsweise abhusten: Die Zollhunde, die jeden Touristen, der auch nur einen Kaugummi unterm Schuh hat, auf der Stelle zerfleischen, kommen erst hinten bei den Gepäckbändern. Jetzt stehen wir noch in der Vorhölle, der Immigrationshalle.

Zombies aller Zeitzonen, vereinigt euch! Wir sind in einem von Escher designten Albtraum gefangen: Nylonbänder teilen den Raum in kleine Korridore, die sich unendlich durch den Raum zu schlängeln scheinen, immer hin und her und hin und her – wie im Freizeitpark. Ab hier noch Wartezeit: 20 Minuten – oder eine Ewigkeit. Immer wenn du denkst, gleich dran zu sein, kommt noch eine Biegung, und die nächste Ehrenrunde beginnt: noch einmal den ganzen Weg bis zur schwarzen Kunstleder-Wartebank und zurück.

Anscheinend sind gerade mehrere internationale Flüge gleichzeitig gelandet, denn die Halle platzt aus allen Nähten. Hunderte von der Flugzeugluft ausgetrocknete Menschen kicken ihre Koffer mit einem abwesenden Blick vor sich her, den Blick immer demütig auf den grün-blauen Teppich mit den roten Streifen gerichtet. Trotzdem muckt keiner auf oder verlangt, einen weiteren Schalter zu öffnen. Nein, das Vieh quält sich geduldig durch das Gatter, um endlich vorne beim Einreisebeamten die roten Augen in die Kamera halten zu dürfen. Seit ein paar Jahren schießen die Amis von jedem verdächtigen Reisenden ein Foto, der ins Land will – also von jedem. Die Daten müssen für Augenforscher pures Gold sein: rote Augen und Bindehautentzündungen aus aller Herren Länder.

Und mittendrin Waldorf und Statler mit ihren Einreiseformularen, die sie mit letzter Energie brav im Flugzeug ausgefüllt haben: das weiße Zollzettelchen mit der Erklärung, dass wir nicht mehr als 10 000 Dollar dabei haben, und natürlich das grüne Teil mit der Gewissensprüfung: Mit diesem Formular sollen potenzielle Feinde des Homelands entlarvt werden. Wirklich ausgebufft, die Fragetechnik, da macht dem Ami wirklich keiner was vor.

»Am geilsten ist die Zeile: *Ersuchen Sie um Zugang, um unmoralische Aktivitäten durchzuführen?*«, flüstere ich. Nick prustet los, hält sich aber schnell die Hand vor den Mund, damit bloß niemand auf uns aufmerksam wird. Unser Punk bewegt sich wie immer in engen Grenzen, schließlich wissen wir, dass hinter dem Einbahn-Riesenspiegel an der Wand eifrige Sicherheitsbeamte sitzen, die nur darauf warten, vorlaute Ausländer zu einer kleinen Privataudienz in ihr schalldichtes Kämmerlein einzuladen.

Nick grinst und deutet mit der Kinnspitze auf das Mädel vor uns.

»Da würde ich unmoralische Aktivitäten nicht ausschließen.« Harr, harr, Piratenlachen. Wow, wenn selbst er sich ins Zotenrandgebiet vorwagt, ist er echt hinüber.

Sieht asiatisch aus, aber auch ein bisschen wie die Mädels in KL. Sie hat ungefähr Sabinas Format, wirkt aber deutlich größer, weil sie auf hohen perlmuttfarbenen Besorgs-mir-Riemchensandalen steht. Leicht overdressed für die Einwanderungsschlange. An der Hüfte, zwischen dem Bund der dunklen Jeans und dem T-Shirt mit Hello-Kitty-Aufdruck, quillt ein wenig braune Haut heraus. Hat einfach Klasse – und ist obendrein eine Multitasking-Queen: Während sie mit der einen Hand ihre silberne Handtasche sichert, jongliert sie mit der anderen ihren Pass und das Handy, in das sie pausenlos reinquatscht. Trotz ihrer massiven Tussigkeit steht nicht United States auf dem Pass, sondern Kasachstan.

»Eure Hot-heit hat wohl die Handyverbotsschilder nicht gesehen«, mokiert sich der Beifahrer. Insgeheim sind wir natürlich total aufgeregt, angesichts von so massiver Billigkeit. Vor allem nach einem Tag im Flugzeug. Von wegen Druck*verlust*.

Während sie plappert, klimpert an ihrem Telefon ständig ein silbernes Medaillon hin und her, das wohl ein Sternzeichen darstellen soll.

Ohne seinen Blick von ihrer Klempnerspalte loszueisen, säuselt Nick. »Yeah, Baby, zeig uns deinen Ass-zendenten.«

Warum muss man ihn erst krank machen und zwei Tage lang wach halten, bevor er sich wie ein normaler Mensch benimmt?

»Is niiice«, kontere ich mit einer sehr schlechten Borat-Imitation.

Nick röchelt herzhaft, bis der nächste Hustenanfall das bisschen Heiterkeit wieder aus ihm rausschüttelt und er in alte Verbitterung zurückfällt.

»Zuhause wartet bestimmt ihr *Froind* auf sie, irgendein Computer-Wunderkind, das für einen Dollar die Stunde Skripte programmiert«, grummelt er.

»Jap, die Jungs werden uns in unserer kollektiven Lounge Deutschland noch richtig plattmachen. Die kennen nichts als Arbeit. Für die ist ihre eigene Beerdigungsfeier die einzige After-Job-Party.«

Immerhin, der Beifahrer grinst wenigstens mal wieder, wenn auch nur für einen kurzen Moment.

$003A Unser ganzes Geschisse wegen des Grid, der Mikrochip-Baupläne und der ach so geheimen Dokumente aus Irvings Archiv war natürlich völlig überflüssig; der Typ am Zoll hat nicht mal von seinem Stehpult hoch geguckt, als wir mit unserem Computermuseum unterm Arm vorbeigewankt sind, sondern nur weiter mechanisch mit der Hand gewunken. Danach war die Luft völlig raus. Fünfzig Meilen hatten wir noch unterm Fuß, mehr nicht. Gerade genug, um aus Seattle rauskommen, raus aus der Metropole mit ihren lästigen Möglichkeiten, und ab auf den offenen Highway.

Beim erstbesten Motel, wo man wochenweise bezahlen konnte, sind wir rausgefahren. *Arrowhead, Trailhead* oder so. Wochenmiete ist immer gut, denn das zieht Gäste an, die deinen Sicherheitsabstand achten und nicht auf die Idee kommen, ein Gespräch anzuzetteln. Schließlich denken sie, dass du – wie sie selbst – einen 38er Revolver im Wagen hast, vielleicht sogar ein größeres Kaliber. Manchmal muss man sich Ruhe halt mit Angst erkaufen.

Es war keine gute Nacht, vor allem für Nick. Er hat stundenlang geschnieft und sich hin- und hergeworfen; erst als durch die

Mottenlöcher in den bordeauxroten Vorhängen das erste Licht des Morgens kroch, ist er ins Bad gewankt und hat sich ein paar *Tylenol* eingeworfen, so eine Art von Super-Aspirin, mit dem er sich noch am Flughafen eingedeckt hat. Im Schlafzimmer war nur das Klickern der Pillen im Zahnputzglas zu hören, aber da war gleich klar: Jetzt ist er echt krank.

Bevor Nickybaby nämlich zur Pille greift, muss es ihm wirklich schlechtgehen. Daran ist seine Mutter Schuld: Die ist ein bisschen homöopathisch angehaucht und hat ihm als Kind immer erst dann Medikamente gegeben, wenn er vor lauter Fieber fantasierte. Natürlich hat er sich darüber lustig gemacht, aber irgendwas ist von der Einstellung dann doch hängen geblieben. Medikamente sind immer noch ein bisschen böse für ihn. Er setzt lieber auf die »Selbstheilungskräfte des Körpers«, wie er sagt. Und dieser Scheiß hat uns beide mal wieder eine halbe Nacht gekostet. Toll.

Immerhin schläft er jetzt. Armer Beifahrer, so weit weg von zuhause und dann auch noch krank. Es wird echt langsam Zeit, die Mission zu Ende zu bringen.

Ich schlüpfe in Jeans und Regenjacke und schleiche mich mit dem Dienstrechner raus. Türaufschließen entfällt, weil an allen *drei* Vorhängeschlössern, die eigentlich die Sperrholztür sichern sollen, die Kette fehlt – abgerissen.

Es weht so kalt herein, als ob man den Kopf in ein Waschbecken voller Eiswürfel hält, so wie Huey Lewis in dem Video zu »I want a new drug«. Nach dem ständigen Plastikklima in Malaysia die reinste Erlösung.

Good Morning, America.

Wie früh es wohl ist? Fünf vielleicht, oder halb sechs. Die Hauptstraße des kleinen namenlosen Kaffs ist leer gefegt. Normalerweise sitzen um die Zeit wenigstens schon ein paar Trucker auf ihrem Bock, doch von denen ist hier auf der Dorfstraße nichts zu sehen. Die prügeln ihre Monster wahrscheinlich den sechsspurigen Interstate-Highway runter, der ein paar Meilen an dem Kaff vorbeigeht. Tja, Herr Bürgermeister, Pech gehabt.

Auf der anderen Straßenseite liegt die Dorfschule mit ihrem Football-Platz. Die Sprinkleranlage zischt schon auf Hochtouren, damit sich das Gras nochmal vollsaugen kann, bevor die Sonne wieder vierzehn Stunden lang gnadenlos runterballert. Mitten auf dem Spielfeld stehen ein paar armlose Männchen aus gepolstertem blauem Mattenstoff. Sie sehen genauso aus wie eine Reihe Spieler beim Tischfußball. Gegen diese Kameraden müssen die angehenden Quarterbacks wohl ihre Helme donnern, mindestens so lange, bis sie sich nichts sehnlicher wünschen, als einen eigenen Monstertruck zu fahren.

Ich setze mich auf eine Zuschauerbank und klappe den Dienstrechner auf. Weit und breit kein Signal, bleibt nur unser eigenes DCSNet. Naja, vielleicht sieht John so wenigstens, wie superfrüh wir schon für ihn unterwegs sind.

Unser Zielgebiet macht auf dem Sat-Foto keinen guten Eindruck. Selbst aus 100 Kilometern Höhe sieht es nach Ärger aus. Nur ein winzigkleines graues Quadrat ist zu erkennen, drum herum ein braunes Feld, zu dem eine schnurgerade Straße führt. Das könnte die Allee mit den Bäumen am Rand sein, die im Video zu sehen war. Rund um die kleine Siedlung selbst ist nichts zu erkennen, nicht mal richtige Felder, sondern nur blasse Quadrate, vom linken bis zum rechten Bildschirmrand, durch die sich ein paar Täler wie Venen am Unterarm schlängeln. Wasser kann da unten schon lange nicht mehr geflossen sein, sonst wären die Ränder grün.

Mal die Straßennamen checken.

Silo Road.

Ein Silo, vielleicht so ein Kornspeicher, wie sie überall im Mittelwesten stehen und wo der Mais reinkommt, bis die Ernte komplett ist. Hier oben, fast an der kanadischen Grenze, gibt's zwar kaum welche von denen, aber es klingt plausibel. Landwirtschaft, wie enttäuschend, Vaters Höhle sah auf dem Video nach mehr aus.

Auf jeden Fall kein guter Platz, um in Schwierigkeiten zu kommen. Ein Haus im Nirgendwo, zwanzig Meilen vom nächsten kleinen Ort entfernt.

$003B Eigentlich müssten wir uns jetzt solche schwarzen Balken unter die Augen malen, wie die Footballspieler, oder wie John Rambo im Hubschrauber vor dem Einsatz. Aus dem Off würde dazu natürlich einsames Getrommel kommen, damit auch der Letzte checkt: Es geht in den Kampf. Dumm, du-du-du-dumm, gleich wirst du, lieber Zuschauer, erfahren, warum bis hierhin so viele Unschuldige sterben mussten – nämlich als Metzel-Rechtfertigung.

Allerdings ist uns an diesem Morgen vor der Schlacht ein schwarzer Kaffee deutlich wichtiger als schwarze Schminkebalken. Denn unsere Tassen sind leer, und zwar schon zum dritten Mal.

»More coffee? Regular or decaf«, fragt die junge, etwas plumpe Frau mit der Metallbrille, und winkt mit der Kaffeekanne. Sie sieht aus wie fünfundzwanzig, vielleicht auch schon dreißig, irgendwie verlebt. Wohnwagenpark vermutlich, da zählt jedes Jahr doppelt.

Normal oder entkoffeiniert – was für eine Frage.

»Regular!«, rufen wir im Chor rüber, und Nick flüstert noch »DECAFBAD« hinterher.

Anstatt völlig high dem Endgegner entgegenzufiebern, schleppen wir uns mit letzter Kraft vorwärts. Nick braucht überhaupt keine schwarze Schminke mehr: Seine Augenringe haben sich über Nacht noch grauer und Horst-Tappert-mäßiger gefärbt. Und auch Harry hat eigentlich keine Lust, den Wagen zu holen, sondern würde am liebsten schlafen. Schlafen, schlafen, in Ruhe, ganz lang.

Der Schnitt in der Hand macht keine Anstalten, mit dem Brennen aufzuhören; alle paar Minuten schiele ich runter, um zu checken, ob sich eine der Adern drum herum schon lila färbt. Das würde bedeuten: Blutvergiftung. Dann blieben nur noch ein paar Stunden, um ins nächste Krankenhaus zu kommen. Ein weiterer Grund, die Exkursion zu Vaters Höhle so schnell wie möglich durchzuziehen.

Ist jetzt vielleicht der Moment gekommen, die Verstärkung der pharmazeutischen Industrie anzufunken? Die Packung *Provigil* fliegt immer noch unangebrochen zwischen den dreckigen T-Shirts rum.

SID
BY TIM

Bevor die Kellnerin richtig abgezogen ist, hat Nick schon seinen Kaffee wie ein Verdurstender runtergestürzt. Das Rührei mit Speck dagegen, das sie vor zehn Minuten gebracht hat, lässt er kalt werden; er hat nur einmal in die halbe Toastscheibe auf dem Extrateller gebissen – das war's. Wie soll so die Nick-Maschine laufen?

Der Beifahrer streicht sich mit dem Händen die fettigen Haare nach hinten und glotzt mich aus seinen roten Sehschlitzen an.

»Okay, was haben wir?«

Dass er anderen das Ruder überlässt, ist auch nicht gerade ermutigend. Ich schiebe ihm den Dienstrechner mit dem Sat-Foto rüber.

»Sieht nach einer einsamen Farm aus. Silo Road, könnte so'n Kornspeicher sein.«

Nick kneift die Augen erst zusammen und beugt sich wieder einen Tick zurück, weil er das Display anscheinend nur noch so scharf erkennen kann. Hihi, wenn das nicht der erste Flirt mit einer Gleitsichtbrille ist.

»Hm«, murmelt er abwesend. Anders als sonst klingt sein Murmeln nicht so, als wäre sein Hirn unterdessen mit irgendeiner hochkomplexen Analyse beschäftigt. Er wirkt eher, als würde ein Esel in seinem Kopf grasen.

Durch ein kleines Fensterchen zwischen Gastraum und Küche hört man Teller klappern. Um die Zeit schmeißt die Frau den Laden wohl alleine, sie muss gleichzeitig kochen und bedienen. Das Café sieht aus wie Tausende andere in den Rockies: dunkle Eichenvertäfelung, rund um die Fenster dicke Blockhaus-Balken, an der Wand der obligatorische ausgestopfte Elchkopf. So, wie sich der Ami halt Alpenhütten-Romantik in Zermatt vorstellt.

Andere Möglichkeiten, an ein Frühstück zu kommen, gibt es nicht. Für Fastfood-Ketten ist das Kaff viel zu klein; dafür müsste es auf der Hauptstraße mindestens eine Ampel geben, behauptet Nick. Gibt es aber nicht, und deshalb auch keinen McD, Kentucky Fried Chicken oder Taco Bell. Im Winter geht hier bestimmt einiges; da kommen die Leute aus Seattle und Portland hoch, um Ski zu fahren. Doch um diese Jahreszeit ist jeder Tag ein Sonntag.

Bis vor zehn Minuten hatten wir den Laden noch für uns. Dann ist ein Trupp Bauarbeiter reingekommen, fleischige Typen mit verbrannten Gesichtern, die ihre Oakley-Sonnenbrille auf den Schirmen ihrer Baseballkappen ablegen. Unten am alten Highway würden Glasfaserkabel verlegt, hatte uns die Kellnerin ungefragt erklärt. Die Typen halten gottseidank die Klappe und schlürfen konzentriert ihren Kaffee. Im Hintergrund dudelt eine alte Nummer von Del Amitri aus den Neunzigern. Genau, »Driving with the Brakes on«. Unglaublich, dass die nicht aus den Staaten sind, sondern aus Schottland.

Trying to keep the mood right,
trying to steer the conversation from
the thing we've done.

Nick starrt immer noch Löcher in den Bildschirm; wenn ich jetzt nichts sage, schläft er im Sitzen ein:

»Weißte was?«

Er schreckt hoch.

»Ja?«

»Ruf doch mal zuhause an. Ist doch erst neun in Deutschland ...«

Das Gesicht des Beifahrers hellt sich auf. Er zuckt kurz zusammen, so, als ob er direkt aufspringen will, bleibt dann doch noch zwanzig Anstandssekunden sitzen, bevor er wirklich startet. Dann aber gibt es kein Halten mehr. Er sprintet zur Tür und reißt sie so hektisch auf, dass die Kuhglocke, die oben an der Kante hängt, unangenehm laut bimmelt und sich die Bauarbeiter rumdrehen.

»Grüß Sabina!«

Hat er nicht mehr gehört, egal.

Wieder Kuhgebimmel, der Beifahrer gibt einem kleinen Mädchen die Eingangstür in die Hand. Sie trägt eine Caprihose aus Jeansstoff und ein buntes T-Shirt. Mit ihren blonden Haaren und den hellblauen Augen könnte sie glatt als Nicks Tochter durchgehen.

»Honey!«, ruft die Kellnerin erfreut. Das Kind läuft zur Theke rüber, schmeißt ihre Schultasche in die Ecke und umarmt ihre Mutter. Die lässt es kurz geschehen, drückt dem Nachwuchs aber postwendend die Kaffeekanne in die Hand. Ohne dass weitere Instruktionen nötig wären, schnappt sich die Kleine die Kanne und dreht eine Runde durchs Lokal, um den Gästen nachzuschenken. Sie lacht mich fröhlich an, als ich mein deutsch angehauchtes »Please« hören lasse – wie immer mit einem viel zu scharfen »s«. Das ist echt nicht rauszukriegen.

Bimmelim. Warum kommt Nick schon wieder rein? Er sieht aus, als wäre seine Erkältung in den letzten dreißig Sekunden doppelt so schlimm geworden. Mit einem kaum unterdrückten Seufzen lässt er sich in den Stuhl plumpsen.

»Was ist?«

»War nicht da.«

»Ach, Sabina hat bloß das Klingeln nicht gehört. Wahrscheinlich hat sie mal wieder diese Mucke superlaut aufgedreht, die sie nicht hören darf, wenn du da bist. Dieser Italo-Sülz. Wie heißt die Alte nochmal?«

»Laura Pausini.« Nick steckt sich den Finger in den Rachen und macht Würgegeräusche.

»Tja. Frauen. Wie sagt der Ami: Can't live with them, can't kill 'em.«

Du kannst sie nicht aushalten – aber umbringen darfst du sie auch wieder nicht. Nick quetscht sich einen Schmunzler ab.

Das kleine Mädchen hat sich ihren Ranzen wieder umgeschnallt und drückt ihrer Mutter zum Abschied einen Kuss auf die Wange.

»Love you, mom«, trällert sie auf dem Weg zur Tür.

»Love you too, honey«, ruft ihr die Kellnerin etwas mechanisch hinterher.

Ich schaue zum Beifahrer rüber. Er sieht schon wieder aus, als wäre er tausend Meilen weg. Dann unterbricht er seine Duldungsstarre doch noch.

»Was wäre eigentlich, wenn wir in den letzten zwanzig Jahren mit unseren Eltern so viel gesprochen hätten wie mit Kellnern, Rezeptionistinnen und so weiter? Ich meine, am Ende des Tages wäre die Zeit doch besser angelegt gewesen, oder?«

Wohin geht denn *diese* Reise? Nick bemerkt meinen Blick und macht eine entschuldigende Bewegung mit der Hand.

»Na, ich meine, dieses ganze Alleine-Rumhängen und so, nervt dich das nicht auch manchmal?«

»Klar, deshalb will ich mir demnächst ja auch einen Altair-8800-Bausatz holen ...« Ich grinse ihn an, aber er verzieht keine Miene, sondern fällt wieder in sein fiebriges Brüten zurück.

Sobald die Kellnerin wieder ins Blickfeld kommt, wedeln wir mit unseren Tassen in der Luft rum. Ja, *one more*. Und bitte mit Koffein.

$003C

Highway-Hypnose – so nennen das die Amis, wenn jemand auf einer lasergeraden Straße einpennt und sein Auto in den Graben setzt. Heute sind wir eine echte Risikogruppe für Highway-Hypnose, oder besser gesagt: *Ich* bin eine Risikogruppe, denn der Beifahrer schläft.

Das hat er noch nie gemacht. In all den Jahren, auf all den Straßen, hat er niemals auch nur einen Moment die Augen zugemacht, während ich am Steuer saß. Es gab immer etwas für ihn zu tun: Als noch gedruckte Karten mit an Bord waren, hat er damit rumgenestelt und mit Bleistift kleine Notizen draufgekritzelt; später dann, als die Rechner anfingen mitzureisen, starrte er entweder auf den Bildschirm in seinem Schoß oder aus dem Fenster. Er ist eben der perfekte Beifahrer. Dabei wirkte er niemals auch nur ansatzweise gelangweilt. Langeweile kennt er überhaupt nicht, dafür ist er viel zu sehr mit seinen Gedanken beschäftigt.

Einfach so einpennen, das wäre allein schon deshalb tabu gewesen, weil es die Kumpel-Solidarität untergraben hätte. Wenn einer wach bleiben muss, bleiben alle wach.

Heute ist der Tag für die große Ausnahme gekommen. Nick schläft und ich muss die Monotonie allein ertragen. Dabei könnte ich gerade jetzt eine dieser passiv-aggressiven Nerd-Diskussionen, die den Kreislauf in Schwung bringen, gut gebrauchen.

Denn der Highway ist heute morgen mal wieder extragerade.

Erst kamen noch ein paar Berge, mit Haarnadelkurven und Ponderosa-Kiefern, deren Äste von oben über die Straße hingen. Das ging noch. Doch jetzt gleiten wir durchs Nirgendwo. Endlose Ebenen voll verbrannter Wüstengräser ziehen am Seitenfenster vorbei – obwohl wir laut Karte fast auf zweitausend Metern rumgondeln. Warum wächst hier oben so wenig, obwohl wir fast in Kanada sind? Vielleicht schaffen es die Regenwolken vom Pazifik nicht über die Gipfel im Westen rüber.

Das Letzte, was Nick noch hinkriegte, war, den GPS-Störsender zu überprüfen. Eingestöpselt hat er ihn schon gestern Abend, direkt nachdem wir die Kiste vom Parkplatz der Autovermietung runtergefahren haben. Wollten uns wieder abzocken, die Gangster, mit irgendeiner Sonderversicherung. In den buntesten Farben malte uns der Typ am Schalter den größten anzunehmenden Unfall aus. Darin sind die echt ungeschlagen. Also, Sir, was wäre, wenn Sie mit einem unversicherten Tanklastzug aus Honduras zusammenstoßen, der dann führerlos in ein Atomkraftwerk reinrast. Was wäre dann? Dann, Sir, würden Sie sich wünschen, die zwei Dollar pro Tag für die Zusatzversicherung bezahlt zu haben, oder?

Erst nach ungefähr fünfzehn *No, thanks* gab der Typ endlich auf und stellte die Gretchenfrage: Was für ein Auto darf es denn sein? Das ist immer ein trauriger Moment – seit die Automarke Oldsmobile vor ein paar Jahren dichtgemacht hat. Diese Karren waren immer eine gute Wahl. Zu unseren Traditionen gehört es nämlich, das absolut langweiligste Auto auf dem amerikanischen Kontinent zu mieten, und Oldsmobile war – getreu dem Firmennamen – immer ganz vorne mit dabei.

Detroit gibt's nicht mehr so richtig, und Autos von Oldsmobile stehen nur noch im Museum. Also mussten wir einen Viertürer von Ford nehmen, aber der ist auch okay. Selbst die Rentner in Florida fänden den Wagen wahrscheinlich zu langweilig.

Zehn Minuten, nachdem sich der Beifahrer davon überzeugt hatte, dass unsere Tarnkappe noch funktioniert, ist sein Kopf jedenfalls das erste Mal zur Seite gekippt. Einmal hat er es noch geschafft, sich aufzuraffen und halbherzig in Irvings Papieren zu stöbern, aber nach weiteren fünf Minuten war er endgültig ausgezählt. Jetzt schnauft er mit sperrangelweit offenem Mund vor sich hin und sieht sehr unwürdig aus – wie ein ausgebrannter Salaryman in der Tokioter U-Bahn.

Wow, ist diese Straße gerade. Wie das Autobahnstück bei uns vor der Tür, das die Jungs von der Hardthöhe so angelegt haben, dass man es im Verteidigungsfall auch als Landebahn benutzen kann. Schade, dass Nick pennt, denn darüber weiß er, wie über so viele Sachen, *einiges*. Er würde die ganze Geschichte des Autobahnprojekts abspulen und dabei natürlich zwanzig Mal die Fachabkürzung NLP fallen lassen – für »Notlandepiste«. Geht doch, er muss gar nicht wach sein! Ich kann seinen Part einfach selbst spielen.

Schnurgerade ist das Stück, mit durchbetoniertem Mittelstreifen, ohne Büsche oder so. Die Jungs von der Bundeswehr hätten nur schnell die Leitplanken rausreißen müssen, und schon wäre die Landebahn für ihre Kampfjets bereit gewesen. Sogar an eine Ausbuchtung haben die Planer gedacht, um die Maschinen für den *Raid over Moscow* zu wenden. Wahnsinn.

Das wäre natürlich der perfekte Moment, um unsere alte Diskussion über den Kalten Krieg, haha, ein bisschen aufzuwärmen.

»Es gibt keine einfachen Antworten mehr«, würde Nick lamentieren und danach sein völlig idiotisches Loblied auf die einfache Welt der Achtzigerjahre anstimmen, in der alles noch so schön eindeutig war. Im Westen die Guten, hinterm Eisernen Vorhang die Bösen. Freiheit oder Sozialismus. Wenn er poetisch drauf wäre, würde er das Ganze noch mit seinem Lieblingsvergleich verzieren. »Die Welt ist heute viel zu 3D geworden, genau wie die ganzen GUIs. Diese ganzen Schatten, Spiegelungen und reflektierten Lichter, die Tiefe suggerieren sollen – *Kotz*. Da ziehe ich die Command Line auf jeden Fall vor!«

Dann wäre es meine Aufgabe, querzuschießen, zum Beispiel mit einer Ketzerei wie: »Leuchtet ein. Es ist ja auch viieel einfacher, eine übersichtliche Zeile einzugeben wie COPY C Doppelpunkt, Slash, PRON, Slash, Sternchen, Punkt, JPG, Leerzeichen, A Doppelpunkt, als seine Bildchen mit einem Mausklick auf Diskette zu kopieren.«

Wow, das würde einschlagen.

»Usability ist was für Verlierer« oder so ähnlich würde Nick zurückzischen und langsam, aber sicher, richtig in Fahrt kommen. So ginge das Hickhack weiter, während die Meilen still und unbemerkt unter der Stoßstange verschwänden.

Hey, es geht wirklich ganz gut ohne ihn.

Ein bisschen hat er natürlich Recht. War schon eine bequeme Sache, als es noch einen Feind gab, von dem man wusste, wo er stand – »im Osten« halt. Obwohl die Russen natürlich nie so richtige Feinde waren, die man sofort hätte umbringen wollen. Sie haben eher die *Rolle* der Feinde gespielt, damit es im Lebensfilm einen Bösen gab, so pro forma. Sie brachten die Macht in Balance.

Wenn sie echte Feinde gewesen wären, hätte man sie besiegen wollen, und so richtig hatte da, glaube ich, keiner Lust zu. Das Ganze funktionierte eher wie ein Game, das einen bösen Endgegner braucht, um die nötige Spannung aufzubauen. Niemand zockt Freundschaftsspiele. Und wenn überhaupt einer siegen würde – das stand für uns größenwahnsinnige Zwölfjährige fest –, dann müsste es derjenige mit der besten Technologie sein. Der Sieg gebührte dem, der den geilsten Düsenjet mit Schubvektorsteuerung oder das U-Boot mit dem besten magnethydrodynamischen Antrieb konstruieren konnte, yeah, wie bei »Jagd auf Roter Oktober«. Nur der wäre ein würdiger Feind. Daran, dass es hungrige Typen sein könnten, die mit einer Zwille in einem Erdloch sitzen, haben wir nicht gedacht.

$003D

»Alter, wir sind fast da.«

Nick röchelt weiter durch den weit geöffneten Mund.

»Alter, wir sind *fast da*!«

Wieder keine Reaktion.

Ich zupfe so lange an seiner Schulter, bis er zusammenzuckt.

Ein heiseres »Schon?« kommt von rechts. Dann dreht sich der Beifahrer noch ein bisschen weiter auf seine Beifahrerseite und tut so, als würde er wieder einschlafen.

In fünf Meilen müssten wir an der Kreuzung sein, wo die kleine Straße zu Vaters Höhle abzweigt. Ist natürlich nur eine Schätzung. Da der GPS-Störsender rund ums Auto alle Frequenzen blockiert, findet natürlich auch das Navi kein Signal mehr, und wir müssen wieder Meilen auf dem Tacho zählen, um rauszukriegen, wo wir sind.

So richtig geklappt hat es mit der Nick-Emulation dann doch nicht. Seine Verschwörungs-Folklore lässt sich nicht so einfach nachmachen. Und diese erratischen Einwürfe, die mit Halbsätzen beginnen wie »Wusstest du eigentlich, dass der 6502-Prozessor ...« – die kann das Hirn eines durchschnittlichen *Anwenders* halt nicht so ohne Weiteres hervorzaubern. Also blieb nur, die Augenlider mit Gewalt am Runterfallen zu hindern und auf die Sieben-Segment-LEDs mit dem Meilenstand zu starren.

You've come a long way, baby. Ziemlich wahr, Herr Fatboy Slim, der für uns immer der Bassist der *Housemartins* bleiben wird. Er hat Recht: Wir haben ein ganz schönes Stück Weg zurückgelegt.

Am Anfang war der Grid, und der Grid war bei John. Ein verdammt hartnäckiges Stück Magnesium, das nichts ausspucken wollte. Erst als wir uns den Trick mit der Datenübertragung per Bildschirm ausdachten, redete er – und verriet, wer sein Herrchen ist. Die Kiste bekam einen Namen, eine Seele. Plötzlich ging es nicht mehr darum, Daten zu migrieren, sondern das Erbe einer Legende anzutreten.

Als Nächstes der Trip in das Drecksloch Kuala Lumpur. Wir ziehen aus dem Müll ein echtes Dead-Media-Juwel – die Musikkassette mit dem Video drauf. Das Pixelvision-Tape verrät uns, dass es mehr gibt als nur den Grid, dass Vater alles sorgfältig in seiner Höhle aufbewahrt. Kurze Pause in der Sackgasse. Doch dann der Befreiungsschlag: Ich spiele meine *Kernkompetenz* aus, Nickybaby,

– das ziellose Rumtippen – und der Grid verrät uns, dass er auch nach Hause telefonieren kann und wo Irving sein digitales Erbe wirklich verscharrt hat. Hätte Nick das alles allein hingekriegt? Natürlich hätte er, bloß ohne seinen mitreisenden Zufallsgenerator wäre es vielleicht nicht so schnell gegangen.

Wir nähern uns dem kleinen X, das Nick in einem Anflug von Nostalgie auf die Karte gekritzelt hat. Nach stundenlanger Wüste tauchen ein paar Weizenfelder auf. Jetzt über den Acker schlendern und mit der Hand sachte oben über Ähren streichen, die im Abendlicht glühen, wie in ... Ja, in welchem Film war das nochmal? Wann ist diese Sache mit den Hollywood-Referenzen eigentlich außer Kontrolle geraten? Völlig peinlich, das war es schon bei »Remington Steel«. Da hat Brosnan doch auch ständig irgendwelche alten Schinken zitiert. »Warner Brothers, 1928« und so. Brosnan, oh Mann, dieser Walzer-Bond. Hat obendrein noch den schlechtesten Film aller Zeiten abgeliefert: »Der Rasenmäher-Mann.« Nur zwei Worte: Virtual Reality. Was ist bloß in den Neunzigern in die Leute gefahren, dass sie unbedingt alle wie Geordi La Forge aussehen wollten mit ihren VR-Brillen? Andererseits wäre es cool, wenn John uns mal eine Indigo von Silicon Graphics zum Sezieren rüberschieben würde.

Noch eine Meile. Nick streckt sich und fährt sein System hoch. Das Nickerchen scheint ihm gutgetan zu haben, denn er fängt sofort an, sinnloses Zeug zu faseln. Vielleicht ist es aber auch nur sein Fieber.

»Weißt du, worin die Zukunft liegt? In Plastik! Wir sollten *in Plastik* machen, das hat Zukunft, nicht dieser Computer-Scheiß hier.«

Das gleiche ausgelutschte Zitat aus der »Reifeprüfung«; doch, Dude, ich hab's erkannt, aber keine Lust mehr, drauf einzugehen. Dafür haben wir das Thema schon zu häufig durchgekaut – die Diskussion, dass der Glaube an einen *guten* Fortschritt völlig versiegt ist.

In den Sechzigern war alles Neue automatisch gut, wie Plastik halt. Heute hat sich die Beweislast umgekehrt: Das Neue muss erst mal beweisen, dass es die Menschheit nicht durch irgendeinen Bug in die Steinzeit zurückbombt oder in grauen Schleim verwandelt. Alles gut und richtig, aber eben schon tausend Mal durchgenudelt. Es ist Zeit, zur Sache zu kommen.

Ich zeige wortlos auf die schwarze Linie am Horizont.

Der Beifahrer lehnt sich nach vorne und nickt.

»Das könnte sie sein, die Allee aus dem Video.«

Dann taucht die Abzweigung zu Vaters Höhle auf. Seltsam. Obwohl es rechts abgeht, ist auch auf der linken Straßenseite eine große Ausbuchtung aus Schotter aufgeschüttet. So, als ob ein großes Fahrzeug zusätzlichen Rangierplatz braucht, um zum Punkt X abzubiegen.

$003E Rote Schrift auf weißem Untergrund. Es ist das übliche Schild, und es grinst uns mit der üblichen Botschaft an:

NO TRESPASSING. Betreten verboten.

Nick legt seine Hand entschlossen auf den Schlagbaum, so, als wollte er gleich drüberhechten. Aber so ganz traut er sich natürlich nicht, und deshalb versucht er, uns schon mal ein kleines Schlupfloch zu basteln.

»Vielleicht bezieht sich das *Betreten* ja auf das Grundstück drum herum und nicht auf die Straße selbst.« Er dreht die Innenseite seiner freien Hand entschuldigend nach oben. »Ich meine, ist doch eine ganz normal asphaltierte Straße hinterm Schlagbaum, da kann man ja als ganz normaler Passant gar nicht erkennen, dass man da nicht reindarf.«

»Es sei denn, man schaut auf das Schild, auf dem BETRETEN VERBOTEN steht, Alter!«

»Ist ja gut, ist ja gut.«

Beleidigt lässt der Beifahrer seine Hand zurück in die Hosentasche wandern und trippelt ein bisschen vor dem Schlagbaum herum. Die Schranke sieht mit ihren gelb-roten Streifen sehr aggressiv aus, wie eine giftige Schlange, die unvorsichtige Jäger warnen will.

Es ist heiß. Aber auf eine andere Art als in Malaysia – trocken, absolut geruchlos, fast steril. Der Wind fühlt sich an, als ob man den Kopf vor einen Föhn hält, und schon nach zwei Sätzen klebt einem die Zunge am Gaumen fest.

Wir starren auf die leere, ziemlich gut asphaltierte Straße hinterm Schlagbaum. Warum hängen keine Blätter an den Bäumen, mitten im Hochsommer? Wer weiß, was hier gesprüht wurde, bestimmt irgendein Gift, damit sich kein Unkraut durch die Straßendecke frisst. Mit ihren kahlen Ästen sehen die Bäume entlang der Straße wie eine Reihe verwitterter Wegkreuze aus. Einen halben Kilometer wird sie lang sein, vielleicht auch einen ganzen. Was am Ende kommt, kann man von hier nicht erkennen. Ein weiterer Zaun, oder ein Haus? Sicher kein Kornspeicher, denn die sind ein paar Stockwerke hoch und wären von hier aus locker zu erkennen. Träge wabert die Luft über dem Asphalt.

Nick legt den Kopf in den Nacken und starrt mit zusammengekniffenen Augen ins wolkenlose Blau; sein Hirn muss kurz davor sein, überzukochen. Fieber, und dann noch diese Affenhitze – kein Wunder, dass er unruhig wird und einen neuen Anlauf startet.

»Immerhin steht nur *Betreten verboten* drauf. Das klang auf den Schildern beim Area 51 ganz anders, weißt du noch?«

Klar. Wir mussten bei brüllender Mittagshitze durch die Wüste von Nevada marschieren, um irgendeinen nebulösen »schwarzen Briefkasten« zu suchen, in dessen Nähe angeblich besonders viele Ufos zu sehen sind. Am Schluss war der Briefkasten weiß, der Himmel leer und unsere Reise endete vor einem orangefarbenen Schild, das Eindringlingen nicht weniger versprach als DEADLY FORCE AUTHORIZED. Kurzum, die *Camo-Dudes*, Sicherheitsmänner in unmarkierten Tarnanzügen, würden uns ohne Vorwarnung über den Haufen ballern, falls wir das streng geheime Testgelände der Air Force betreten würden. Dagegen klingt das Schild hier wie eine freundliche Einladung.

Betreten verboten. Der Klassiker.

Klar ist Nicks Haargespalte bizarr. Betreten verboten heißt betreten verboten. Aber, hey, sollen wir nach dem Scheiß-Gezuckel um die halbe Welt jetzt echt den Schwanz einziehen und abdrehen? Außerdem: Ein winzig kleines bisschen hat er ja Recht. Bis auf den Schlagbaum gibt es keine echte Sperre, und selbst der ist nur mit einem lächerlich kleinen Vorhängeschloss gesichert. Der einzige echte Zaun verläuft entlang der Privatstraße, aber *hinter* den vertrockneten Bäumen. Man muss also nicht mal durch irgendein Loch kriechen, um auf das Gelände zu kommen, sondern kann ganz locker unter der Schranke durchtauchen und ist drinnen. Zumal weit und breit keine Sicherheitstechnik zu sehen ist: keine Ammoniak-Detektoren, die menschlichen Schweiß riechen, keine Überwachungskameras, keine Bewegungsmelder. Nichts, oder besser gesagt: noch nichts. Die wahren Sicherheitsmaßnahmen kommen sicher hinten.

Nick wird immer hibbeliger. Er trommelt nervös mit den Fingern auf der Schranke rum.

Was soll's.

Ich grinse zu ihm rüber.

»Wie heißt es so schön bei Robocop 3?«

Der Beifahrer grinst erleichtert zurück.

»Für ihn sind die Gesetze nur Altpapier!«

Wortlos schwingen wir uns über den Schlagbaum, er links und ich rechts neben dem Betreten-verboten-Schild. Zwanzig Jahre lang haben wir auf diese Chance gewartet. Wir gehen wieder rein, durch den Haupteingang.

$003F Im Tiefflug rast die Kamera auf uns zu, so knapp über den Asphalt, dass es durch die Luftspiegelungen aussieht, als würden wir durch einen Teich waten. Zoom, Zeitlupe, Superzeitlupe. Unsere weißen T-Shirts flattern im Wüstenwind und strahlen mit unserem Lächeln um die Wette. Wir lachen wie zwei Jungs, die auf dem Bolzplatz gerade das entscheidende Tor reingekloppt haben. Die bei *Operation Thunderbolt* mit dem letzten Magazin die Terroristen weggeblasen haben. Die am gleichen Abend die Telefonnummer ihrer Superfrau einkassiert haben. Kurz: wie Jungs, die glauben, dass ihnen die ganze Welt gehört – und die für einen Sekundenbruchteil vielleicht sogar Recht haben.

Es ist einer dieser Momente, die man am liebsten in Kunstharz eingießen würde, wie diese bescheuerte Megatüte damals nach der Abi-Party. Von solchen Augenblicken, das glaubten wir zumindest früher, würden wir als Erwachsene noch unendlich viele erleben. Doch über die Jahre sind diese Flashs immer seltener geworden, bis man sich schließlich kaum noch an einen erinnern kann.

Von einer Sekunde auf die andere sind wir völlig high. Alles ist vergessen: die schlaflosen Nächte, die endlosen dunklen Meilen im Jumbo von Kuala Lumpur nach Seattle, der Grid, unsere Mission, Major Tom, Sabina, Andie. Das ganze störende Drumherum haben wir hinterm Schlagbaum und dem beschissenen Schild stehen gelassen. Kein Rauschen stört mehr das Signal. Von hier ab gehört die Straße uns, jeder Meter, bis zum Horizont.

Das war es wert, selbst wenn es mal wieder eine Sackgasse sein sollte.

Minutenlang laufen wir so weiter. Grinsend, still, glücklich. Jeder genießt für sich den Moment. Erst als man beim Blick über die Schulter nicht mehr das Nummernschild unserer Rentnerkutsche lesen kann, bricht Nick das Schweigen.

»Nett, oder ?«

»Ja, verdammt nett.«

Er lässt noch ein paar Bäume vorbeiziehen, genießt die Stelle – und haut dann wieder so einen Klopper auf seine typische Nick-Art raus. Das hat er im Laufe der Jahre wirklich perfektioniert: eine Monster-Sensation so rüberzubringen, als ob es eine Kleinigkeit wäre. Hat er sich beim Berger damals abgeguckt. Angenommen, er würde mich anrufen, weil er im Lotto gewonnen hat, würde das bei ihm so belanglos klingen, als wäre ihm gerade ein Knopf am Hemd abgerissen. Genauso beiläufig zündet er auch diese Bombe.

»Du, ich glaube, das ist kein Getreide-Silo, wo Irving seine Rechner abgestellt hat.«

»Sondern?«

»Ein Silo für Atomraketen.«

»*Was?*«

Nick schlendert weiter und zieht mich am T-Shirt-Saum mit. Ganz sachlich, ohne den üblichen Blick von oben runter, erzählt er weiter.

»Warum nicht? Von denen gibt's hier oben Hunderte.«

»Echt?«

»Jau, alle aus den frühen Sechzigern. Damals hatten die Russkis gerade ihren Sputnik hoch geschossen und Amerika bekam mächtig Angst, dass die Roten ihnen bald aus dem Orbit eine Bombe auf den Kopf werfen würden. Also haben sie den ganzen Westen Nordamerikas mit unterirdischen Abschussbasen gepflastert – für den Gegenschlag. In jedem Silo steckte eine Atomrakete, mit der man Moskau im Ernstfall in weniger als einer Stunde hätte ausradieren können. Leider waren die Dinger – hauptsächlich ICBMs vom Typ Atlas und Titan – schon ohne Sprengkopf verdammt gefährlich. Die wurden mit flüssigem Treibstoff angetrieben, ein hochexplosives Zeug, das zu jeder Gelegenheit hochging. In einem Silo zum Beispiel hat mal ein Handwerker einen Schraubenschlüssel fallen gelassen; der schrappte an der Rakete entlang, riss ein kleines Loch in die Außenhaut und *Boom!*«

»Eine Atomexplosion?«

»Nein, nein, nur die Rakete ist hochgegangen. Der Sprengkopf flog oben aus dem Silo raus und landete sicher ein paar Meter weiter.«

Vor und hinter »sicher« malt er mit den Fingern Gänsefüßchen in die Luft. Oh nein, jetzt ist er auch infiziert!

»Na ja, nach den ganzen Unfällen haben die Amis ihre Raketen dann durch bessere mit festem Treibstoff ersetzt – und die alten

Silos aufgegeben. Alles wurde rausgerissen, bis nur noch die Mauern übrig waren, die leeren Bunker hat die Regierung dann verkauft. Seit den Achtzigern kann sich deshalb so ziemlich jeder, der 'ne Million locker hat, ein Raketensilo zulegen. Dabei ist der Kaufpreis eher Nebensache: Wirklich Kohle geht wohl dafür drauf, die Bunker in Schuss zu halten. Ist ja auch klar: Allein das Silo für die Rakete ist sieben Stockwerke hoch. Dazu kommt die Abschusszentrale, zwei Stockwerke hoch, und elend lange Verbindungstunnel. Verdammt viele Quadratmeter Wand, die man streichen muss ... Nicht wenige Besitzer ziehen deshalb in den Kontrollraum und überlassen den Rest den Fledermäusen.«

»Eine Million war in den Achtzigern ja noch einiges. Wer hat so viel Geld?«

»Ziemlich schräge Vögel. Irgendwo hier oben in Washington zum Beispiel hat sich so ein Tinfoil-Hat ein Silo gekauft, um da unten Protokolle von Ufo-Sichtungen einzulagern.«

Ja, solche Verschwörungsfreaks soll es geben.

Der Beifahrer hält sich die Hand vor den Mund, so, als ob der ein Geheimnis ausplaudert. »Der Vorbesitzer übrigens hatte einen seiner Besucher nicht mehr rausgelassen – sondern ihn zerstückelt.«

»Ja herrlich! Warum sollte Irving so einen Bunker kaufen?«

»Bietet sich doch an: Erst mal hatte er Kontakte zum Militär, konnte sich also die Sahneschnitten raussuchen. Geld war wohl auch kein Thema, bei allen Patenten, die er im Lauf der Zeit angemeldet hat. Da ist bestimmt einiges an Lizenzgebühren zusammengekommen. Und er war auf der Suche nach einem wirklich sicheren Ort – solche Typen tendieren ja immer ein bisschen ins Paranoide.«

Echt, Dude?

»Na, und wenn die Silos eines sind, dann sicher«, fährt Nick ironiefrei fort, »schließlich wurden sie dafür gebaut, einen feindlichen Atomangriff zu überstehen. Da unten kann dir nichts was anhaben – Sturm, Erdbeben, Termiten, Überschwemmungen. Geht alles an dir vorbei. Eigene Wasserversorgung, eigene Stromversorgung, Luftfilter. Ein eigener Planet unter der Erde, genau das Richtige für völlig paranoide Survival-Freaks. Nicht umsonst haben sich in den Neunzigern ein paar Netz-Provider so ein Silo gekrallt. Atombombensicher – das macht sich in der Werbung einfach gut!«

Langsam kommt das Ende der Straße in Sicht.

Und dahinter steht ein weiterer Zaun.

Bloß nicht hochgucken, die letzten Meter Unbeschwertheit auskosten. Nick hat den Zaun auch gesehen und starrt ebenfalls auf den Asphalt, der unter unseren Füßen wie ein Fließband vorbeizieht.

Lass uns noch nicht über den Zaun reden. Schnell – eine weitere Frage.

»Also mal angenommen, du liegst richtig. Die Silos sind doch bestimmt mördermäßig abgeschottet. Wie kommen wir da durch?«

Der Beifahrer reibt sich über den Mund.

»Abwarten. Ist nicht gesagt, dass da wirklich alles hochsicherheitsmäßig ist. Das Strategic Air Command hat beim Auszug nämlich alles aus den Silos rausgerissen, was nicht niet- und nagelfest war. Schließlich wollte man nicht, dass jemand die Steuerungskonsole für eine ballistische Interkontinental-Rakete in die Hände kriegt. Selbst die Zäune und Eingangskontrollen wurden abgebaut. Um die neuen Sicherungsmaßnahmen mussten sich die neuen Besitzer der Abschussbasen kümmern.«

Irving scheint die Sache allerdings ernsthaft angegangen zu sein. Anders als seine Absteige in Kuala Lumpur macht der Eingang zu Vaters Höhle einen aufgeräumten Eindruck. Der Zaun wirkt, als sei er gestern erst gezogen worden – zwei Meter hoch, mit Stacheldrahtrolle oben drauf. Ohne Drahtschere oder so kommen wir da niemals durch, wenn er nicht obendrein unter Strom steht. Wir haben nur eine Chance: den offiziellen Weg durch eine kleine Tür, die direkt vor uns in den Zaun eingelassen ist.

»Mal sehen, ob wir im Interconti einchecken dürfen«, unke ich.

Nick ist finster entschlossen, sich die gute Laune nicht verderben zu lassen, und knipst wieder sein Jungslächeln an.

»Klar doch, *all your base are belong to us*!«

$0040 »Finger weg!«

Nick hechtet rüber und schlägt mir auf den ausgestreckten Arm. Automatisch ziehe ich meine Hand vom Tastenfeld zurück. Was ist denn jetzt los?

»Hey – ganz locker!«, pfeife ich ihn an.

»Erst mal überlegen«, keucht der Beifahrer und macht einen kurzen Headbang, dass die Schweißtropfen nur so von seiner Stirn fliegen. Dann presst er seinen Rücken gegen die Betonwand, um seinen Kopf wenigstens ein kleines Stück in den Schatten zu manövrieren, der sich um das Häuschen herumzieht.

Mittlerweile geht es auf zwölf zu, die Hitze ist unerträglich. Wie im Backofen rösten wir auf der offenen Fläche vor uns hin, und ich befürchte, dass Nick umkippt, wenn wir nicht langsam mal in Vaters Höhle runtersteigen können. Sein Augenlid zuckt schon so komisch.

Bis hierher war unser Einbruch – das klingt nicht gut, aber so muss man es jetzt wohl nennen – der reinste Spaziergang. Bis eben sah es fast danach aus, als hätte der Beifahrer mit seinem von *Tylenol*-Happymachern befeuerten Optimismus mal wieder richtig gelegen. Der erste Zaun war das reinste Kinderspiel. Einfach nur die Zahlenkombi aus dem Grid eingeben, die schon bei Irvings Absteige in Kuala Lumpur funktioniert hat – und schon summte das elektrische Schloss auf.

Damit war die Sache aber nicht gegessen. Denn hinter dem Zaun wartete der Todesstreifen auf uns.

Der Perimeter, auf den sich unser kleiner Landetrupp runtergebeamt hat, ist kreisrund, so groß wie ein Fußballplatz und komplett mit braunem Schotter bedeckt. Es ist eine ordentliche Wüste. Die Steine sehen aus, als hätten sie japanische Mönche erst heute morgen zurechtgeharkt. Häuser sind keine zu sehen, nur ein kleines Kabuff, das genau in der Mitte der Steinwüste vor sich hin schmort; es ist vielleicht so groß wie vier Telefonzellen nebeneinander. Das muss der Eingang zur Unterwelt sein, oder zum Raketensilo, mal abwarten. Drumherum ist absolut nichts, nicht mal eine Straße. Nur zwischen dem Zaun und dem Kabuff markieren kleine rote Stöckchen im Boden einen Weg.

Fast eine Viertelstunde haben wir quer durch die Schotterwüste bis zum Häuschen gebraucht, dabei sind es höchstens dreißig Meter. Schritt für Schritt haben wir uns vorangetastet, ohne auch nur einmal hochzugucken, aus Angst davor, mit dem Fuß auf den Schotter *neben* einem Stöckchen zu treten. Denn das würde bedeuten ... Ja, was genau? Darüber haben wir kein Wort verloren. Doch die Sache ist klar. Wenn irgendwas wie ein Minenfeld aussieht, dann das. *Minefield*, war das eine geile Sprachausgabe bei *Desert Fox*. In echt nicht ganz so unterhaltsam: Jeder Zentimeter dieser absolut gleich großen, braunen Steinchen brüllt *Lebensgefahr*. Wir sind die Jungs im Landetrupp mit den roten Uniformen.

Nach dieser Zitterpartie stehen wir jetzt endlich vor dem Kabuff – und vor dem nächsten Codeschloss. Immerhin: Im Gegensatz zu der militärischen Edelstahlversion eben am Zaun macht es einen beherrschbaren Eindruck. Es sieht aus wie der Tresor in einem billigen spanischen Hotelzimmer: dunkelbraunes Plastikgehäuse, Folientastatur mit messingfarbener Beschriftung, Baujahr '84 schätzungsweise. Neben dem Tastenfeld steht ARM, CODE und STATUS. Dass die Leuchtdiode neben dem Wort ARM rot glimmt, kann man nur erkennen, wenn man vorsichtig die Hand rüberhält, so, wie ich es gerade versucht habe.

Nick lehnt an der Wand.

»Also, Irving ist kein Idiot. Er wird nicht zweimal die gleiche Kombination verwenden«, keucht er, immer noch außer Atem.

»Logisch.« Hey, ich wollte wirklich nichts eingeben, Dude.

Der Beifahrer dreht sich ein Stück zur Seite, um einen Blick auf das Schloss zu werfen. An der Wand hat sein Rückenschweiß einen dunkelgrauen Fleck auf dem Beton hinterlassen. Im Gesicht sieht er irgendwie bleich aus, als ob der Körper das ganze Blut im Hirn zusammengezogen hat.

Falls er wirklich kurz vorm Umkippen ist, verbirgt er es zumindest gut. Konzentriert wandert sein Blick über das Schloss, auf der Suche nach der Schwachstelle. Er weiß natürlich genau, dass es keine gibt. Denn die Zeiten, in denen sich solche Schlösser mit einer 9-Volt-Batterie und ein bisschen Alupapier knacken ließen, sind lange vorbei. Falls die Geschichten überhaupt stimmen.

Der Beifahrer nickt kurz, so, als ob er ein Gespräch mit sich selbst beendet hätte, und startet plötzlich eine ganz seltsame Aktion: Ohne ein Wort zu verlieren, kniet er sich hin und fängt an, auf dem Boden vor seinen Füßen rumzuwühlen. Schottersteinchen für Schottersteinchen schiebt er zur Seite, bis der getrocknete beige Lehmboden darunter zum Vorschein kommt. Dann bricht er mit den Fingernägeln aus dem harten Boden ein kleines Klötzchen raus und zerdrückt es in der Hand.

Hallo, wie wär's mit einem Kommentar für das unwürdige Publikum?

»Was soll das?«

Aus seiner Hand bröseln ein paar Lehmklümpchen raus, fallen auf den Boden und hinterlassen kleine Staubwölkchen, als ob Bomben dort eingeschlagen wären. Ab und zu kontrolliert Nick das Ergebnis, pustet leicht in die Hand und knetet weiter. Dann lässt er sich doch noch zu einer Erklärung herab:

»Bei solchen billigen Codeschlössern nutzen sich die Tasten schnell ab – vor allem, wenn sie oft gedrückt werden, sprich: in der Geheimzahl vorkommen. Durch das Gedrücke wird das Plastik glatt poliert. Das führt dazu, dass Dreck an diesen Tasten nicht so leicht hängen bleibt wie an den unbenutzten, bei denen die Oberfläche noch rau ist.«

Zufrieden begutachtet der Beifahrer das feine Lehmpulver in seiner Hand.

»Pass mal auf.«

Er holt tief Luft und pustet den Staub gegen das Schloss.

$0041 »Null und vier sind sicher dabei, oder?«, sage ich – Captain Obvious, dessen einziger Job mal wieder darin besteht, das Offensichtliche auszusprechen.

Der Beifahrer nickt. »Ich würde sagen, die Acht auch. Cool, oder?«

Wir bringen unsere Nasen wieder auf eine normale Entfernung zum Schloss und kriechen zurück in den kühlenden Schatten der Wand.

Unfassbar. Nicks Trick hat funktioniert. Gut, nicht 100-prozentig, aber immerhin: Von ganz Nahem kann man erkennen, dass auf einigen Tasten wirklich weniger Lehm hängen geblieben ist als auf anderen. Die Ausbeulungen für null, vier, acht und natürlich Enter glänzen immer noch, während an den anderen Tasten überall ein bisschen Staub klebt. Unklar ist die Sache mit der Fünf; an diesem Wackelkandidaten haftet auch ein bisschen Staub, aber halt nur ganz wenig. Doch, das müsste reichen, um die Zahl auszuschließen. Wir haben also drei sichere Zahlen. Das bedeutet, eine Ziffer muss in der Geheimzahl doppelt vorkommen, schließlich haben fast alle Schlösser dieser Art einen vierstelligen Code.

Ist es Einbildung, oder ist der Beifahrer ein Stückchen an der Wand von mir weggerückt?

»Jetzt mal im Ernst: Das haben dir die Databorgs beigebracht, oder?«, bohre ich nach.

Nick lacht auf diese etwas übertriebene Art, an der man erkennen kann, dass er gleich nicht so ganz die Wahrheit sagen wird.

»Databorgs – lustig. Quatsch.« Ende des gekünstelten Lachens. »Alles aus dem Fernsehen. Ist doch nichts geiler, als wenn der Fernseh-Kram im echten Leben funktioniert.«

Stimmt, wenn es denn wirklich Fernseh-Wissen ist.

Um Dienstgeheimnisse preiszugeben, ist er noch lange nicht getoastet genug, da muss schon ein Nahtoderlebnis her. Also sinnlos, weiterzubohren. Lieber die Energie in die Mission stecken. Höchste Zeit, dass der verhinderte Nationalökonom zurück ins Spiel kommt.

»Also, das Schloss hat einen vierstelligen Code, wir haben drei Zahlen zur Auswahl, das heißt, eine Ziffer muss zwei Mal vorkommen. Macht insgesamt sechsunddreißig mögliche Kombinationen. Klingt überschaubar.« Ja, ja, Statistik I, erstes Semester, da war der Energiepegel noch hoch.

Nick guckt skeptisch.

»Ist aber noch zu viel, um zu raten. Ich schätze mal, nach drei Versuchen friert das Schloss ein, und dann muss man erst mal einen Tag warten, bevor man den nächsten Versuch starten kann.«

Eine niederschmetternde Rechnung. Wir starren auf die Tür und loten schweigend die Möglichkeit aus, das ganze Brute-Force-mäßig zu lösen. Leider ist es keine Tür, sondern eher ein Tor – die massive Brandschutzvariante aus gebürstetem Stahl mit schwerem Edelstahlgriff, wie am Eingang zur Kühlkammer einer Fleischerei. Mit Nerd-Power ist da nichts zu machen.

Wenn wir nur drei Versuche haben, bedeutet das, wir müssen etwas tun, was uns gerade jetzt ziemlich schwer fällt – nachdenken. Wir müssen Irvings Eselsbrücke erraten, mit der er sich den Code gemerkt hat. Nick rutscht mit dem Rücken die Wand runter, bis er auf dem Schotter sitzt. Obwohl er die Beine bis zum Bauch hochzieht, reicht der Schatten nur bis zu seinen Knien.

Er atmet schwer aus, als ob jemand plötzlich die Luft aus ihm rausgelassen hätte.

»Mann, wir haben doch nichts über die Bude in der Hand, das uns einen Hinweis auf den Code geben könnte. Keinen Anhaltspunkt!«

Jetzt nur keinen Energieabfall, Dude, so nahe dran.

»Ganz ruhig. Also, wir haben den Ort, die Adresse, außerdem stand in der DCSNet-Datenbank, dass der Laden hier Site Six heißt.«

»Aber die Sechsertaste ist nicht abgenutzt.«

»Stimmt. Würde auch nicht zu Irving passen, zu banal. Was also noch ... Dad's Lair – Vaters Höhle, die Beschriftung auf der Videokassette.«

»Hm.«

Nick drückt sich mit den Füßen noch einmal ab, um noch mehr dunkelblauen Jeansstoff aus der Sonne zu bekommen. Aber er kriegt die Knie einfach nicht in den schmalen Streifen Schatten, den uns das Betondach gönnt. Resigniert streckt er die Beine ganz aus, sodass jetzt auch seine Oberschenkel gegrillt werden.

Auf einmal zuckt er zusammen.

»Wart mal. Dad's Lair. Lair, also Höhle. Schreibt sich L, A, I, R. Sag doch mal schnell die ASCII-Codes der Buchstaben.«

Schnell? Nicht mal langsam. Wie wär's mit gar nicht? Nein, nur einer in unserem Team ist in der Lage, sich eine Liste zu merken, die jedem Buchstaben des Alphabets eine dreistellige Nummer zuordnet.

Und weil dieser jemand inzwischen gemerkt hat, wie rhetorisch seine Frage war, löst er das Rätsel schnell selbst.

»Also: Der ASCII-Code für ein L ist 114, das A hat die 101, der Code für I lautet, äh, 111 und R hat …« Kurzes Abzählen im Kopf. »122. Macht zusammen 448. Und da der Code vierstellig sein muss, würde ich sagen 0448. Doch, ziemlich sicher, mit der 0448 lässt sich die Tür öffnen.«

Klingt alles ein bisschen aus dem Arm geschüttelt, oder besser gesagt: total ausgedacht, Alter. Wie stehen die Chancen, dass sich Irving gerade diese Eselsbrücke ausgesucht hat? Es könnte doch jede andere Zahl sein – die Typenbezeichnung eines Chips, den er gebaut hat, die Seriennummer seines geliebten Grid, die Telefonnummer seiner Freundin in Kuala Lumpur, oder was auch immer. Alles ist möglich. Warum also so schwachsinnig sein und diesen völlig willkürlich ausgewählten Code probieren? Nein, wir sollten lieber nochmal drüber *brüten*; das dürfte hier, haha, ja kein Problem sein.

»Wäre eine Möglichkeit«, wiegele ich ab.

»Ach, was soll's?« Der Beifahrer steht auf.

Will er zurück zum Wagen – oder etwa sofort den Code ausprobieren? Er will echt – zack, er hat wirklich schon den Finger auf der Null, und drückt zu! Schnell dazwischen.

Ich packe seinen rechten Unterarm und drücke ihn nach unten. Doch Nick fängt an, wie ein Irrer zu lachen, reißt seinen linken Arm hoch und drückt schnell auf die Vier. »Haha, zu spät!«

Wildes Gackern. Jetzt ist es so weit, seine Sicherungen brennen durch.

»Mann, das kostet uns einen Versuch!«, versuche ich ihn noch zu bremsen.

Doch Nick strampelt wie ein tollwütiger Hund, bis ich seinen Arm loslasse. Dann tippt er die letzten zwei Zahlen ein und legt seinen Finger auf Enter. Mit einem Augenzwinkern und ohne hinzusehen drückt er drauf.

Bssssssss, ein Summer.

Wir rammen gleichzeitig unsere Schultern gegen die Tür. Sie fliegt krachend auf. Der Idiot hat tatsächlich Recht gehabt.

Der Weg in Vaters Höhle ist frei.

$0042 Glück gehabt, nichts als Glück, wie so oft.

Hatten wir jemals kein Glück?

Sicher, nachdem die Sache mit dem Studium gebombt war, sah alles zunächst ziemlich unentspannt aus; die paar Termine, zu denen wir noch unsere Eltern sahen, wurden stressig, verhörartig. Doch wir richteten uns ganz gut ein, beschafften uns zwei, drei Jobs, die genug einbrachten, um einfach weitermachen zu können wie bisher. Und meistens ging die Rechnung auf. Ab und zu ein Neuzugang für die Retrocomputing-Sammlung war immer drin, genau wie die jährliche Forschungsreise, ein paar neue Games, die Pflicht-Filme des Monats und so. Okay, davon abgesehen konnten wir nicht viel Glamour bieten, schließlich muss man ja irgendwo kürzertreten. Klamotten, Ausgehen und Einrichtung fielen hinten runter – und damit auch die Frauensache. Aber was soll's? Dafür mussten wir uns nicht mit lästiger Verantwortung rumschlagen. Der Status Quo war gerettet.

Mehr wollten wir ohnehin nie – den Status Quo retten, einfach die C64-Zeiten einfrieren. Für mehr fehlte uns einfach der Hunger. Warum sich abstressen, um es einmal besser als die Eltern zu haben? Die hatten's doch schon gut genug, da musste man nicht zwanghaft einen draufsetzen, sich beweisen. Wir trieben lieber weiter durch unser kleines unverbindliches Otaku-Universum und überließen es anderen, sich zu stressen.

Ambitionen sind was für unglückliche Leute – so lautete unser Motto. Oder war es vielleicht doch nur *mein* Motto? Nick scheint in letzter Zeit mit den alten Slacker-Werten nicht mehr viel anfangen zu können, sonst hätte er sich nicht ohne Not diesen ganzen Verantwortungsscheiß ans Bein gehängt – Sabina, das Haus, und da kommt bestimmt noch mehr. So, wie es aussieht, werde ich mir bald einen anderen Player Two suchen müssen, der das rote Männchen bei *International Karate* steuert.

Er hat natürlich Recht: Dass uns die Datacorp engagiert hat, ist das Sahnehäubchen auf einer ohnehin schon riesigen Sahnetorte, der finale Glücksgriff in einem Leben voller Glücksgriffe. Auch diesen Hauptgewinn werden wir wieder als selbstverständlich hinnehmen, wie wir es immer getan haben. Doch diese bohrende Frage im Hinterkopf bleibt, und sie bohrt immer lauter. Wann gehen uns die Wunder aus?

Früher oder später muss diese Glückssträhne mal zu Ende gehen, und dann sind wir echt gekniffen. Lange kann das nicht mehr gutgehen; bald – vielleicht schon morgen oder an Nicks berühmtem *Ende des Tages* – wird einer kommen und merken, dass wir absolut nichts können.

Nein, halt, totaler Stuss.

Was ist los? Nick macht es richtig und freut sich über jeden neuen Rechner, jede Stunde Flugzeug und jeden Meter Wüste. Führt doch alles zu nichts, jetzt können wir unmöglich umkehren.

Es bleibt dabei: *Ab morgen* wird gelernt.

Ⓜ1985
CBM

$0043 Spieler eins, sind Sie bereit?

Spieler zwei, sind Sie bereit?

Die Leuchtdiode neben dem Wort ARM glimmt weiter grün vor sich hin. Jetzt müssen wir runter, runter in die Dunkelheit. Hole, sweet hole.

Die ersten Schritte gehen ganz leicht, denn noch sieht alles freundlich aus: ordentliche Betonstufen, zwar unbemalt, aber nicht schäbig, wie in der Parkgarage des Dorint eben. Die weiße Mittagssonne leuchtet alles gut aus; alles noch auf Alltag, bitte erst zur Kasse, dann zum Wagen. Es ist das Licht eines Tages, an dem glückliche Familien neben dem Highway ein Picknick machen oder einen Freizeitpark mit einer Wasserrutsche besuchen.

Irgendwo im Halbdunkel unterhalb des ersten Treppenabsatzes geht flackernd ein Neonlicht an. Das Türschloss hat die Stromversorgung aktiviert.

»Nach dir.« Der Beifahrer grinst, während er die schwere Stahltür mit der Schulter offen hält.

Super.

Am besten mit jedem Schritt immer zwei Stufen auf einmal nehmen, das wirkt entschlossen. Also los: Eins, zwei, drei, der erste Absatz ist geschafft. In diesem Moment lässt Nick die Tür los. Sie fällt mit einem dumpfen Krachen ins Schloss und sperrt das Licht des idyllischen Ferientages endgültig aus. Wir sind alleine mit uns und der Vergangenheit – bisher immer ein schönes Gefühl.

Hinter dem ersten Absatz beginnt die Dunkelheit. Jetzt kriecht nur noch aus der Tiefe des Treppenhauses ein leichtes Glimmen hoch. Doch es sieht nicht einladend aus wie eine Laterne, die vor einem einsamen Gasthaus baumelt – ein weiteres schönes deutsches Wort –, sondern eher, als läge da unten Freddy Kruegers Heizungskeller. Mal sehen, wie weit es runter geht. Ich schaue links am Handlauf vorbei in die Tiefe. Lächerlich, nur ein paar Meter, kein Abgrund, immerhin. Das sah in Grönland anders aus.

»Komm schon«, flüstert Nick von hinten.

Weiter also. Krr, krr, krr. Ein paar Schottersteinchen, die in den Zwischenräumen unserer Gummisohlen mitreisen, kratzen über den Beton. Im Treppenhaus steht die heiße Luft. Sie riecht nach Moder und Verfall, gar nicht mehr wie im schönen Dorint-Parkhaus, wo aus silbernen Lüftungsschächten stets ein frischer Frühlingsduft weht, sondern eher wie eine volle Biotonne, die eine Woche lang in der Julisonne geschmort hat. Wie war das mit dem Fledermaus-Problem? Die Viecher sollen ja üble Lungenkrankheiten übertragen, gegen die selbst die Profis vom Robert-Koch-Institut nichts ausrichten können. Und dann erst der Schimmel. Warum, warum, warum? Warum sind wir nicht auf der Wasserrutsche?

Wie zwei kleine Pfadfinder auf ihrer ersten Nachtwanderung tasten wir uns im Gänsemarsch runter. Zwei, drei, vier Treppenabsätze, dann sind wir schon unten angekommen, vor einer weiteren Brandschutztür. Das ging schnell. Die paar Meter Erde sollten ausreichen, um die Druckwellen der russischen Atombomben draußen zu halten? Falls, ja *falls* Nicks bizarre Raketensilo-Theorie überhaupt stimmt.

Ohne zu zögern reißt der Beifahrer die Tür auf.

Willkommen in den Sechzigern. Schluss mit dem adrettem Parkhaus, gebürsteten Edelstahltüren und Waschbeton, ab hier beginnt der Altbau.

Wir stehen in einer stinkenden Röhre aus verrostetem Wellblech. In beide Richtungen geht der Gang endlos weiter, als ob man falsch rum in ein Fernglas reinguckt. Es könnte glatt die Kanalisation sein, wenn da nicht dieses kleine No-Smoking-Schild wäre, auf dem unten in kleinen Buchstaben *567th Strategic Missile Squadron* steht. Nick versucht sich in Berger-mäßigem Understatement und tippt nur kommentarlos mit dem Finger drauf. Ja, Alter, ich hab's gesehen.

Was für ein Loch. Die Decke ist so niedrig, dass wir uns bücken müssen, um nicht oben gegen die Lampen zu stoßen. Es sind diese Modelle, wie es sie früher auf Baustellen gab, mit einem Drahtgitter vor dem Glas. In den meisten schwappt innen drin irgendeine braune Soße hin und her, also immer schön aufpassen, um nicht dranzukommen.

Läuft heute irgendwie anders als in Malaysia. Warum eigentlich? Genau, bei dieser Expedition hier fehlt der Schock des völlig Neuen, die totale Überraschung, wenn man um die Ecke guckt, dieser Howard-Carter-Moment. Wir bewegen uns ein bisschen auf ausgetretenen Pfaden, schließlich war der Gang schon im Pixelvision-Video zu sehen. Das Hirn ist die ganze Zeit damit beschäftigt, Daten abzugleichen: Genau, die Lampenreihe an der Decke muss das sein, was auf dem Video wie eine Landebahn bei Nacht aussah.

Ein bisschen, wie wenn in der Kneipe neben einem ein Promi sitzt. Dann ist man auch die ganze Zeit damit beschäftigt, zu gucken, ob der oder die echt wie im Fernsehen aussieht, und wenn nicht, warum. Und ehe man damit fertig ist, steht der Promi auf, und man hat sich nicht mal gemerkt, was er getrunken hat – eben weil der Kopf mit Vergleichen ausgelastet war.

»Das muss der Verbindungsgang zwischen Kontrollzentrale und Silo sein«, raunt Nick, während er sich mit einer fahrigen Bewegung den Schweiß aus dem Augenwinkel wischt. Das Grinsen auf seinem Gesicht hat sich mittlerweile festgefressen und scheint gar nicht mehr weggehen zu wollen.

Klare Sache, nach seinem kurzen Durchhänger eben fliegt er jetzt wieder gaaanz hoch. Wie viel Fieber er wohl hat? Die Schweißbäche an seinen Schläfen sehen nach mindestens neununddreißig Grad aus. Aber selbst die können seine Begeisterung jetzt nicht mehr bremsen.

»Wie cool ist das denn bitte? Genau wie bei, wie bei, na, *Splinter Cell*, genau, diese geile *Missile Strike* Map. Spielte doch auch in einem Raketensilo, oder?«, schwärmt er, wie ein Junge, der an Weihnachten Geschenke auspackt.

Jap. Supercool.

Zeit für einen kurzen Schauer auf seine Parade.

»Und wohin gehen wir jetzt?«

Nick schaut sehr wissend erst nach links, dann nach rechts den Gang runter.

»Die Server stehen sicher im Kontrollzentrum. Der Raum sah im Video hoch aus, aber nicht sieben Stockwerke hoch, so hoch wie das eigentliche Abschusssilo. Ist eigentlich egal, in welche Richtung wir gehen. Tja, ich schätze, da hilft nur probieren.«

Zielstrebig setzt er sich nach links in Bewegung.

$0044 Den Laden haben sie ja ordentlich ausgeweidet. Kahle Stahlbögen, so weit das Auge reicht, wie ein totes Tier in der Wüste, von dem nur noch die Rippen übrig sind. Die Hightech aus den Tagen des Kalten Kriegs ist verschwunden. Alle Leitungen, die das *Go* aus dem Kontrollraum zur Rakete übertragen hätten – an solchen Orten gibt es gottseidank nur Konjunktive –, sind von den Wänden gerissen worden, genau wie die meisten Stromleitungen. Dass das Strategic Air Command nicht noch die verrosteten Bolzen abmontiert hat, von denen die Wellblechröhre zusammengehalten wird, ist auch alles. Andererseits gut für uns. An den kahlen Wänden würde moderne Überwachungstechnik sofort auffallen.

Nick scheint das Gleiche zu denken, jedenfalls hört er mit dem albernen Flüstern auf und liefert seinen Live-Kommentar wieder in normaler Lautstärke.

»Die coolste Silo-Story ist Anfang der Nuller passiert. Da haben sich zwei Alt-Hippies aus San Fran eine Abschussbasis in Kansas gekauft, um da unten fabrikmäßig LSD herzustellen. Damit Besucher nicht misstrauisch werden, ließen sie zur Tarnung ein paar Maschinen laufen, aus denen kleine Metallfedern rauskamen, weißt du, solche wie im Kugelschreiber drin. Na, irgendwann kam den Einheimischen die Sache trotzdem verdächtig vor, vor allem, weil die Freaks alles hochsicherheitsmäßig abgeschirmt hatten. Also riefen sie erst die Cops, später marschierten dann die

Drogenbullen von der Drug Enforcement Agency rein und haben alles abtransportiert – achtzehn Umzugswagen.«

Stolzer Seitenblick. Ja, hast du dir alles schön gemerkt, Alter. Und weiter geht's im Vortrag.

»... Nach der Razzia ist der LSD-Markt rund um die amerikanischen Unis wohl völlig zusammengebrochen. Im Silo sollen Chemikalien rumgelegen haben, um Stoff im Straßenwert von 160 Millionen Dollar zu produzieren. Richtig bizarr muss der Prozess gegen die Typen gewesen sein, voller seltsamer Eso-Freaks als Zeugen und verschwundener Beweismittel. Ein Mitangeklagter zum Beispiel hat sich seine Anwaltsrechnung von Paul Simon und Sting bezahlen lassen – weil er die kannte.«

Nick hat beim Hölzchen angefangen, ruht sich kurz auf dem Stöckchen aus und wird nicht aufhören, bis er beim Zellulosemolekül angekommen ist – darauf ist Verlass. Da er absolut keine Antennen dafür hat, ob sein Gesprächspartner – oder besser: Gesprächsempfänger – zuhört oder nicht, kann man die nächsten zehn Minuten getrost abschalten; ab und zu nicken reicht.

Also marschiere ich stumm neben ihm den Flur runter, während er weiter schwadroniert.

»... wusstest du eigentlich, dass es nie ein rotes Telefon zwischen Moskau und Washington gab? Ist eine totale Legende, Reagan konnte niemals direkt mit Breschnew sprechen! Es gab keine Telefone, sondern nur zwei Siemens-Fernschreiber, die über das erste Unterseekabel, die Transatlantic Number One, verbunden waren. Die Regierungen vertrauten nur auf das geschriebene Wort, weil die Experten annahmen, dass zwischengeschaltete Simultanübersetzer eventuell Missverständnisse produzieren könnten – und dann: Boom!« Theatralisches Hände-Auseinanderreißen. »Der heiße Draht wurde übrigens mehrfach aus Versehen durchtrennt, von einem dänischen Bulldozer in der Nähe von Kopenhagen zum Beispiel, oder von ...«

Fast ein Uhr. Wenn Andie gerade in der Jeppesen-Zentrale in Kalifornien arbeitet, macht sie jetzt Mittagspause – vorausgesetzt, dieser komische Typ vertritt sie nicht noch immer. Mit ihr Mittagspause zu machen war immer eine freudlose Angelegenheit: Sie gehört zu den Frauen, für die *Essen* bedeutet, leicht proteinhaltige Luft einzuatmen. Eine Scheibe Truthahnbrust auf Baguette, danach ein Café Latte mit fettfreier Milch, mehr hat sie nie gegessen. Na, es scheint ja zu funktionieren, sonst wäre sie ja nicht so schlank. Sabina dagegen haut immer ordentlich rein, das volle Programm, Schnitzel mit Jägersoße und so. Das kann noch lustig werden, wenn sie Nick erstmal regelmäßig bekocht – der mit seinem empfindlichen Magen.

»... als Kennedy erschossen wurde, kamen die Fernschreiber erstmals zum Einsatz. Washington setzte Moskau über *den Vorgang* in Kenntnis. In den Siebzigern wurde das Seekabel dann durch vier Satelliten ersetzt, zwei amerikanische und zwei russische. Über den so genannten Molink konnten die Staatschefs sich dann auch Faxe zuschicken ...«

Eigentlich hat Andie ihren göttlichen Status durch nichts verdient – außer vielleicht durch diesen engen Hosenanzug, besser gesagt: durch die Hose von dem Hosenanzug, noch besser gesagt: durch die Art, wie die Hose bei ihr sitzt. Echt gut eben. Aber davon abgesehen ist sie furchtbar langweilig, weil sie eigentlich eine ignorante Ami-Bratze ist. Essen, Musik, Filme – sie hat von nichts eine Ahnung, und schon gar nicht, wenn die Sachen sich – Schock! – außerhalb der Staaten abspielen.

Als sie zum Beispiel hörte, dass wir aus Deutschland kommen, hat sie uns als Erstes total ernst gefragt, ob wir einen VW Jetta fahren, und direkt eine ihrer Endlos-Storys hinterhergeschoben. Das sei ja an ihrem College das angesagte Auto schlechthin gewesen, so was von cool und, like, awesome. Alle Quarterbacks – unsere Interpretation – hätten so einen gefahren. Als wir ihr dann offenbarten, dass sich in Deutschland niemand unter Siebzig in so eine Kiste setzt, hat sie es uns bis zum Schluss nicht geglaubt. Tja, Andie, es gibt andere Länder, und, like, andere Sitten. Heißt die Karre nicht außerdem schon lange Bora bei uns?

Mann, was das Schwätzen angeht, kommt Nick echt bald an sie ran. Er serviert weiter Häppchen von der Kalten-Kriegs-Platte.

»... im Kontrollraum des Silos, *die Kapsel* genannt, saßen immer zwei Typen, jeder mit einem eigenen Abschuss-Schlüssel. Sie konnten die Rakete nur zusammen starten. So sollte verhindert werden, dass ein einziger durchgeknallter Army-Typ den dritten Weltkrieg auslöst ...«

Irving scheint ein echter Messie gewesen zu. Er hat das Silo innen genauso abfucken lassen wie sein Apartment in Kuala Lumpur. Bei jedem Schritt wirbeln massenweise Staubmäuse über den Boden; in den Lampen, die den Gang beleuchten sollen, ist jede dritte Birne abgeraucht, und der Gestank wird mit jedem Meter schlimmer. Wahrscheinlich hat er hier nur seine Server abgestellt, für Strom und Kühlung gesorgt – und ist wieder abgezogen. Passt zu seinem fahrigen letzten Auftritt bei der LegaSys.

Nick kurbelt weiter wie ein Irrer am Rad der Geschichte. Er fängt an zu klingen wie die Typen, die in diesen *Landser*-Heftchen früher ihre Kriegserinnerungen auswalzten. So nach dem Motto: Wir waren doch wer, oder? Nur dass der Krieg, von dem Nick, man könnte fast sagen: schwärmt, nie stattgefunden hat. Genau das fasziniert ihn wohl daran: Es ist alles nur ein Spiel, eine Frage des Was-wäre-wenn. Bei ihm lernt man wirklich, die Bombe zu lieben.

»... und wusstest du, dass um ein Haar der Dritte Weltkrieg ausgebrochen ist? Wenn es nicht diesen Russen gegeben hätte, Stanislaw Petrow. Der saß am 26. September 1983 in der russischen Satellitenüberwachungszentrale, als plötzlich der Alarm losging. Das System meldete einen Raketenabschuss auf amerikanischem Territorium! Petrow ruft also beim Oberkommando an, und die fragen ihn, was denn los sei. In der Sekunde stand die ganze Welt am Abgrund. Wenn Petrow den Abschuss gemeldet hätte, wäre der Gegenschlag ausgelöst worden. Doch er blieb cool und sagte, es sei nur ein Fehlalarm, weil er wusste, dass die Amerikaner einen nuklearen Erstschlag niemals mit nur *einer* Rakete starten würden. Der hat uns allen den Arsch gerettet. Wir waren sooo nah dran.«

Mein Fremdenführer kneift Daumen und Zeigefinger zusammen. An seinem Japsen zwischen den Sätzen merkt man, dass ihn das Fieber doch langsam anfrisst. Er läuft ganz klar auf Reserve.

»Sollen wir mal Pause machen?«, biete ich an.

An sich gibt es in der Kumpelwelt nur eine Antwort auf diese Frage: *Nö, warum*? Doch für solche kindischen Kämpfchen haben wir keine Zeit mehr. Also nickt der Beifahrer stumm, beugt sich vor und stützt sich mit den Händen auf seinen Kniescheiben ab. Bestimmt eine halbe Minute keucht er still vor sich hin.

Das Ende des Ganges ist schon in Sicht – das Schott aus dem Video. In Echt ist es mit einem dunkelgrünen Lack gestrichen, der so bröckelig aussieht. Heißt Hammerschlag, oder so. Oben, in der Mitte und unten sind so große Schrauben dran, wie an einem Schott im Kriegsschiff, damit man den Gang, oder was auch immer dahinter kommt, luftdicht verrammeln kann.

Es ist Zeit, mal zur Sache zu kommen.

»Hast du schon eine Idee, wie wir den Hauptrechner knacken? Ich meine, ein IBM aus den Siebzigern ist nicht so mein Metier.«

Mein Metier ist nämlich nichts, außer dem Überspielen von Lebenserinnerungen, die auf einem Tandy gespeichert sind.

Nick reißt den Kopf hoch und läuft weiter, als ob nichts gewesen wäre.

»Ja, äh, das geheime Datenarchiv. Wie gesagt, ein IBM-System: eine Batterie von 3330-Festplatten, gekoppelt an einen Mikrocomputer der Series/1 aus den späten Siebzigern. Gesamtkapazität etwa ein knappes Gig. Wird höchstwahrscheinlich von einem 4978-Terminal gesteuert, mit Datensichtgerät. Da kommen wir schon irgendwie rein ...«

Unglaublich. Allein das Wort *Datensichtgerät*! Nach all den Jahren schüttelt er immer noch solche Asse aus dem Ärmel. Den ganzen Kleinkram kann er sich unmöglich gestern im Flugzeug angelesen haben. Nein, das Wissen schlummert in seiner ganz persönlichen dunklen Zone.

Doch, es muss gesagt werden:

»Respekt!«

Mit einem Gewinnerlächeln dreht sich der Beifahrer um.

»Nichts Besonderes. Die Dinger standen auch bei der Nas...«

Schon beim »a« merkt er, dass er Scheiße gebaut hat, und bricht den Satz ab. Tja, Alter, raus ist raus. Du hast dich verquatscht: Die Datacorp hat also ein bisschen bei der *National Aeronautics and Space Administration* im Keller gewerkelt – und du warst dabei, im Allerheiligsten des Allerheiligen. Wie hat er geschafft, das bei allen Nasa-Diskussionen unter der Decke zu halten? Er ist halt der Übermensch – nein, der Über-Angestellte. Diese Episode werden wir beizeiten mal vertiefen.

Jetzt, wo der Colt noch raucht, sofort nachzubohren brächte aber nichts, das wäre zu offensichtlich. Nein, jetzt muss ich dem Beifahrer erst mal die Möglichkeit geben, seinen Ausrutscher mit einem anderen Thema zu überspielen.

»Was für eine andere Möglichkeit gibt es, so einen Rechner anzuzapfen?«

Nicks Erleichterung reicht vom Boden bis zur Decke. Er glaubt tatsächlich, dass er seinen kleinen Fehltritt unter einem Berg von Details verstecken kann.

»Die Series/1 war ein ziemlich offenes System. Kam zu der Zeit raus, als die Großrechner gerade ausstarben und Digital mit seinen kleinen 16-Bit-Maschinen der großen IBM das Wasser abgrub. Das waren wilde Zeiten, 1976, kurz bevor der digitale Tsunami heranrollte. Ziemlich genau zum gleichen Zeitpunkt zeigte ein gewisser Steve Wozniak den Schraubern vom *Homebrew Computer Club* eine selbst gelötete Platine, die später auf den Namen Apple I hören sollte. Damit ging die Ära, in der Computer nur etwas waren, das Unternehmen bauten, um es an andere Unternehmen zu verkaufen, zu Ende.« Versonnener Blick zum Himmel, Schweigesekunde, dann Rückkehr zum Thema. »Äh, also, die Series/1, mit einem alten Laptop käme man ganz einfach an die Daten, dafür gibt's nen Emu...«

Wir stehen kurz vor der Druckschleuse; sie steht einen Spalt weit offen. Glück gehabt, diese Teile hat die Datacorp auch in ihrem Archiv in Kangerlussuaq, wiegen Tonnen, kriegt man mit der Hand kaum auf.

Der Countdown beginnt: War das Video von Vaters Höhle wirklich authentisch? Verbirgt sich hinter der Tür ein digitales Archiv, das Irving über Jahrzehnte hinweg still und heimlich aufgebaut hat? Es könnte ja genauso gut sein, dass der Kameramann die Rechner, die im Video zu sehen waren, an einem völlig anderen Ort gefilmt hat. Holmes würde sagen: Was ist wahrscheinlicher, Watson? Und Watson müsste zugeben, dass es verdammt unwahrscheinlich ist, dass sich ein Wissenschaftler in einem Raketensilo mit seinem digitalen Nachlass einigelt. Da könnte er sich ja gleich in einen Ovalia-Eiersessel quetschen, mit einer Katze auf dem Schoß, und die Welt erpressen.

Nein, hinter der Druckschleuse wartet sicher nur eines auf uns: noch mehr Moder.

Früher wäre all das klares Nick-Territorium gewesen, Verschwörungsflausen halt. Doch die Wahrscheinlichkeit, dass wir echt was auf der Spur sind, steigt. Allein die ganzen Leute, die sich in letzter Zeit für uns interessiert haben: Dieser Busfahrer-Typ am Flughafen, der dann doch nicht mit uns nach Malaysia geflogen ist. Die Truppe in Kuala Lumpur, die Irvings Apartment auseinandergenommen hat. Und wer weiß, wie viele von *ihnen* uns unterwegs noch im Visier hatten, ohne dass wir es gemerkt haben?

Was macht er jetzt schon wieder? Nick rennt ohne Vorwarnung los; ich versuche, ihn noch am Arm festzuhalten, doch er ist schneller und hängt mich ab. Na warte. Hinterher. Kurz vor der Druckschleuse rempele ich ihn so hart an, wie man das einem Kranken zumuten kann. Aber der Beifahrer lässt sich wie eine Billardkugel vom Rand des Gangs abprallen und springt mir direkt vor die Füße. Ich muss abbremsen, er zieht vorbei.

»Ha – ha!«

Nick reibt im Laufen einen Zeigefinger gegen den anderen.

Ohne anzuhalten schlüpft er an der Druckschleuse vorbei in den nächsten Raum.

Stille.

Nur das Knirschen unter seinen Schuhen ist noch zu hören. Und es hallt verdammt lang nach.

»Wow.«

$0045 Jetzt ist es amtlich: Wir haben noch nie was erlebt.

Die ganzen Jahre, in denen wir vor den Angst-Schildern immer umgekehrt sind, waren nichts als verschwendete Zeit. Kindische Spielerei. Wir haben das Leben vertändelt und es nicht mal gemerkt. Wir haben *das* verpasst.

Der Typ auf dem Video hat nicht übertrieben: Dieser Ort ist *awesome*.

Thermonukleare Gotik.

Wenn Erich von D. wirklich Recht hat, und die Götter waren schon mal bei uns hier unten – und das ist so gut wie sicher –, dann könnten wir gerade in ihre Garage eingebrochen sein. Die Halle ist groß genug, um ein UFO abzustellen, oder den Falcon-Jet der Datacorp, und selbst dann wäre immer noch genug Platz, um sich mit einer Stretch-Limousine bis vor die Einstiegsluke fahren zu lassen.

Hier haben sie also im Winterschlaf gelegen, die Megatonnen, und darauf gewartet, dass mal kein Stanislaw Petrow am Terminal sitzt oder ein Bagger das Unterseekabel vom roten Telefon durchreißt. Genug Sprengkraft, um Moskau auszuradieren, Leningrad oder Nowosibirsk. Zum ersten Mal wirkt alles nicht mehr wie eine hochauflösende Version von *Missile Command*.

In dieser Halle wäre unser Leben entschieden worden. Ob wir noch den nächsten Samstag erleben würden, um ein Hansa Pils zu shooten. Ob wir noch einmal mit den Eltern im Wald Ostereier suchen gehen könnten, obwohl wir schon lange zu groß dafür waren. Ob wir vor unserem Tod einmal diesen göttlichen fischigen Duft an unseren Fingern hätten riechen dürfen.

Hier wäre die Entscheidung getroffen worden, einfach so. Sechstausend Kilometer von unserer lächerlichen Satellitenstadt weg, von zwei amerikanischen Dorfdeppen mit einem Schlüssel.

Ich schaue zu Nick rüber. Sein Adamsapfel wandert langsam den ganzen Hals rauf und wieder runter.

Wie alt alles schon aussieht – als ob es wirklich Gotik wäre. Dabei ist gerade mal ein halbes Jahrhundert vergangen, seit die Abrissteams abgezogen sind und die Gruft den Schimmelpilzen überlassen haben. Über die ganze Betonkuppel hat sich schwarze Schmiere ausgebreitet, als ob hier drinnen fünfzig Jahre lang was geräuchert wurde.

Die Herren der Unterwelt sind anscheinend überstürzt abgereist, sonst hätten sie besser aufgeräumt. Alle paar Meter ragen rostige Stahlstangen aus dem Boden – wie gemacht für eine dieser Splatter-Szenen, auf die wir früher immer so standen. Achtloser Teenager bricht in Raketensilo ein, schlendert durch die Gegend, stolpert – und ab geht die Stange durchs Auge. Herrlich. Für die Kabel, die wie Lianen von der Decke bis fast auf den Boden hängen, gibt's auch kein TÜV-Zertifikat.

Sind locker drei Stockwerke, von da oben bis hier runter. Nochmal so viele müssen unter unseren Füßen liegen, sonst hätte die Rakete nicht reingepasst. Wie es wohl im Keller erst aussieht ...

Warum sind wir noch mal hier?

Genau, die Rechner.

Irvings Schmuckstücke stehen völlig verloren in der Mitte der Halle. In einem normalen Raum würden die Aggregate wahrscheinlich wie Riesen aussehen, vor dieser Kulisse schrumpfen sie zu Miniaturen zusammen, als ob man Modellautos in eine Landschaft mit einem viel größeren Maßstab gestellt hat. Ein einsamer Flutlichtstrahler stülpt eine Röhre aus Licht über die Computerschränke, das ist alles an Beleuchtung. Was außerhalb des Spots liegt, verschwindet im Zwielicht.

Der Bildschirm glimmt zu uns rüber, wie üblich wartet ein Cursor auf unsere Eingabe. Er wird so lange geduldig blinken, bis die

Tanks der Dieselgeneratoren leer sind und es wieder dunkel wird in diesem Scheiß-Grab.

Der Beifahrer flüstert noch einmal »Wow«, dann knackt er mit den Fingergelenken. Zurück zur Arbeit. Was wollte Irving auf der LegaSys der Welt so Wichtiges mitteilen?

$0046 Jetzt muss alles schnell gehen. Warum? Es muss einfach, wir haben keine Wahl, das Silo will es so.

Nick scheint sie auch zu spüren, diese Eile. Seltsam, obwohl wir theoretisch ewig Zeit haben, um Irvings Archiv auszulesen, beeilt er sich, als ob in zehn Minuten sein Flug geht und er noch am Anfang der Schuhauszieh-Schlange steht. Hektisch tänzelt er zwischen Terminal und den Festplatten-Stationen rum, streicht hier und da wahllos über einen Schalter, ruckelt an Kabeln. Er versucht, so schnell wie möglich Kontakt zum System aufzunehmen.

Es muss an der Dunkelheit liegen. Sonst was könnte einen Meter neben uns lauern und wir würden es nicht bemerken. Die Sprengladungen an der Decke könnten längst angebracht und scharfgemacht worden sein. Selbstzerstörung um – Uhrenvergleich – vierzehnhundert. *Ihre* Blicke, verstärkt von Hochleistungs-Nachtsichtgeräten, könnten sich längst in unseren Rücken bohren. Kommt gleich von irgendwo her das hässliche »Hey!«, um unser unschuldiges Jungsabenteuer zu beenden?

Um die Ecke von Nicks alter Bude im Studiviertel gab es einen Laden für gebrauchte Kühlschränke. Da stand im Schaufenster ein ganzer Park von – genau! – weißer Ware, so nennt man das doch. Vergilbte Emaille-Klötze mit Chromschaltern, an deren Ecken nach Tausenden von Schleudergängen schon das Plastik rausguckte. Genauso sieht Irvings Datenarchiv aus: wie ein Gebrauchtmarkt für weiße Ware – Bauknecht, Miele, IBM.

Jetzt, wo wir direkt davor stehen, wirken die Geräte wirklich nicht mehr wie Spielzeug. Vor allem die alte Festplattenstation von *Big Blue* macht sich richtig breit – und einen Höllenlärm. Fünf weiße Schränke, jeder so groß und weiß wie eine Waschmaschine, rauschen und grummeln vor sich hin, als ob sie sich richtig anstrengen müssten, um die zwei 100-Megabyte-Platten innen drin am Drehen zu halten. Eine der Wechselplatten liegt auf einem der Gehäuse. Vergleich mit dem Video: Ja, sieht auch in Echt wie eine Tupperdose für Torten aus.

Mit dem Aufbau hat sich Irving keine Mühe gegeben: Ein lächerlich kleiner Monitor und eine Tastatur, fast so braun wie die vom Cevi, stehen quer auf einem simplen Metalltisch. An der Kante schlängelt sich ein dickes Kabel runter, das zum Rechner führt, dem Series/1. Das Teil selbst ist so groß wie eine dieser Klimaanlagen, von denen in Kuala Lumpur in jedem Fenster drei steckten. An einer Ecke des Gehäuses ist eine kleine Folientastatur eingelassen. Irving hat das ehemalige Stück Hochtechnologie mitten im Dreck auf dem Boden geparkt. Aus der Rückseite des Geräts wuchern in alle Richtungen Kabel raus, wie die Wurzeln eines Mangrovenbaums.

Nick schüttelt den Kopf.

»Kein Wunder, dass die Verbindung zur Telefonanlage nicht mehr funzt und man den Laden nicht mehr von außen erreichen kann. Ach was, ein Wunder, dass in diesem Treibhaus überhaupt noch was geht.«

Nachdem er einen letzten Blick auf die Stromversorgung in der Ecke geworfen hat, lässt er sich vor dem Terminal fallen und berührt fast zärtlich die Tastatur.

»Könnte der Letzte seiner Art sein«, haucht er rüber.

Das heißt, wenn wir dem Oldie heute nichts entlocken, werden seine Erinnerungen für immer verloren sein. Digitale Demenz. Wenn niemand mehr da ist, der das System bedienen kann, der die toten Medien wiederbelebt, der zur Seele der Maschine vordringt, stirbt sie und reißt alles mit sich, was sie weiß. Und was in diesem Dinosaurier steckt, könnte ziemlich wichtig sein, oder vielleicht auch nicht.

Witzig, dass ausgerechnet *wir* das letzte Aufgebot stellen – wir, die 8-Bit-Kids, über die sich das elektronische Establishment früher immer lustig gemacht hat. Für die Informatiker hinter ihren Bergen von Zebrapapier waren wir Witzfiguren, Spielkinder, im schlechten Sinn. Hyperaktive Rotzlöffel, die nur auf den Feuerknopf drücken können und keine Ahnung von nichts hatten. Wer braucht Sprites, sechzehn Farben und einen dreistimmigen Synthesizer *in einem Computer*? Total unseriös. Computer, das ist eine ernste Angelegenheit, die man nicht irgendwelchen Zwölfjährigen überlassen kann.

Genau deshalb haben wir Informatik abgewählt. Was einem da beigebracht wurde, hatte mit dem, was wir unter Computern verstanden, nichts zu tun. Da hieß es immer erst schön Flussdiagramm zeichnen, bevor man an einen der wertvollen Apple II durfte. Und wenn wir endlich vor der Kiste saßen, sollten wir ein Pascal-Programm schreiben, das Primzahlen berechnet.

Hallo? Wie viel Spaß macht das? Unser Betriebssystem lief ein bisschen anders. Wir wollten ran an das Teil, einfach rumprobieren, mal testen, was geht, spielen. Der Rest würde sich schon ergeben. Lernen war ein Abfallprodukt: Man bekam die Originaldiskette von *Beach Head II*, lud das Boot-Programm in den Speicher und fummelte so lange dran rum, bis der Kopierschutz geknackt war. Dass nebenbei ein bisschen Assembler hängen blieb oder wir spitzkriegten, wie ein Interrupt funktioniert, war reines Nebenprodukt. RTFM? Undenkbar. Ein winzig kleiner Blick in eines dieser rot-weißen *Data Becker* Bücher war das höchste der Gefühle, aber bitte nur in eine kopierte Version aus dem Copy Shop.

Und ausgerechnet wir, die Könige des Trial-and-Error, sollen jetzt ausrücken, um die letzten arroganten Multimillionen-Dollar-Hirne zu retten. Cooler Film übrigens, »Billion Dollar Brain«, wie fast alle mit Michael Caine.

»Voilà, es gibt eine Webseite«, meldet der Beifahrer. Zitat aus »Sneakers«, oder? Nein, als der rauskam gabs doch noch kein richtiges Web ...

Wir beugen uns über den Bildschirm und saugen gierig das blasse Grün auf. Vielleicht hatten die alten Säcke doch Recht: Man braucht wirklich keine sechzehn Farben.

Datensichtgerät – das trifft es ganz gut. Dieser Monitor versucht nicht, den Nutzer mit augenschonenden Hertz oder hoher Auflösung zu bezirzen; nein, er rotzt die Daten raus, roh und hässlich. Zwanzig Zeilen drängeln sich in dem schwarzen Viereck mit den abgerundeten Kanten, nur Großbuchstaben natürlich. Eine Maus ist wieder Fehlanzeige; ähnlich wie beim Grid hangeln wir uns mit Tastendrücken durch die flackernden Menüs.

»Sieht aus wie ein Fahndungscomputer in einem Achtziger-Polizeifilm«, assoziiere ich frei.

»In dem der Chef immer Sodbrennen kriegt und alle zusammenscheißt«, ergänzt der Beifahrer und denkt dabei natürlich an den göttlichen »Hammer«.

Nach kurzem Rumprobieren hat Nick die Inhaltsverzeichnisse der Festplatten lokalisiert. Viele Informationen stecken in den Waschmaschinen allerdings nicht mehr drin. Obwohl sich Nick alle Mühe gibt und wild auf die Enter-Taste hämmert, kommt nichts bei rum. Die Dateiliste bleibt leer, bis auf einen einzigen Eintrag, der am oberen Bildschirmrand klebt. Der Filename ist sieben Buchstaben lang. Voll die Verschwendung, für Millionen von Dollar einen Gigabyte-Speicher einzukaufen und dann nur eine einzige lächerliche Datei abzulegen.

Dafür haben wir also unsere Tage und Nächte geopfert, seit wir vor *ihnen* aus Nicks verkehrsberuhigter Idylle weggelaufen sind. Dafür sind wir dieser lächerlich dünnen Spur von Kuala Lumpur bis zu Vaters Höhle hinterher gehechelt. Für eine einzige kleine Zeile, einen einzigen Infoschnipsel in einem Rechner, der ungefähr 5 387 Updates nötig hätte.

Trotzdem: Irgendwas in dem Dateinamen klingt nach einer Versprechung.

THE_BUG

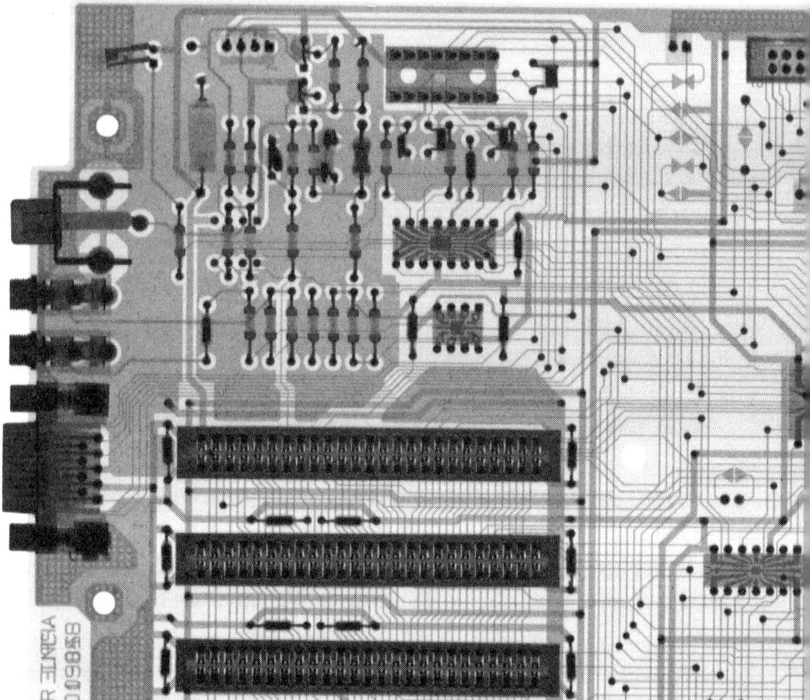

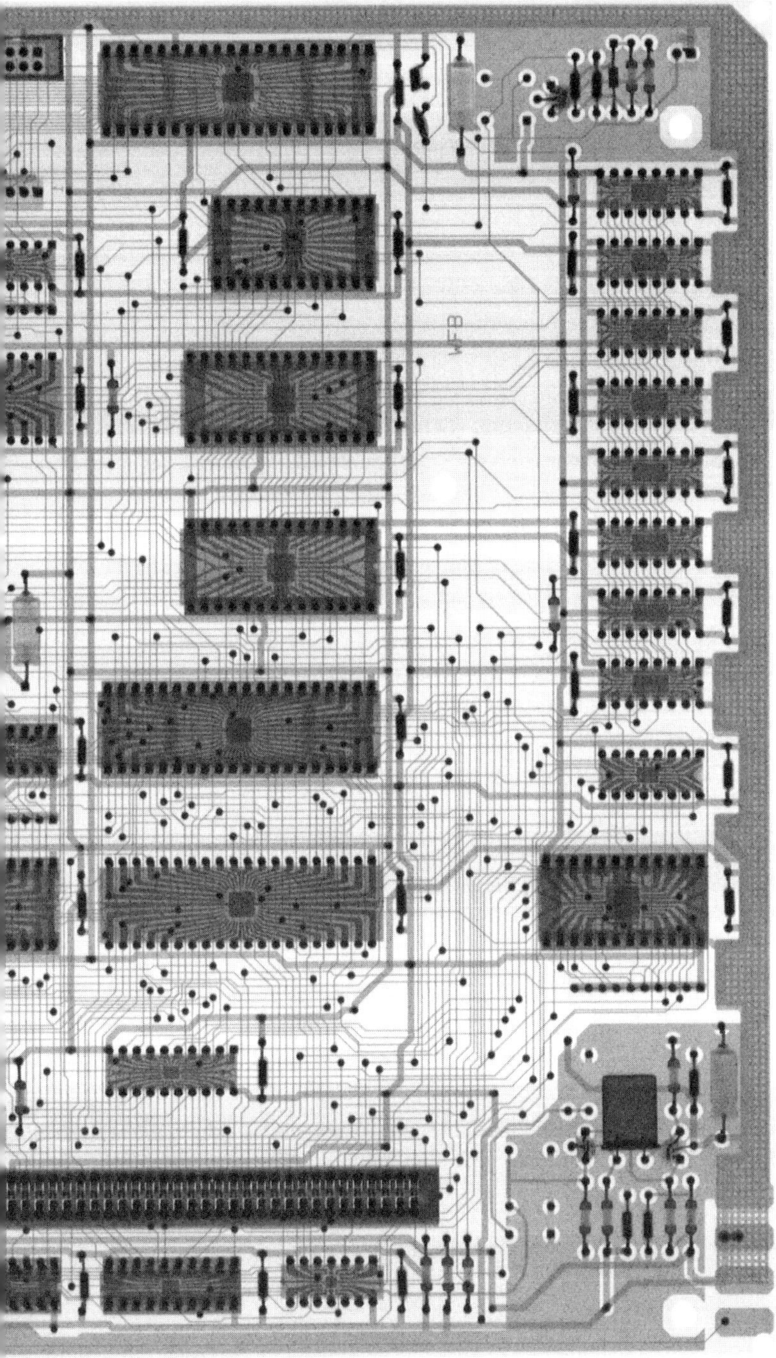

$0047 Manchmal ist sein Pflichtbewusstsein echt krankhaft. Was kann schon passieren? Steht hier irgendwo John rum und kritzelt einen Mahnbalken in unsere Personalakte, wenn wir uns die Datei kurz anschauen? Nein, wir sind einmal um die halbe Welt gegondelt, haben das Gesetz gebrochen, durch den ganzen Schlafentzug wer weiß wie viele Falten riskiert – jetzt muss ein Blick auf Irvings Erbe drin sein.

»Komm schon, nur ganz kurz!«

Der Beifahrer hält seine Hände schützend über die Tastatur.

»Keine Chance.«

Erst mal Humor testen. »Du willst es doch auch, du Stück!«

Nick lacht zwar, nimmt seine Scheiß-Grapscher aber keinen Zentimeter weg.

»Willst du nicht wissen, was Irving dazu gebracht hat, sein Einsiedlerloch zu verlassen? Denk mal drüber nach: Warum ist Obi-Wan aus seiner Hütte gekrochen?«

Der saß. Schon fängt Nick an, sich übers Kinn zu reiben – klares Zeichen dafür, dass er die Optionen durchspielt. Erstaunlich, wie schnell sich sein Widerstand heute brechen lässt. Muss die Aussicht darauf sein, bald nach Hause zu kommen.

Zögernd nimmt er die Hände von der Tastatur weg.

»Okay, aber nur kurz. Ich habe hier drinnen irgendwie ein komisches Gefühl.«

Und? Jetzt mach schon.

Mit ein paar sicheren Tastendrücken öffnet er die Datei THE_BUG; stimmt, er hat ja Übung von seinem Nasa-Einsatz. Das muss auch noch besprochen werden.

Noch einmal Enter, dann gibt das System sein Geheimnis preis.

Und es sieht nicht nett aus. Gar nicht nett, sondern nach etwas, das unschuldige Leute in den Knast bringt.

Das Datensichtgerät flackert unter der unerwartet hohen Ladung. Grobe Bitmap-Grafiken blitzen auf, schwarz-weiß, oder eher: schwarz-grün. Linien, Dreiecke, NAND-Gatter. Muss ein Schaltplan sein.

[redacted]

Nick schaltet mit der Leertaste auf das nächste Bild. Wieder Schaltpläne, noch detaillierter. Klick, weiter. Noch ein Schaltplan. Klick. Noch ein … nein, eine Straßenkarte oder so. Wirre horizontale und vertikale Linien, als ob ein Kind wahllos an einem Etch-a-Sketch rumgedreht hätte, diesem roten Teil mit den zwei Knöpfen dran, mit dem man wunderbare gerade Linien zeichnen konnte – aber niemals Diagonalen.

»Chip-Layouts«, diagnostiziert der Beifahrer knapp.

Auf seiner Stirn kräuseln sich Sorgenfalten zusammen, wie die ersten Wellen vor dem Sturm.

Er schaltet einen Gang hoch, drückt im Sekundentakt auf Space, immer schneller, bis alle Grafiken nur noch vorbeirasen. War da am Schluss noch Text? Leertaste, Leertaste, Leertaste.

Escape.

Nick reißt die Hände von der Tastatur weg, als ob er auf eine heiße Herdplatte gefasst hätte. Zu heiß, vielleicht hat er Recht. Wir sollten langsam hier rauskommen.

»So weit zu THE_BUG – und jetzt?«

»Jetzt, mein Freund …« Er redet nicht weiter, sondern stößt sich vom Schreibtisch ab – mit etwas zu viel Schwung. Der Drehstuhl rattert ungebremst Richtung Series/1 zu, fährt auf einen Kabelstrang auf, und zack. Nick muss das Bein hektisch ausfahren, um nicht umzukippen. Tja, Übermut. Er lacht etwas verlegen und setzt nochmal an.

»Jetzt, mein Freund, werde ich dir die Medienpower dieses voll einsatzbereiten Computers demonstrieren.«

Er macht eine Handbewegung wie einer dieser abgewichsten Moderatoren im Einkaufsfernsehen und zeigt auf einen kleinen schwarzen Schlitz im Gehäuse des Rechners.

»Ich präsentiere: ein Diskettenlaufwerk. Und zwar eines der ersten, glaube ich.«

»Sehr cool. Fünfeinviertel Zoll?«

»Aber *bitte*.« Nick tut angewidert. »So einen neumodischen Kram gab es Mitte der Siebziger noch nicht. Nein, satte acht Zoll.«

Er zieht den schwarzen Plastiklappen kurz raus dem Laufwerk. Unspektakulär, genau wie die alten Disketten für den Commodore 64, nur halt ein bisschen größer, eher wie eine Vinyl-Single.

Dass sie nicht beschriftet ist, macht ihn bestimmt jetzt schon rasend. In diesem Punkt war er schon immer total penibel: Immer wenn ich früher mit meinem Stapel Floppys der Marke Elephant anrückte, mäkelte er rum, ich solle doch wenigstens mal Zahlen draufkleben, »sonst findest du doch nichts wieder«. Dabei ließen sich die Disks doch ganz leicht auseinanderhalten: Die mit *Impossible Mission* drauf zum Beispiel war daran zu erkennen, dass der kleine Schlitz, der verhinderte, dass man die Seite überspielt, mit einem *goldenen* Aufkleber zugepappt war – alle anderen mit einem schwarzen. Was ist daran unordentlich? Er hatte seine Schätze natürlich durchnummeriert und extra ein Verwaltungsprogramm für seine Cracks geschrieben. Selbst im Gesetzesbruch noch ordentlich, so ist er, der Beifahrer.

»Passt Irvings Lebenswerk da drauf?«, erkundige ich mich.

»Denke schon, ist ja nur eine einzige Datei.«

Nick rollt den Stuhl, diesmal vorsichtig, wieder zum Terminal zurück.

»Auf die Achtzoller passen maximal 606 Kilobyte, und THE_BUG hat ...« Weiteres Tastaturklickern.

»Nicht mal die Hälfte. Es kann also losgehen.«

Enter.

Wir erledigen den letzten Teil unseres Auftrag: Irvings digitales Erbe, die Datei THE_BUG, wandert Byte für Byte von den Waschmaschinen zum Diskettenlaufwerk rüber. Und ganz nebenbei erfüllen wir uns einen Lebenstraum:

Die Helden werden gleich mit einer Diskette in der Hand in den Sonnenuntergang reiten, yeah!

Eigentlich müsste das Diskettenlaufwerk jetzt laufen, tut es wohl auch, nur hört man nichts davon, weil die IBM-Festplatten alles niederdröhnen. Ich halte das Ohr an das Gehäuse des Series/1. Doch, ein Schrittmotor gurgelt.

Nick faltet die Hände und stützt sich zufrieden mit den Ellenbogen auf die Armlehnen seines Bürostuhls. Mir bleibt nur der Platz am Boden, aber egal, ab jetzt können wir die Klamotten ja abranzen lassen. Die Mission ist fast erfüllt.

Ausnahmsweise schmeißt sich Nick das Cape von Captain Obvious über und verkündet das Offensichtliche.

»Jetzt heißt es warten.«

$0048 Wie jetzt – »zu dritt«? Wovon redet er? Kriegen die ein Kind oder was?

Sie kriegen.

Wir sitzen in einem Raketensilo im Nordwesten der Vereinigten Staaten und Nick teilt mir mit, dass Sabina schwanger ist.

Einfach so. Als ob es keinen besseren Ort dafür gäbe. Haut das einfach raus, der Idiot.

»Ach übrigens, Sabina und ich sind bald nicht mehr alleine.«

Zehn Worte, mehr war ihm die Nachricht nicht wert.

Hättest ja wenigstens vorher mal was andeuten können, Alter.

Flash, *Kinder*. Auf dieser Dienstreise ist ja schon viel passiert, was noch vor ein paar Tagen wie eine völlig abgespacete Spinnerei erschien, aber das ist echt eine Nummer zu groß. Kinder. Das gehörte zu den Sachen, die unerreichbar weit weg hinterm Y2K-Schleier schlummerten, jenseits der magischen Grenze des Jahres 2000, hinter der auch unsere Vorstellung endete. Was würden wir mit Ende zwanzig, Anfang dreißig machen? Keine Ahnung. Kinder, vielleicht – aber eben nur *vielleicht*!

Was sagt man in so einem Fall?

»Und wie ist das passiert?«, haspele ich.

Wow, was für eine Frage ...

Der Beifahrer grinst. »Wie genau willst du es denn wissen?«

Stimmt, wie wäre es mit gar nicht? Obwohl: Vielleicht doch ein bisschen, schließlich war ja Sabina beteiligt. Nein, doch besser nicht. Nachher werde ich Patenonkel oder so, und dann darf man über so was schon erst recht nicht mehr nachdenken. Gedanken-Domestos drüber und das Ganze nochmal recht höflich.

»Hast Recht, blöde Frage. Ich meine natürlich – Glückwunsch.«

Ich stehe auf und laufe mit der ausgestreckten Hand auf ihn zu. Nick bleibt zunächst sitzen, springt dann etwas ungelenk auf, sodass mir nichts anderes übrig bleibt, als ihm auf den Rücken zu hauen. Wir liegen uns eine heterosexuelle Nanosekunde im Arm, danach kehrt jeder wieder erleichtert auf seinen Posten zurück.

Was wird denn im Film in solchen Situationen immer gefragt? Genau.

»Was wird es denn?«, erkundige ich mich.

Nick zuckt mit den Schultern. »Keine Ahnung. Ist noch zu früh.«

»Ja, Mensch ...« Wann ist die verdammte Datei endlich auf die verdammte Diskette überspielt? »... das ist ja toll ...« Mehr Floskeln, ich brauche mehr Floskeln.

»... und was macht ihr jetzt?«

Der Beifahrer guckt noch fragender.

»Wie – *machen*? Wir machen weiter wie bisher. Ist außerdem ja noch ein halbes Jahr hin und so. Kein Grund zur Panik.«

Genau, ist ja noch Ewigkeiten hin. Noch reichlich Zeit, sich ein paar bessere Fragen auszudenken.

Gottseidank: Nick dreht sich zum Terminal um, um mir zu signalisieren, dass ich mir keine weiteren Pseudofragen abdrücken muss. Er weiß, was sich gehört.

Nickybaby wird Vater. Der Hammer. Macht er aber bestimmt ordentlich. So ein guter Mensch wie er ist, zieht er das Vaterding sicher vorbildlich durch. Und sie kriegen bestimmt einen Sohn. Mensch, was wird er stolz sein. Und Sabina, die kickt dann in der richtigen MILF-Liga. Ich beneide ihn, mehr als ohnehin schon.

Er kann dann all diese tollen Vatersachen machen, zum Beispiel im Italienurlaub an der Tanke ein Burago-Auto springen lassen, natürlich einen Lamborghini Countach oder welche Kiste im Quartett gerade alle anderen verbläst. Oder er kann vormachen, wie man so ein Windrad faltet, das den ganzen Strand langfährt, bis es irgendwann in der Gischt landet und aufweicht.

Schön. Da lohnt es sich, nach Hause zu kommen.

$0049 2:00 pm steht am Rand des Bildschirms, als Nick die Diskette aus dem Laufwerk zieht. Genau zwei Uhr. Komisch, wenn in Filmen oder Games die Uhrzeit eingeblendet wird, sind das immer krumme Zahlen. Zum Beispiel:

PENTAGON, 8:37 UHR.

Natürlich Buchstabe für Buchstaben aufgebaut, mit einem abgeschmackten Tastaturpiepsen dazu. Oder:

CIA-HAUPTQUARTIER, 11:29 UHR.

Zur vollen Stunde passiert in Filmen nie was.

Jetzt bleibt nur noch eins zu tun: Wir müssen diesen seltsamen Befehl von Major Tom ausführen und das Original von THE_BUG auf den alten Festplatten löschen. Was ist der Punkt bei der Aktion? Die Chancen, dass jemand diesen Ort lokalisiert, zwei Codeschlösser knackt und dann noch ein System/1 bedienen kann, sind gleich Null. Vorher bricht der ganze Bau hier zusammen, das kann ohnehin nicht mehr lange dauern.

Doch der brave Angestellte des Monats führt den Befehl seines Vorgesetzten natürlich aus – obwohl er Bauchschmerzen dabei hat, das sieht man ihm an. Eine so wertvolle Information wie THE_BUG nur einem einzigen Medium anzuvertrauen, obendrein einer ollen Acht-Zoll-Diskette, ist purer Leichtsinn. Es gibt ja nicht mehr viele Regeln, die heutzutage immer und überall gelten. Bis auf diese eine:

Mach immer eine Sicherheitskopie, du Idiot!

Nick kneift die Augen zusammen, als er den Löschbefehl bestätigt.

Klick. Ab jetzt lebt THE_BUG nur noch auf einer hauchdünnen Magnetschicht, die zwischen zwei Plastikfolien eingeklemmt ist.

Ein sehr zerbrechliches Zuhause: Wir dürfen nicht hinfallen, die Floppy nicht knicken, nicht an Boxen oder Magneten vorbeigehen, müssen Temperaturunterschiede vermeiden, Feuchtigkeit und so weiter und so fort. Theoretisch dürften wir uns also nicht mehr bewegen.

Zurück bleibt ein IBM Series/1 mit einer leergefegten 3330-Festplatten-Station; ab jetzt rotieren die Waschmaschinen umsonst.

Wir kleben mit den Gesichtern vor dem Monitor, saugen nochmal das satte Grün auf und sagen dem System still Lebewohl.

Log out.

Nick steckt die Diskette in ihre Papierhülle.

»Fertig?«

»Fertig«, sage ich. Noch ein letzter Blick durch die Halle, dann setzt sich unsere Freak-Prozession in Bewegung. Vorne der Beifahrer, die allerheiligste Diskette am ausgestrecktem Arm vor sich herbalancierend, dahinter ich, der Assistent mit leeren Händen. So tänzeln wir durch das Atomraketen-Silo.

Nach ein paar Metern rollt der erste Lachanfall ran.

»Kannst du nicht wenigstens den Arm runternehmen?«, frage ich.

»Mann, ich habe Angst, mit dem Teil irgendwo dranzustoßen«, presst Nick raus, während er voll konzentriert nach Hindernissen auf dem Boden Ausschau hält. Wie lustig wäre es, ihn jetzt gegen die Wand zu schubsen, aber geht ja leider nicht – potenzielle Todesgefahr für die Floppy. So bleibt uns nichts übrig, als still in uns hineinzugackern.

Nick hyperventiliert leicht und fängt an, rumzuquasseln. »An dieser Stelle müsste aus dem Off *Fly me to the Moon* oder so eingeblendet werden, während von unten die ersten Zeilen des Abspanns hochkriechen.«

»Dazu fährt die Kamera hoch unter die Betonkuppel, dann Zoom raus, bis wir nur noch aussehen wie zwei Ameisen auf einem leeren Bürgersteig.«

Das ist genau das Zeug, von dem der Beifahrer nicht genug kriegen kann.

»Ach ja, der Regisseur dankt folgenden Firmen und Organisationen: IBM, der Gemeinde von Batum/Washington …«

»… und natürlich dem Strategic Air Command für die Nutzung der beeindruckenden Kulissen«, loche ich ein. Großer Lacherfolg.

Mit jedem Schritt werden die Füße ein bisschen leichter. Es geht heim, und da wird alles ganz anders sein als vor unserer Abfahrt. Was sich wohl in den letzten paar Tagen getan hat im Dorint? Wahrscheinlich sind wieder neue Studis nebenan oder unten eingezogen, weil einer der Mieter sein Examen gemacht hat. Neue Liebe-Nachbarn-heute-Abend-kann-es-etwas-lauter-werden-Partywarnungen an der Pinnwand im Flur. Vielleicht ist es wirklich langsam Zeit, da auszuziehen.

Als wir bei der Druckschleuse sind, joggen wir schon fast, und Nick schlängelt sich leichtsinnig schnell durch die Öffnung.

»Sieht aus wie bei *Das Boot*«, ruft er zu mir nach hinten.

Zeit für das unvermeidliche Pennäler-Zitat. »An*blasen*, Herr Kaleu!«

Für Nick reicht er. Er schmeißt sich weg, als ob er wieder zwölf wäre. »Geht doch nichts über einen schönen, langsamen …«

»Nachmittagsf…«

Lachend traben wir den Endlos-Gang runter. Irgendwie stinkt es auch nur noch halb so schlimm.

»Also, das mit dem Kind – das ist ja echt toll«, stelle ich nochmal klar.

»Ist ja gut. Können wir jetzt wieder über was Normales reden?«, schreit der Beifahrer zurück, »dieses Babygequatsche nervt ja jetzt schon. Kind hier, Kind da!«

Nein, es ist wirklich toll. Aber wie er schon sagt: Es gibt noch viel Zeit, um darüber zu reden. In einem anderen Leben, wenn wir wieder zuhause sind.

Abbremsen, rein ins Treppenhaus. Erster Absatz, zweiter Absatz. Nick hechtet die Treppen rauf, als ob er es geradezu drauf anlegt, mit der Diskette hinzufallen. Vielleicht hätte ich doch lieber das Teil nehmen sollen.

»Willst du mit der Floppy hier aufwischen?«, brülle ich hoch.

»Und wenn schon«, schreit der Beifahrer, so laut, dass sich seine Stimme überschlägt.

Krach, die schwere Edelstahltür fliegt auf, die Sonne brennt rein. Wir sind endlich wieder raus aus Vaters Höhle. Jetzt bloß nicht nachlassen.

»Wer zuerst am Auto ist, muss das Schleusenbier heute Abend zahlen«, schlage ich vor.

»Ock«, keucht Nick.

Das eingebildete Minenfeld ist gottseidank verschwunden. Nachdem wir gesehen haben, wie nachlässig Irving mit seinen wertvollen Datenschätzen umgeht, trauen wir ihm so etwas nicht mehr zu. Wir rennen einfach quer über den Schotterplatz, den kürzesten Weg zum Haupttor. Nick baut sogar einen kleinen Schlenker ein, um übermütig eines der Markierungshölzchen aus dem Boden zu treten. Punk!

»Wenn der Film so richtig abgeschmackt ist, teilt sich am Schluss das Bild auf«, hechelt Nick, »rechts läuft der Abspann weiter und links kommen ein paar Patzer von den Dreharbeiten.«

»Klarer Kandidat: Zwei Jungs krepeln rum, um betrunken zwei Nachttische vor eine Hoteltür zu schieben.«

Und so geht es weiter. Nick macht einen Witz, ich versuche ihn zu überbieten, scheitere, fange ein neues Match an. Wir lachen und rennen, als ob wir schon auf den letzten zehn Metern vor unserer Haustür wären.

Nur eines machen wir nicht: nach vorne gucken.

Sonst hätten wir ihn sicher viel früher gesehen – diesen kleinen grauen Punkt vor dem bordeauxroten Punkt unseres Rentnermobils.

$004A

Zwei Schritte einatmen, zwei ausatmen, immer schön aus dem Mund, sonst gibt's Seitenstiche. Genau wie es uns Linder damals eingepaukt hat. Linder der Schinder, dieser verdammte Sportnazi. Hat uns alle immer seine »Knochen« genannt und erst aufgegeben, nachdem er alle zerbrochen hatte, selbst die härtesten Knochen. Wenn er dir Hilfestellung gab, am gehassten Stufenbarren, und ganz nah rankam, konntest du seine Fahne riechen. Und ständig angegeben hat er, zum Beispiel damit, wie sehr er seine Frau gestern Abend wieder »genommen« hätte. War damals so alt wie wir heute, an diesem bitteren Punkt angekommen, an dem man merkt, dass Erfahrung immer gegen Energie verliert.

Zwei Schritte ein, zwei Schritte aus.

Fuck, wie soll das funktionieren? Die Luft reicht nicht mal für einen Schritt.

Wir rennen, schneller als jemals in unserem kleinen Leben.

Bundesjugendspiele. Das einzige Wort, bei dem *Bundes-* davor nicht schön klingt.

Der Busfahrer ist nicht blöd. Wartet schön in seinem klimatisierten Wagen, bis wir die Arbeit erledigt haben, schlägt sich dann ins Gebüsch und muss uns nur noch einkassieren.

Auf einmal stand er da, hinten, auf der Straße. Mit seinem blauen Sakko und der grauen Flanellhose, als ob er sich seit unserer Begegnung auf dem Flughafen nicht mehr umgezogen hätte. Seine Augen waren immer noch tot.

»Hey you!«, hat er gebrüllt.

Nick wusste sofort Bescheid und hat kehrt gemacht.

Ein Schritt ein, ein Schritt aus.

Wir müssen nur schneller rennen als er, das ist alles.

Der Boden rast vorbei. Wüste, Steinchen, eine alte Plastiktüte.

Umschauen.

Was? Das kann nicht sein! Der holt auf – obwohl er Ledersohlen anhat und älter ist. Die ganze lästige Körperverwaltung war umsonst, wir werden die Jocks niemals schlagen. War eigentlich immer klar.

Halber Schritt ein, halber Schritt aus – ach, Scheiß auf die Atmung.

Bestimmt hat sich Linder längst vor 'nen Zug geworfen, geschieht ihm Recht. Hat Malte bei der irren Hitze damals einfach weiterlaufen lassen, bis ihn die Malteser-Jungs vom Ascheplatz tragen mussten, der Arsch.

Nick reißt den Kopf rum. Sein Gesicht ist knallrot, hart am Limit. Du siehst richtig, Alter, der alte Sack holt auf. Früher in der Schule war Nick immer sehr stolz auf seine 100-Meter-Zeit, eigentlich sehr un-nerdmäßig. Oder vielleicht doch nicht un-nerdmäßig. »Was braucht man im Leben? Strom und eine gute 100-Meter-Zeit«, war einer seiner Standardwitze. Und heute stimmt es sogar mal.

Ich ziehe an ihm vorbei, mal kurz raus aus seiner Staubfahne.

Schluss mit dem Atemrhythmus. Pumpen, was das Zeug hält. Wenn wir noch eine Meile weitermachen, kackt der Busfahrer vielleicht ab, mit seinen glatten Ledersohlen. Und hinterherfahren kann er uns auch nicht. Zu viele große Steine, selbst für einen Geländewagen.

Bloß was dann? Auf dem Sat-Foto war in alle Richtungen nur Wüste zu sehen. Vielleicht sollten wir in einem großen Bogen zurück zur Straße laufen, dann trampen, die Cops holen. Aber was sagen wir denen? Da war dieser Mann, der uns unsere Diskette klauen wollte, die wir im Atomraketensilo mitgenommen haben, in das wir eingebrochen sind.

Seitenstechen, ausgerechnet jetzt. Wenn Captain Obvious und sein Beifahrer nur noch ein bisschen durchhalten, bringen sie das Ding sicher nach Hause, kein Problem. Oder, Nick?

Blick zurück.

Nick?

Fuck!

$004C Es musste ja kommen. Und jetzt ist es da. Letztes Extraleben verspielt, keine zehn Sekunden mehr übrig, um eine Mark nachzuwerfen, kein geheimer Poke in der Hinterhand, der uns den Arsch rettet.

Das Ende der Glückssträhne. Wir dachten immer, es käme ganz groß, mit Feuerwerk, FBI und so. Doch am Ende des letzten Tages war es nur ein beschissener kleiner Felsbrocken. Hat Nick einfach das Bein weggerissen.

Jetzt liegt er da und schreit. Sein Fuß steht so komisch ab. Nur die blöde Floppy, die hat keinen Kratzer abbekommen. Anstatt sie loszulassen, hat er lieber mit dem Kopf gebremst, der Idiot.

Umschauen.

Noch ist der Busfahrer nur ein paar Pixel groß. Doch in ein, zwei Minuten hat er garantiert alles aufgeholt, wenn wir hier weiter rumsitzen. Woher wusste er nur, dass wir hier sind? Der GPS-Störsender muss kaputt sein, der Beifahrer hat wahrscheinlich zu oft dran rumgespielt.

»Komm schon!«

Ich zerre an Nicks T-Shirt, versuche, ihn hochzuhieven. Keine Chance.

»Was ist? Sag was!«

Aber er krümmt sich nur, umklammert sein Fußgelenk. Tränen laufen seine Nasespitze runter, er schreit immer weiter. Totaler Crash. Wahrscheinlich irgendwas gebrochen, das wird nichts mehr. Und jetzt?

Nick bäumt sich auf. Er sieht halb tot aus im Gesicht. Überall klebt Staub, auf der rechten Wange auch Blut.

»Hau ab!«, schreit er.

Und dann nochmal, so laut er kann.

»*Hau ab, Alter*!«

Alter? Willkommen zurück. Trotzdem: So geht das nicht. Nicht nochmal, nicht wie damals in der Ziegelei.

»Auf keinen beschissenen Fall!«

Warum ist es auf einmal so laut hier?

Nein, die Sache ist klar. Han Solo wird sich nicht einfach so mit seiner Belohnung davonmachen.

Wir werden zusammen warten.

Ich setze mich in den Staub, hebe seinen Kopf hoch und lege ihn auf meinem Bein ab, damit er's bequemer hat. Seine Tränen ziehen dunkelblaue Linien über die Jeans. Er zittert, kriegt nichts mehr mit.

Mach dir keine Sorgen, Alter, mach dir keine Sorgen.

Jetzt nur noch selbst dran glauben. Der Busfahrer hat schon wieder ein paar Pixel zugelegt, sieht alles nicht gut aus.

Wie viele Jahre ist das jetzt her, dass du bei uns auf die Schule kamst? Zwanzig ungefähr. Ihr wart aus Saarbrücken rübergezogen, was auch das andere Ende der Welt hätte sein können, weil es außerhalb unserer Satellitenstadt lag, also unendlich weit weg. Schnell war klar: Du warst ein Gleichgesinnter, trotz deiner peinlichen Schnellficker-Slipper und den Polohemden unter den Sweatshirts. Ein paar Wochen später lagen wir schon in einem Efeubeet vor einer Studi-Party, auf der sie uns – die kleinen Schüler – natürlich nicht reinlassen wollten, und grölten oberhacke »und wir sind Helden, für eine Mark«. Und Helden müssen doch zusammenhalten.

Eine Ameise klettert den verirrten Weizenhalm neben meiner Hand hoch und genießt die Aussicht.

Wenn der Tag nicht so schön wäre. Eine einzige Mini-Wolke schwebt über uns, wie von Derek Meddings an einer Angelschnur aufgehängt.

Jetzt kommen sie.

Sie kommen, uns zu holen.

Und sie werden uns auch finden, Herr Hölzel, haha.

Aber zumindest werden sie uns beide finden.

$004D Der Hubschrauber kam ganz tief rein. Du hast ihn zuerst gesehen, ich hab's nicht gerafft. Erst ein schwarzer Fleck mit einem schwarzen Strich dran, ganz dicht über dem Horizont. Der erste Gedanke: wahrscheinlich nur ein Sprühflugzeug, wie bei »North by Northwest« mit Cary Grant. Habe nie verstanden, warum er sich nicht einfach auf den Boden gelegt hat, als die Maschine ihn niedermähen wollte. Der Pilot hätte doch niemals riskiert, aus Versehen mit dem Fahrwerk den Boden zu berühren, dann wäre er doch gecrasht.

Auf einmal war der Helikopter ganz nah, ist direkt über uns rübergedonnert. Wie ein Raubvogel, der die Beute anvisiert, bevor er ihr das Genick bricht. Schatten über dem Kopf – warum ist das so unangenehm? Fast so schlimm wie Schatten unter einem, während man im Meer schwimmt und zwei Wochen vorher zum ersten Mal »Der weiße Hai« gesehen hat. Wahrscheinlich wieder so ein Steinzeit-Scheiß in den Genen, damit man vor Gewitter oder großen Tieren wegrennt.

Jetzt dreht er hinten noch eine Runde, um zurückzukommen und uns den Rest zu geben. Wird *ihre* Verstärkung sein. Wir haben ausgeschissen. Vorne der Heli, hinten der Busfahrer, und wir können nicht weg.

Aus seinen verheulten Augen schaut der Beifahrer hoch.

»Bell Jet Ranger«, keucht er, mehr nicht. Das gleiche Modell wie im Vorspann zu »Colt für alle Fälle«, da, wo Herr Seavers an der Kufe des Hubschraubers hängt.

Der klassische Seventies-Helikopter, aber nicht so gut wie der deutsche BO-105. Der kann nämlich sogar *auf dem Kopf* fliegen. Komisch, man vergisst alles, bloß dieses Quartettwissen vom Schulhof nicht, das sitzt fest. Wenn wir irgendwann daliegen und *uns* jemand eine warme Milch rüberreicht, dann könnten wir diesen Mist immer noch fehlerfrei runterspulen.

Da, jetzt kommt er zurück. Jetzt geht's gleich los.

Ein letzter Blick in die andere Richtung: Man kann schon den Gesichtsausdruck des Busfahrers erkennen. Er sieht nicht aus wie einer, der sich freut, gewonnen zu haben, sondern eher, als ob er nicht glauben kann, dass alles so einfach war.

Nick packt meine Hand. Er zittert.

Turbinenlärm, aufgewirbelter Staub.

Zeit für gute Vorsätze. Für den Fall, dass das Unvermeidliche doch nicht passiert und sie in Wirklichkeit nur die Diskette haben wollen.

Sabina kriegt einen Blumenstrauß – dafür, dass sie Sabina ist und ich so ein Idiot war. Wir werden über die Sache auf der Kirmes reden und herzlich lachen, nur wir zwei, ohne Nick. Und für einen kurzen

Moment wird da wieder diese Sache im Raum stehen, aber wir gehen einfach mit ein paar Geschichten aus der alten Zeit drüber hinweg.

Und Andie. Andie bleibt Andie. Vielleicht ruft sie mal wieder an, und vielleicht besuche ich sie sogar bei Jeppesen, wenn die Sache hier ausgestanden ist. Wir sind ja eh schon an der Westküste. Möglich, dass sie in ihrem College-Gören-Ding nur gefangen ist und darauf wartet, von einem Mann *mit Erfahrung* befreit zu werden. Andererseits: Andie in der Reihenhaussiedlung – passt nicht.

Jedenfalls wird alles ganz anders, wenn es überhaupt noch wird.

Warum ist der Hubschrauber auf einmal so leise?

Augen auf.

Klar, ist gelandet und hat einen schwarzen Punkt ausgespuckt. Dann sind sie eben zu zweit, auch egal.

Nick sieht wie ein schlafendes Baby aus, so mit geschlossenen Augen. Er hat aufgehört zu schreien. Sein T-Shirt hebt und senkt sich ganz gleichmäßig, als ob er schläft. Vielleicht ist er ohnmächtig geworden – oder konzentriert er sich nur? Wartet er auf den ersten Schuss, oder das nächste »Hey You«?

The Rocksteady Crew?

Der schwarze Punkt aus dem Hubschrauber ist ein schwarzer mit einem hellblauen Blob obendrauf geworden.

»Du bist was ganz Besonderes.« Darauf haben meine Eltern immer bestanden, egal, wie sehr ich ihnen das Gegenteil bewiesen habe. Ein viel versprechender, wenig haltender junger Mann. Trotzdem sind sie dabei geblieben. »Du bist was ganz Besonderes.« Das ist echt die einzige Sache, die unerledigt bleibt. Wäre schön gewesen, ihnen zu beweisen, dass sie richtig lagen.

$004E Plötzlich ist der Busfahrer ganz nah, als ob er die letzten Meter geflogen wäre. Als Erstes taucht der Kopf auf, mit dieser lächerlichen Tarnfrisur. Tarnt leider nicht, wenn man läuft, Mann. Bei jedem Schritt hebt die lächerlich rübergekämmte

Strähne ab und weht wie ein Wimpelchen über der glänzenden Kopfhaut. Flop, flop, flop. Jetzt einfach mal quer über den Kopf mit der Schneidemaschine drüberziehen und ihn befreien.

Dann kommt das dunkelblaue Busfahrer-Sakko, dick wie aus Wolle, er muss irre schwitzen. Jetzt ist er nur noch ein halbes Fußballfeld weg. Schon gut, Linder, ich weiß, heute großes Testspiel, alle Mann abzählen, und wer 'ne ungerade Zahl hat, muss mit nacktem Oberkörper spielen. Mann, was hat Nick das gehasst mit seiner irischen Haut, sah danach immer aus wie ein gekochter Hummer.

Noch zwanzig Meter vielleicht, die graue Hose sieht nach Flanell aus, echt wie bei einem Schulbusfahrer. Wie ging der Klassiker nochmal? Genau. Knack, Mikro an: *Ich komm gleich nach hinten und mach mit.* Hat der Typ am Steuer immer durchgesagt, wenn die bösen Jungs in der letzten Reihe so taten, als würden sie das Siegel vom Nothammer aufbrechen. Genau, und dann noch: *Das sind ganz kleine Schräubchen.* Da meinte er die Schrauben, mit denen die Haltegriffe an der Decke festgemacht waren. Brüllte er immer ins Mikro, wenn jemand Klimmzüge dran machte. Eigentlich arme Schwänze, die Schulbus-Typen. Gnade gab's trotzdem keine.

Jetzt bremst er ab. Ein letztes Mal klatscht die Haarsträhne auf die Glatze, um endgültig kleben zu bleiben. Noch zehn Meter vielleicht.

Er schaut mir direkt ins Auge.

Mit seinen Pupillen stimmt was nicht, sie sehen komisch aus, tot wie bei Yul Brynner in »Westworld«, wo er den Roboter-Revolverhelden spielt. *Zieh, Bübchen!*

Obwohl das Gesicht des Busfahrers vor Schweiß nur so glänzt, wirkt er nicht angestrengt oder aufgeregt. Eher desinteressiert, als ob es ihm egal wäre, dass er das Rennen gewonnen hat. Dieser leere Blick – das ist es: Für den ist alles nur Durchführung, der ist auch auf einer Dienstreise!

Und dann steht er komplett da, mit seiner Uniform von den Stadtwerken. Steht und starrt und ringt gleichzeitig nach Luft. Direkt vor mir parken seine zerkratzten Schuhe; ha, die haben ganz schön was abbekommen.

Was ist? Nun komm schon, sag deinen Satz, sag, was du willst. Willst du die Diskette? Sollen wir uns umdrehen, damit du uns ins Genick schießen kannst?

Aber er schweigt. Stattdessen streckt er die Hand aus und greift in großem Bogen in die Innentasche, ohne das Gesicht zu verziehen.

Jetzt ist es so weit.

Papa, ich hab's echt versucht, wirklich.

Augen zu.

Opa Heinrich, wie oft hast du so was erlebt? Und wie war das damals? Hätte ich gerne noch gefragt.

Nick zuckt, er reißt seinen Kopf hoch. Dabei kann er gar nichts sehen, guckt doch in die andere Richtung. Vielleicht besser so.

Warum dauert das so lange? Augen auf.

Die Hand des Busfahrers tritt ganz langsam den Rückweg aus dem Sakko an: Erst kommt der Rand des Hemdes raus, dann das behaarte Handgelenk, dann *sie*. Die Glock.

$004F Glock18 Select Fire, zwanzig Schuss im Magazin, 400 Dollar, Standardausrüstung der Terroristen, haben wir zehntausendfach geladen, zehntausendfach abgefeuert. Nur dass die hier echt ist.

Ein Mann steht vor uns, mit einer geladenen Waffe, einer *für uns* geladenen Waffe. Das ist das Ende des Straße. Komisch, da hat man das ganze Leben mit Ballern verbracht und sieht zum ersten Mal eine richtige Pistole.

War halt doch nur ein Spiel.

Das fing schon in der Grundschule an, zu Karneval, mit dem ersten Revolver, von Wicke natürlich, der einzig möglichen Marke. Da kamen diese roten Plastikringe hinten rein, die bei jedem Schuss so richtig schön gestunken haben. Letztens im Keller bei meinen Eltern wieder so ein Teil gefunden. Einmal abgedrückt, zack, und schon meldete die Nase Kindheit. Was für ein Gefühl, der einzige Luke Skywalker auf der Karnevalsfeier mit einem Colt zu sein. Scheiß auf Authentizität, Hauptsache Pistole.

Richtig geschossen haben wir nur ein Mal, Jahre später. Nick hatte seinem Alten die Luftpistole aus dem Schlafzimmerschrank geklaut. Wir also gleich rüber zur Ziegelei, losballern, erst auf Dosen, dann auf Vögel. Armes Vieh, warum hat's auch still gesessen. Fiel einfach so von seinem Ast auf den Boden. Das war's. Wir haben uns nicht mal richtig rangetraut an den Kadaver, glotzten nur so von oben runter. Am Kopf des Spatzes hing ein kleiner Blutstropfen, rund, wie eine rote Murmel. Nach zehnmal »Faces of Death« gucken ziemlich enttäuschend, der Tod. Irgendwie haben wir uns trotzdem geschämt.

Dann lieber den Feuerknopf drücken, am besten auf die Strg-Taste gelegt. Und was waren das für Kanonen: die Big Fucking Gun 9000 von *Doom*, der Devastator vom *Duke* – und dann irgendwann die Glock bei *CS*.

Seltsam, in Echt sieht sie ganz anders aus, irgendwie billig, fast wie ein Spielzeug. Keine Hebelchen oder komplizierte Mechanismen, sondern nur mattschwarzes Metall mit ein bisschen Gummi um den Griff.

Trotzdem hängt der Arm des Busfahrers schlaff bis zur Hosentasche runter, sodass die Glock auf den Wüstenboden zielt und wir den Lauf nur von oben sehen können. Im Sonnenlicht glänzen Schlieren aus Handfett und Schweiß auf dem Metall.

Nun mach schon, zieh den Schlitten zurück, hol die erste Kugel in den Lauf. Mehr Angst geht eh nicht.

Doch er macht immer noch nichts, der Busfahrer. Pumpt seinen Brustkorb hektisch mit Luft voll und steht stumm da, mit der Glock Richtung Boden.

Eigentlich unverschämt. Kann er nicht wenigstens auf uns zielen und uns bedrohen? Würde wahrscheinlich die Knarre dabei so spießig gerade halten wie die Anfänger auf der Polizeischule –

nicht cool wie die Typen bei Tarantino, die immer das Magazin nach außen drehen. Machen die Mafia-Killer in Echt angeblich auch so.

Nein, wir sind die Harmlosen, deshalb zielt er nicht auf uns. Bei denen wäre es pure Energieverschwendung, den Arm zu heben. Die haben die Hose so schon voll.

Korrekt. Trotzdem eine Demütigung.

Nick könnte sich das natürlich wieder zurechtbiegen, vonwegen: Hat ja auch sein Gutes, ein Harmloser zu sein. »Frauen wollen keine bedrohlichen Männer«, würde er sagen und seinen Finger heben, »sondern jemanden, der beherrschbar wirkt«. Von all seinen schwachsinnigen Weisheiten eine der schwachsinnigsten. Einmal *kein* Beherrschbarer sein, das wär's. Einer sein, der jetzt aufsteht, die Scheiß-Glock packt, sie dem Idioten auf sein Flanell-Bein biegt und abdrückt. Oder der zumindest was sagt.

Doch ich starre nur und versuche leise zu atmen.

Der Busfahrer packt sich mit der freien Hand in den Nacken und wischt den Schweiß ab, ohne dass seine Kamera-Pupillen uns aus den Augen lassen. Er stöhnt leise und lehnt den Kopf zur Seite, bis die Halswirbel knacken.

Dann steigt er von einem Bein aufs andere.

Sein Blick sagt: »Okay, zur Sache.«

Ich packe Nicks Hand. Sie fühlt sich kalt an.

Es wäre schön, wenn er jetzt da wäre, so richtig, dass ich ihm noch was sagen könnte.

Da! Die Glock setzt sich in Bewegung, Zentimeter für Zentimeter hebt sich der Lauf. Erst ist das Mündungsloch nur ein schmaler Schlitz, dann eine Ellipse. Gleichzeitig öffnet der Busfahrer seine andere Hand, streckt die Finger aus. Will er uns hochhelfen? Nein, er will die Floppy, vielleicht. Und dann? Lieber auf den Boden schauen, dann geht alles vorbei, dann ist er gleich weg. Doch es geht nicht.

Ich hebe den Kopf.

Das schwarze Loch der Glock tanzt vor uns.

Jetzt. Nur noch eine Sekunde, ein Zentimeter.

Da, das Metall berührt die Stirn. Kälte.

Es ist soweit.

Game over.

$0050 Der Beifahrer bäumt sich auf.

»John!«

Dude, der ist nicht hier. Wir sind am Arsch. Stimmt, das kannst du auf deiner Seite ja nicht sehen. Du musst dich mal umdrehen, hier ist der Busfahrertyp und ... Nein, bloß keine hektischen Bewegungen machen, Mann, der hat doch die Glock, ja genau, *die* Glock, nur dass es eine echte ist.

»John.« Nochmal sagt er es ganz deutlich.

Ich sag dir doch, der ...

Plötzlich Hektik. Der Busfahrer zuckt mit seinem ganzen Körper zurück, wie ein Hund, dem man ein Feuerzeug vor die Schnauze gehalten hat. Sein Arm mit der Glock am Ende fällt wieder zurück zu seiner Bundfalte, als ob jemand einen Stein drangehängt hat. Sofort fängt meine Stirn zu glühen an, da, wo eben noch die Mündung klebte.

Plötzlich zittert der Lauf. Und auf einmal ist jetzt auch was in *seinem* Blick: Angst.

Umdrehen.

Deshalb also.

Der schwarze Punkt aus dem Hubschrauber steht vor uns und verdeckt die Sonne.

Es ist John. Er hat sich direkt neben Nicks Bein aufgebaut.

Der schwarze Klotz seines Oberkörpers hebt und senkt sich, nur viel langsamer als beim Busfahrer. Das Training, natürlich. Gegen die Sonne kann man nichts erkennen. Lacht er? Freut er sich, uns zu sehen? Oder guckt er genervt, weil wir ihn von einem wichtigen Termin abhalten?

Blick zurück.

Der Busfahrer steht und starrt, nur dass er jetzt ein Mensch ist. Seine Augen rasen zu John, zu uns runter und wieder zurück. Er hat ein Bein nach hinten gesetzt, so, als ob er gleich losrennen will. Die graue Falte an der Wade vibriert leicht.

Hinter uns röhrt weiter der Motor des Hubschraubers; der Pilot hält die Drehzahl hoch, wahrscheinlich damit er gleich wieder starten kann. Das hier wird also eine kurze Angelegenheit, keiner will lange verhandeln.

Johns Schatten ist zu schmal für ein Sakko, er trägt also nur ein Hemd. Unmöglich, so eine Waffe zu verbergen. Oder: vielleicht im Wadenholster, so wie ... Wer hatte das nochmal? Nein, er ist nicht der Typ für eine Waffe, obwohl ich mir nichts mehr wünsche, als dass er eine hätte.

Nicks Kopf sinkt zurück auf mein Bein. Hat wohl wieder ausgecheckt, denkt, die Sache sei gegessen.

John macht einen Schritt nach vorne, streckt seine Hand aus. Natürlich, auch ihn interessiert nur eines, die Diskette. Der Schatten seines Arms wandert über den Beifahrer, den Weizenhalm, die Ameise, das Häufchen Elend, das von seinen zwei stolzen Mitarbeitern übrig geblieben ist. Wir müssen eine ziemliche Enttäuschung für ihn sein. What a bunch of wussies. Was für Weicheier.

Immer noch keine Reaktion vom Busfahrer.

Warum hebt er die Glock nicht wieder hoch? Was ist los? John ist doch unbewaffnet.

Nein, natürlich. Der Hubschrauber. Da hat John seine Leute drinsitzen, wahrscheinlich alle mit Präzisionsgewehr im Anschlag, das Zielfernrohr justiert. Deshalb kann er uns auch nicht einpacken, die Kiste ist schon voll, oder »der Quirl«, wie Captain Braddock sagen würde.

Direkt vor meinem Gesicht öffnet John seine Hand.

Jetzt gibt es keine Optionen mehr.

Ganz vorsichtig winde ich die Diskette aus Nicks Hand und reiche sie John rüber.

Er nimmt sie sachte hoch und zieht ohne Eile seinen Arm zurück. Ein letzter Blick an uns vorbei zu seinem Gegner, dann beugt er sich zu uns runter und sagt etwas, das wie der schönste Satz der Welt klingt, wie die letzte Zeile eines Schlaflieds:

»Sie lassen euch jetzt in Ruhe.«

$0051

The future, always so clear to me,
has become like a black highway at night.
We were in uncharted territory now.

Wie eine Boje in der Dünung schaukelt unser Boot über das schwarze Teerband, das von den Bergen bis ans Meer reicht. Es sind halt *seine* Straßen. Kurz hinter dem Rasthof setzte der Rückenwind ein, seitdem haben die Außenspiegel aufgehört zu zischeln, und wir schweben geräuschlos durch die Nacht.

Reichweite: 900 km steht auf der Anzeige neben dem Tacho. Schön zu wissen, dass wir wirklich bis ans Meer weiterfahren könnten.

Der Beifahrer sieht cool aus, wie immer, wenn er nicht versucht, irgendwie cool auszusehen. Er lässt seine Hand aus dem halb geöffneten Fenster baumeln und surft mit den Fingern im Gegenwind. Seine Stirn hängt leicht nach vorne, sodass seine Augen direkt unter den Brauen hindurch den Horizont scannen – ein bisschen wie Riker, wenn er besorgt auf die Brücke der Enterprise stürmt. Die Ärmel seines hellblauen Hemdes hat er auf diese italienische Art hochgekrempelt: erst die Manschetten bis zum Ellenbogen geklappt, dann unten den Stoff noch einmal umgeschlagen. Wenn er nicht immer so verkrampft wäre, könnte er der coolste Hacker auf diesem Planeten sein; das Wort kommt ja angeblich sogar vom deutschen *aushecken*.

Durch den Fensterschlitz weht es lauwarm rein; die Nachtluft fühlt sich weich wie Watte an. Unweigerlich hält man den Atem an, hofft, die Sekunden so verlängern zu können, doch die Moleküle scheren sich nicht drum, sondern machen einfach mit ihrem Pogo weiter.

Der Zielcomputer ist eingeklappt, ab hier wird auf Sicht geflogen.

Wir sind allein auf der Straße – bis auf die Familienpapis mit schweren Augenlidern, die glauben, durch einen Nachtstart den Stau schlagen zu können, und ein paar Clubber in ihren aufgemotzten Kleinwagen. Wollen wir uns bei denen auf die Rückbank quetschen? Nein, besser nicht. Wir wollen nirgendwo anders sein als hier, in diesem Moment.

Die Zukunft, die bisher so klar vor uns lag,
hat sich in eine schwarze Autobahn bei Nacht verwandelt.

Klingt nicht mal schlecht, das »Terminator«-Zitat, so mit Autobahn statt Highway. Oft haben wir gemeckert über die deutscheste aller deutschen Straßen, ihre biedere Schale, die Autobahnkirche, den Autobahnfink. Doch heute Nacht lieben wir sie, weil sie nicht der Fluchttunnel aus deutscher Enge ist, sondern der Weg nach Hause.

Eilig haben wir es trotzdem nicht, Hauptsache, die Räder rollen weiter, wenn es nach mir ginge, ewig.

Du bist der,
für den Geschwindigkeit Friede der Seele bedeutet.

Zitat aus »Vanishing Point«, ganz groß.

Niemand Geringerem als Andie haben wir diesen Trip zu verdanken. Die Liebe wollte uns was Gutes tun und hat uns erster Klasse von Seattle zurückfliegen lassen. Leider landete die Maschine am falschen Ende von Deutschland, sodass wir nochmal ordentliche Meilen – nein: Kilometer – fressen müssen. Aber sie schmecken ziemlich gut, deshalb ist Andie niemand an Bord böse. Sie dachte wohl, Germany ist gleich Germany. Immerhin weiß sie – anders als die meisten ihrer Landsleute –, dass es nicht in England liegt.

Unsere Dienstreise geht langsam zu Ende.

Nick legt seinen bandagierten Fuß auf die Ablage unterhalb der Windschutzscheibe und atmet zufrieden aus. Alles wieder zusammengeschraubt, das Sprunggelenk, der Bänderriss und so. Im Radio läuft »Black & Gold« von Sam Sparro, Nicks totaler Nullerfavorit. Er dreht am Lautstärkeregler, bis die Scheiben bei jeder Bassdrum ein bisschen zittern; es ist fast wie beim Cruisen damals. Hey, und wir können sogar die Fenster unten lassen, ohne dass uns jemand mit unserer Erwachsenenmucke ertappt.

John hatte Recht. Sie haben uns in Ruhe gelassen.

Kurz nachdem sich die Staubwolken des Rotors verzogen hatten, war auch *er* wieder verschwunden, der Busfahrer. Muss auf dem Absatz kehrtgemacht haben, der Schisser. Und es bleibt dabei: Ohne den unseligen Felsbrocken im Weg hätten wir ihn locker abgehängt. Zehn Minuten später bog schon der Geländewagen von Jeppesen auf die Alleenstraße ein, um die Reste von uns einzusammeln. Im Hubschrauber war wohl kein Platz mehr. Ja, kein Mann bleibt zurück – ist wohl nicht nur das Motto der Army.

Ab dann ging es erster Klasse weiter, da hat sich die Datacorp echt nicht lumpen lassen. Private Notfallklinik mit einem totalen Klarmacherarzt, gefolgt von einer Woche Ausspannen im eigenen Hilton-Apartment. Das sei aber auch »die verdammte *Fürsorgepflicht* unseres Arbeitgebers«, grummelte der Beifahrer, bevor er sich wieder den Hörer ans Ohr hielt, um weitere fünf Stunden mit Sabinchen zu plaudern. Telefonieren und in den Akten aus Irvings Apartment in Kuala Lumpur stöbern – sonst hat er eine Woche lang nichts gemacht.

Am Schluss waren wir nochmal groß einkaufen, nachdem wir entschieden hatten, dass es Teil der Fürsorgepflicht unseres Arbeitgebers sei, den Mitarbeitern Zegna-Anzüge springen zu lassen – und einen Schwung neuer Gadgets. Wir haben die Kohle schneller

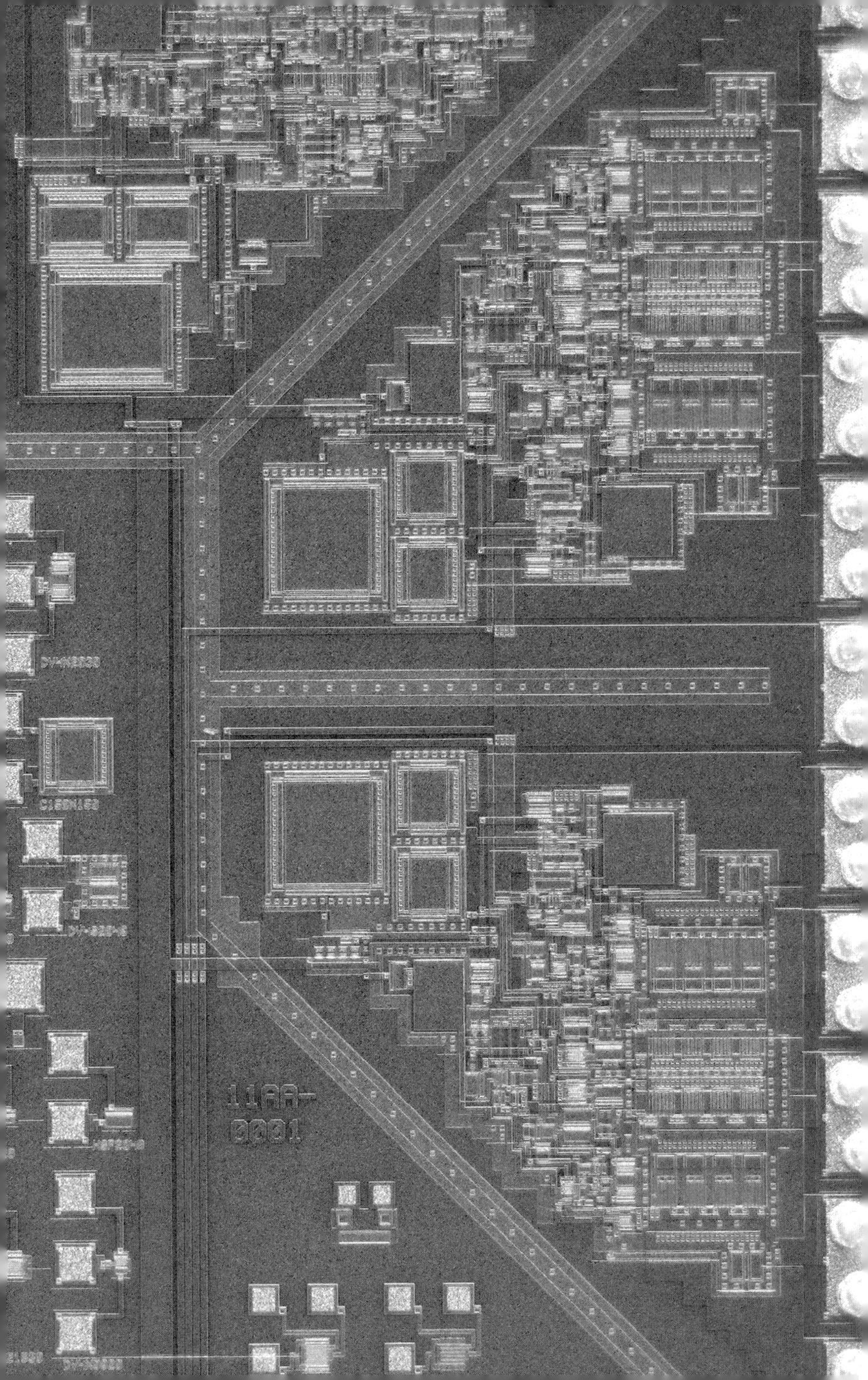
11AA-
0001

rausgehauen als Scheidungspapis, die ihre Brut samstagvormittags bei Toys"R"Us verwöhnen – nur dass wir kein schlechtes Gewissen dabei hatten. Das hat der Beifahrer mit einer passenden Business-Verklärung flott gekillt: »Bei anderen Firmen heißt so was *Hardship-Zulage*, und wenn die einer verdient hat, dann wir!« Genau, das steht uns quasi zu.

Der DJ blendet den Song aus, und es ist noch immer viel Strecke übrig. Was jetzt schön wäre: ein belangloser Nerdvortrag, der mit Worten beginnt wie …

»Wusstest du, dass der Terminator den gleichen Prozessor im Kopf hat wie der Apple II?«, fängt Nick wie auf Zuruf an.

Ich muss lachen, grinse aber lieber in mich rein, um die Ausführungen des Beifahrers nicht zu stören.

»Echt?«

»Echt. Immer, wenn man in Teil eins sieht, was der Terminator sieht, ist das Bild doch so rot gefärbt und an der Seite flackern irgendwelche Zahlen und Grafiken rum.«

»Und?«

»Na ja, jemand mit einem schnellen Pausenknopf-Finger hat sich mal die Mühe gemacht zu schauen, was das genau für Daten sind, die beim Terminator da durchs Auge flackern. Und siehe da: Es ist Assemblercode für den 6502-Prozessor, bekannt als Herz des Apple II. Haben die Filmtypen einfach aus einem Magazin abgetippt, samt Prüfsummen! Wenn man hinsieht, kann man sogar die Befehle erkennen, JMP, LDA und so. Was lernen wir? Ein Megahertz reicht aus, um einen T-800 zu steuern. Nicht schlecht, oder?

»Cool. Aber wusstest *du* eigentlich, dass auch in Bender aus *Futurama* ein 6502 tickt?«

Der Beifahrer ist mittelmäßig geplättet. Es sagt nur »nö« anstatt »das wusste ich *so* nicht« – wie sonst immer, wenn er nicht zugeben will, etwas nicht zu wissen.

»Jap, in einer Folge hält der Professor ein Röntgengerät an Benders Kopf, und man kann ganz kurz die Zahlenfolge 6502 erkennen.«

»Na, darauf sollten wir mit einem *Botweiser* anstoßen!«

Wir schmunzeln eine Runde simultan, bevor jeder wieder still seinen Gedankenthread aufnimmt. Da steht noch einiges im Raum, zum Beispiel, wer den Grid jetzt kriegt. Er wackelt immer noch im Kofferraum hin und her und freut sich auf sein neues Zuhause. Eigentlich steht er mir zu. Bei mir müsste er sich nicht gegen eine Frau behaupten, die seinem Herrchen »die Flausen austreiben« will, was nichts anderes bedeutet, als dass »der ganze Elektroschrott weg muss«.

Nick streckt seine Hand raus und surft weiter. Gleich will er wieder eine seiner Bomben hier reinschmeißen. Er brütet irgendwas aus, man kann die Lunte schon fast riechen.

»Nun sag schon«, komme ich ihm zuvor.

Er tut unwissend. »Was?«

»Da ist doch irgendwas.«

Nick mimt weiter die Unschuld vom Lande: »Was meinst du?«

»Hallo? Nun mach schon!«

Er presst auf diese *Dumm-gelaufen*-Art die Lippen aufeinander. Ha! Bombe entschärft.

Ihm bleibt nichts anderes übrig, als den Fuß von der Ablage runterzunehmen, sich seriös gerade hinzusetzen und mit der Wahrheit rauszurücken.

»Okay. Ganz sicher bin ich mir nicht, aber ich glaube, ich weiß, was hinter THE_BUG steckt.«

$0052

»Muss aber ein bisschen ausholen.«

Seit wann teilt er denn diese Warnhinweise aus? Schließlich hat er die letzten zwanzig Jahre nichts anderes getan, als superweit auszuholen – und zwar ohne irgendwen vorher zu fragen.

Ich nicke kurz, um ihm zu signalisieren, dass ich mit seinen Bedingungen einverstanden bin. Er nickt zurück und startet.

»Ich glaube, ich weiß jetzt, warum sie hinter uns her waren.«

»Und?«

» Irving hat den ultimativen Bug entdeckt.«

»Was?«

»Eine Hintertür, um Mikrochips aus der Ferne zu zerstören. Verstehst du? Nicht nur um die Chips lahm zu legen, sondern um ihre Schaltkreise final zu töten. Die größte mögliche Schwachstelle im System.«

»So etwas wie den Todes-Poke?«

Obwohl es erst ein paar Wochen her ist, dass wir auf der kleinen Brücke gestanden und den Tretbooten hinterhergeschaut haben, fühlt es sich doch an, als wäre seitdem ein halbes Leben vergangen. Und die zwei Menschen auf der Brücke sind uns längst so fremd geworden wie die Leute auf alten Klassenfotos, von denen einem nicht mehr der Name einfällt.

»So in der Art«, sagt Nick.

»Wie soll das gehen? Wir hatten uns doch darauf geeinigt, dass Software niemals Hardware killen kann.«

»Schon mal was von Elektromigration gehört?«, fragt er.

Nein, das lernt man nicht in vier Semestern Nationalökonomie mit Nebenfach Philosophie, und erst recht nicht beim Frisbeespielen im Park. Weißt du doch.

Ich zucke mit der Schulter.

Der Beifahrer verzichtet darauf, seinen resignierten Jetzt-muss-ich-bei-null-anfangen-Schmollmund zu ziehen, sondern erklärt ruhig vor sich hin, ohne den Blick von der Fahrbahn zu nehmen.

»Also, stell dir einfach mal einen Mikrochip vor: Hunderte von Millionen von Transistoren, auf einer Fläche so groß wie ein Fingernagel.« Er streckt den Daumen aus. »Und um Platz zu sparen, bauen die Ingenieure die Transistoren nicht nur nebeneinander, sondern stapeln sie auch in Schichten übereinander. Der Chip ist wie eine gigantische Stadt aus Silizium, mehrere Stockwerke übereinander gebaut, so à la Coruscant in *Star Wars*.«

Nick malt mit dem Zeigefinger Zickzack in die Luft.

»Zwischen den Häusern gibt es Straßen, also Drähte aus Kupfer oder Aluminium, die die einzelnen Transistoren miteinander verbinden. Die heißen Interconnects und ziehen sich kreuz und quer durch das Silizium-Labyrinth, wie diese fünfstöckigen Autobahnkreuze in L.A. So weit klar?«

Ich nicke stumm.

»So, das Problem ist, dass alle zwei Chip-Generationen eine zusätzliche Straßenebene obendrauf gebaut wird. Na ja, und weil die Transistoren gleichzeitig immer kleiner werden, müssen auch die Drähte immer dünner werden. Und genau da kommt die Elektromigration ins Spiel. Die führt dazu, dass die mikroskopisch kleinen Interconnects irgendwann durchschmoren.«

»Ich dachte, Elektronik hält ewig, wenn man nichts falsch macht.«

»Nicht unbedingt. Wenn durch einen besonders dünnen Draht viel Strom fließt, kann es nämlich sein, dass die Elektronen mit der Zeit ein paar Atome mitreißen – wie bei einem Bach, der an einer engen Stelle so schnell fließt, dass die Strömung kleine Steinchen am Grund weiterkugelt. Äh, nur dass die Stromleitung dadurch – anders als der Bach – nicht breiter wird, sondern schmaler.«

Hä? Zufrieden über seinen wirren Vergleich faltet der Beifahrer die Hände vor der Brust, bevor er mit seinem Vortrag weitermacht.

»Der elektrische Strom reißt also immer wieder einige Kupfer-Atome mit, bis der Draht irgendwann so dünn ist, dass er bricht. Die Verbindung zu den angeschlossenen Transistoren kollabiert, der Chip funktioniert nicht mehr richtig.«

»So weit, so klar. Aber das klingt jetzt eher danach, als würde das alles eher zufällig passieren.«

»Tut es auch. Bisher ist nur ein Fall bekannt geworden, in dem Chips durch Elektromigration zerstört worden sind, und zwar bei der Firma Western Digital ...«

»... wo Irving gearbeitet hat!«

Wohlwollend schließt Nick kurz die Augen.

»Genau. Es gibt natürlich bei der Konstruktion von Chips klare Regeln, die vorschreiben, wie breit bestimmte Verbindungen sein müssen und so weiter, damit es eben keine gefährliche Elektromigration gibt. Aber ein Lieferant hatte sich wohl nicht dran gehalten, sodass die integrierten Schaltkreise – und damit auch die Festplatten – nach einem halben Jahr den Geist aufgaben.«

»Testen die Hersteller ihre Chips nicht vorher?«

»Klar. Aber bei Milliarden von Transistoren in einem Prozessor kann man halt nicht alles überprüfen. Die Teile sind längst so kompliziert, dass du alle Nebenwirkungen nicht mal mehr mit einem Supercomputer berechnen könntest. Es geht in der Chip-Entwicklung oft nur noch darum, keine *schlimmen* Fehler einzubauen. Erinnerst du dich noch an den FDIV-Bug beim Pentium?«

»Bei bestimmten Zahlenkombinationen gab's Rechenfehler, oder? Alle hatten damals Angst, irgendwelche Brücken würden deshalb einstürzen, weil der Architekt seine statischen Berechnungen mit 'nem Pentium gemacht hat.«

Nick lacht.

»Stimmt, genau. War natürlich unsinnige Panikmache. Die Chancen standen eins zu neun Milliarden, dass der Fehler im Alltag einmal auftritt. Und trotzdem trat er bei irgendwem auf und Intel musste eine Million Pentium-Chips umtauschen.«

»Okay, so weit, so gut. Irving hat also vor zwanzig Jahren in den Prozessoren diesen Bug, einen besonders anfälligen Draht im Chip, entdeckt. Alle anderen Forscher haben ihn übersehen, und wahrscheinlich hätte ihn bis heute niemand entdeckt. Wo liegt das Problem?«

»Das Problem liegt in der Rom-Theorie, die kennst du doch?«

Ob ich zustimme oder nicht, spielt keine Rolle, er wird ohnehin alles nochmal erklären.

Und ... Bingo! »In der Computerwelt steht das meiste Neue auf den Ruinen von was Altem, das ist in der Halbleiter-Industrie nicht anders.« Nick stapelt seine Hände übereinander – süß, wie er versucht, es für seinen Zuhörer extra idiotensicher zu erklären.

»Selbst die allerneuesten Super-Prozessoren basieren meist auf Chips, die es schon seit Jahren gibt – ganz einfach weil es unbezahlbar wäre, etwas Brandneues zu entwickeln. Außerdem müssen alle neuen Prozessoren abwärtskompatibel sein. Das führt dazu, dass selbst die modernste Maschine tief in sich drin die Gene aller Vorfahren der letzten zwanzig Jahre mit sich rumschleppt. Beim Pentium zum Beispiel war fast die Hälfte der Transistoren nur dazu nötig, damit der Prozessor auch alte Programme vom 286er ausführen kann. Und wenn sich vor zwanzig Jahren irgendwo ein Fehler eingeschlichen hat, kann es gut sein, dass ein Großteil aller Rechner auf dieser Welt diese Zeitbombe in sich trägt.«

»Bisher ist sie aber noch nicht hochgegangen ...«

»... Richtig. Doch das muss ja nicht so bleiben. Ich gebe zu, hier wird die Sache etwas theoretisch ...« Hier erst? »... Aber stell dir einfach mal vor, Irving hätte nicht nur die Schwachstelle gefunden, sondern auch einen Weg, sie auszunutzen. Zum Beispiel mit einem Programm, das gezielt Strom auf die kritische Verbindung lenkt und so die Elektromigration beschleunigt. Und jetzt stell dir vor, dass dieses Programm per Virus verbreitet wird ...«

»... alle Maschinen, deren Prozessor die Schwachstelle hat, würden nach einiger Zeit abrauchen, und zwar endgültig. Kein Neustart und kein neues Betriebssystem könnte die Kisten dann retten; sie müssten komplett ausgetauscht werden.«

»Und was wäre, wenn wir hier über eine weit verbreitete Chip-Baureihe sprechen?«

Kommt es plötzlich kälter rein? Auf einmal erscheint alles, was wir glauben erlebt zu haben, überhaupt nicht mehr drastisch. Was ist eine eingetretene Tür gegen das, was *der Bug* anrichten könnte?

Die Schaltpläne und Chip-Layouts auf dem Monitor im Silo, das waren Wegweiser zur alles entscheidenden Schwachstelle, zur Achilles-Ferse der Rechnerwelt. Und diese Beweismittel musste Irving natürlich mit allen Mitteln schützen, denn er wusste, dass früher oder später jemand von seinem Geheimnis erfahren würde – und er selbst zum Abschuss freigegeben wäre.

Wo also die Daten verstecken? Natürlich nicht auf dem modernen Speicherchip, den jedes Skript-Kiddie in Sekunden knacken kann. Nein, Irving setzte auf Sicherheit durch Seltenheit, arbeitete nur mit antiker Hardware. Er schrieb auf seinem Grid Compass, dem Modell 1101, das sonst nur im Museum steht, und schickte die Daten dann *per Telefon* an sein treues, aber mittlerweile brutal veraltetes IBM-System. Dabei hat er, typisch Wissenschaftler, einfach auf Statistik vertraut: Wie groß stehen die Chancen, dass ein zweiter Mensch genau diese Antiquitäten noch bedienen kann? Wie wahrscheinlich ist es, dass dieser jemand alle kleinen Rätsel, mit denen er den Weg zu seinem Archiv in der Wüste markiert, entschlüsselt? Verschroben – aber effizient. Selbst der Raketenbunker erscheint nicht mehr paranoid, sondern nur angemessen, bei der Sprengkraft des Bug.

Irgendwie muss sich Captain Obvious jetzt auch gerade hinsetzen.

»Wer herausfindet, wie man den Bug in den Prozessoren ausnutzt, kann alles aus der Ferne eliminieren – Netzrechner, den ganzen Notfallkram im Krankenhaus, Ampeln …«, spinne ich weiter.

Nick schaut düster von unten hoch.

»… eingebettete Systeme in Autos, Panzern, Flugzeugen«, ergänzt er.

»Es wäre die ultimative Waffe. Wer den Bug kennt, kann die Welt zum Stillstand bringen.«

Und dann kommt er doch noch dazu, eine kleine Bombe zu schmeißen.

»Eine Waffe, die das Leben eines Menschen wert wäre.«

$0053 Doch sie schlägt nicht so richtig ein, seine Bombe, denn unausgesprochen schwebt dieser Gedanke schon seit Malaysia zwischen Fahrer- und Beifahrersitz. Der Zeitpunkt und die Art, wie Irving das Gebäude final verlassen hat, war zu auffällig, selbst für Nicht-Verschwörungstheoretiker.

»Du glaubst auch, dass Irvings Tod kein Zufall war?«, frage ich.

Nick hockt wie eingefroren da und schweigt.

»Was denn?«

Er schaut etwas verlegen nach unten, weil er Angst hat, dass ich ihn auslache, wenn er sagt, was er sagen will. Nick, der alte Spinner und so. Also muss ich es aussprechen: »Implantat-Hacking. Der Herzanfall wurde von außen herbeigeführt.«

Blitzschnell dreht sich der Beifahrer um und eröffnet das Feuer.

»Genau! Denk doch mal drüber nach: Irving stirbt in genau der Sekunde, in der er sein großes Geheimnis platzen lassen will. Ist total unwahrscheinlich – und völlig untypisch. Damals im Altenheim, da haben sich die Oldies immer erst nach ihrem letzten großen Auftritt in die ewigen Jagdgründe verabschiedet, nach runden Geburtstagen und so. Niemals vorher!«

»Aber wie macht man so was? Wie kann man einen Herzschrittmacher von außen lahmlegen?«

»Da gibt's schon Möglichkeiten. Einige Modelle lassen sich über Funksignale warten, damit der Arzt die Therapie einstellen kann, ohne dass der Patient aufgeschnitten werden muss. Bei den älteren Schrittmachern sind die Funksignale nicht mal verschlüsselt. In dem Fall brauchst du nur ein bisschen Radiozeug für, sagen wir mal, 1 000 Dollar – und natürlich das Wissen. Ein paar Jungs haben das schon mal durchgezogen: einfach per Funk einen ausgemusterten Schrittmacher angewiesen, alle Therapiemaßnahmen einzustellen. Beeeeep.« Er malt mit der Hand eine Flatline in die Luft. »Allerdings hätte der Angreifer dafür Irving ziemlich nah auf die Pelle rücken müssen; die erste Sitzreihe wäre schon zu weit weg gewesen.«

Wow, ist die Autobahn gerade. Ist bestimmt wieder eine Notlandepiste, eine NLP. Schade, dass ich jetzt nicht den Beifahrer fragen kann, ob's wirklich eine ist, denn dann wäre er total beleidigt, weil ich seinen Vortrag nicht richtig würdige.

Die nächste Raststelle huscht vorbei. Auf dem Parkplatz quetschen sich die Laster aneinander wie Elefanten im Zoo, die sich gegenseitig wärmen, wenn der erste Schnee aufs Gehege fällt. In einigen Kabinen brennt schon wieder Licht. Nebenan an der Tanke trägt ein Student, der die Nachtschicht geschoben hat, die Geräte zum Reifendruckmessen wieder raus an die Zapfsäulen. Die Autobahn wacht auf.

»... möglich wäre natürlich auch die brutale Variante. Einfach ein extrem starkes elektromagnetisches Signal auf den Herzschrittmacher abfeuern, das hätte vielleicht auch aus der ersten Reihe funktioniert. Schließlich steht in den Gebrauchsanleitungen von Elektroautos, dass Menschen mit Schrittmacher nicht näher als sechzig Zentimeter an den Motor rangehen dürfen, weil die so stark strahlen. Überhaupt: War es nicht so, dass da jemand sofort aufgesprungen ist, als Irving zusammenklappte? Vielleicht war es ja genau umgekehrt: Dieser jemand ist aufgestanden, um näher an sein Opfer ranzukommen, und hat dann das Funksignal abgefeuert, zum Beispiel mit einem Sender, der in einer Tasche ...«

Junge, Junge. Kann ja alles sein, aber die Geschichte ist doch längst gegessen, vorbei, begraben. Major Tom hat gesagt, dass sie uns in Ruhe lassen werden, und das haben sie getan. Basta. Es gibt keinen Grund, sich weiter einen Kopf zu machen.

Vielleicht ist genau das »mein Problem«, von dem Nick immer spricht. Aber das Rätsel ist gelöst, weiterspekulieren führt zu nichts. Er verpulvert wertvolle Energie, die er besser für die nächsten paar Jahre aufsparen sollte, denn dann wird er sie verschärft brauchen. Mag sein, dass genau hier der Unterschied zwischen einem *Legacy Systems Consultant* und einem *Data Retrieval Specialist* liegt, doch es ist mir egal.

Ab morgen wird *gelebt*.

Ein bisschen von diesem Morgen kann man sogar schon sehen. Hinter Nicks Hand, die mittlerweile wieder durch den Nachtwind surft, schimmert es grau durch die Bäume.

$0054

Achtung! Bei Dienstende müssen die Wasserhähne überprüft werden.

Ein ordentlicher Geist hat die Worte sauber in Times New Roman, 24 Punkt, ausgedruckt und das DIN-A4-Blatt von außen an der Toilettentür geklebt. Und die gleiche Person hat den Zettel sogar in so eine durchsichtige Plastikhülle gesteckt, die es in Büros immer gibt – damit Wasserspritzer die Buchstaben, und damit die wichtige Instruktion, nicht unleserlich machen. Vorbildlich.

Dienstende.

Ich steige die Treppe von der Toilette zum Gastraum hoch und gehe raus auf die Terrasse, wo Nick schon neben zwei Kännchen Kaffee in der Sonne grillt.

»Alter?«, flüstert er.

»Alter«, sage ich und lasse mich fallen.

Eigentlich waren wir schon fast zuhause, die ersten bekannten Radiosender kamen rein, wir wussten, welche Ausfahrt auf der Autobahn als nächste kommen würde und wer da früher mal gewohnt hat. Doch dann machte der Beifahrer den genialen Vorschlag, nochmal rauszufahren, und da das bedeuten würde, nicht gleich vor der Tür zum Dorint stehen zu müssen, war ich sofort dafür.

Also sind wir nochmal von der Autobahn runter und rein in die kleine Stadt im Süden. Haben neben dem Zoo geparkt und sind runter zum Marktplatz marschiert, genau zu dem Café, in das wir uns damals besser mal reingesetzt hätten, am Tag, als Irving starb.

Schweigend sind wir an den Geschäften vorbeigelaufen, dem 1-Euro-Shop, der Erotikbar Chérie, der seelenlosen Filiale einer Kettenbäckerei. In der Auslage krabbelten ein paar Bienen träge über die Puddingteilchen. Nur noch ein paar Wochen, dann würden da diese Nikoläuse aus Hefeteig liegen: Die Grundschüler würden sich um die Lollis streiten, während die Teenies einen irren Spaß daran hätten, abends mit der Pfeife ihren Shit zu rauchen oder zumindest darüber zu reden.

Weil so viel passiert ist, fühlt es sich an, als ob der Sommer schon fast vorbei ist, dabei waren wir nur ein paar Tage weg und der Hochsommer kommt erst noch. Sommer. Wenn man anfängt, wie die Indianer statt in Jahren in Sommern oder anderen Jahreszeiten zu rechnen, erscheint einem alles lächerlich kurz. Nur noch zwanzig Sommer bis zur Rente. Wie kurz ist das bitte?

Waldorf und Statler lehnen sich zurück und schauen den guten Bürgern der Stadt zu, wie sie ihre kleinen Erledigungen erledigen, damit am Dienstende auch alles seine Ordnung hat. Das Paar im mittleren Alter, er mit Jutetasche, sie daneben wild gestikulierend, schlendern die Einkaufsstraße entlang. Eine alte Dame mit Kamelhaarblazer und Perlenohrringen – sie sieht mit ihren kurzen Haaren wie Loki Schmidt aus – hat es sehr eilig. Dazwischen stolpern unglückliche Anzughorden, die heute kein Tageslicht mehr sehen werden, Richtung Kongresszentrum.

Eine Straßenbahn rumpelt durch die Kurve, vorbei an der grünen Statue in der Mitte des Platzes. Wir haben eben kurz nachgeschaut: Erzherzog Soundso steht drauf; hätte man in Geschi aufgepasst, wüsste man vielleicht, wer das war. Und man wüsste auch, von wann diese schönen Häuser sind, die drumherum stehen. Habsburgergelb heißt die Farbe der Fassaden, hat Sabina mal gesagt. Es klingt schön, wenn sie es sagt, wie fast alles.

Der Beifahrer nimmt seine Sonnenbrille ab; in seinen Augen spiegelt sich die Mittagssonne. Obwohl sich alle bedrohlichen Dinge in Nichts aufgelöst haben, sieht er aus, als ob ihn immer noch was auf der Seele liegt.

Ich klopfe ihm auf die Schulter.

»Tja, dann hätten wir's mal wieder geschafft.«

»Was geschafft?« Er klingt sehr müde. »Wir haben einen durchgeknallten Forscher, der *vielleicht* herausgefunden hat, wie man die

Welt zum Stillstand bringt. Wir haben eine Macht, die uns *vielleicht* fast um die Ecke gebracht hätte. Und alles, was wir *vielleicht* wissen, hält jetzt ein Mann in der Hand, von dem wir nicht mal den Nachnamen kennen. Ich würde sagen, wir haben nichts geschafft.«

»Und, ist das schlimm?«

Nick sagt »nein«, und weil er ein guter Mensch ist, der nicht lügen kann, kaufe ich es ihm sogar ab.

Unter einem Kastanienbaum neben dem Rathaus ist ein Karussell aufgebaut, auf dem sich gemütlich kleine Vespas und Feuerwehrautos drehen. Eine Oma steht daneben und sieht zu, wie ihr Enkel völlig unbeweglich auf einem der Roller sitzt und die Rotation genießt.

Was jetzt – alles wieder auf Anfang?

Ich warte, bis Nick seine Kaffeetasse abgesetzt hat; es soll ja hier nicht hektisch werden. Aber irgendwie klappt das mit dem Cowboy-Gespräch heute nicht, ich habe das Gefühl, etwas sagen zu müssen.

»Tja, für mich geht's dann wohl zurück zu den Tandys.«

Nick schenkt sich sehr bedächtig aus dem Kähnchen nach, bevor er antwortet.

»Glaubst du – nach der ganzen Aktion? Ich weiß nicht.«

Zum ersten Mal seit Jahren klingt er nicht so, als wäre er von dem, was er tut, bedingungslos überzeugt. Nicht gut für einen Angestellten des Monats. Bezweifelt er etwa, dass wir auf dem richtigen Weg sind, dass wir das große Los gezogen haben? Oder will er sich womöglich abseilen? Alter, kannste nicht machen, nach all der Zeit. Hey, wir sind doch immer noch die Helden für eine Mark! Daran kann doch auch kein Kind was ändern, oder?

Nun spuck's schon aus, aber diesmal bitte selbst, ich kann dir nicht helfen, denn ich weiß nicht, was los ist.

Der Beifahrer schließt die Augen und scheint ausnahmsweise mal die Sonne zu genießen.

Ich mache es ihm nach und freue mich über den Soundtrack. Das Klingeln der Straßenbahn, das Klimpern des Wechselgeldes auf dem Nachbartisch, lachende Omas hinter uns, eine Kirchturmuhr. Heimat.

Lange Minuten vergehen. Immer wenn er seine Position wechselt, um mal das linke, mal das rechte Bein übers andere zu schlagen, stöhnt der Beifahrer, als hätte ihm in dem Moment jemand einen Sack Zement auf die Schulter gewuchtet.

Irgendwann beschließt er, sich genug gequält zu haben.

»Sag mal ...«

»Ja?«, schieße ich raus.

»Hast du dich nie gefragt, wer *sie* waren – zum Beispiel, wer uns damals im Garten abgehört hat?«

»Klar. Aber wie sollten wir das rauskriegen? Wie heißt es in den Agentenfilmen immer: Es war eine fremde Macht.«

Nick lächelt und neigt den Kopf zur Seite.

»Und was wäre, wenn wir es doch rauskriegen könnten?«

Ich beuge mich nach vorne.

»Wie?«

»Weißt du noch, als ich die Wanze plattgemacht habe?«

Aber sicher weiß ich das noch, du hast mir Angst gemacht, Mann.

»Hm.«

»Da war es genau zwölf Uhr zwei und fünfundfünfzig Sekunden. Und mal angenommen, man würde bei einer Organisation arbeiten, die sich schnell und unkompliziert Zugang zu den internen Daten aller Mobilfunkunternehmen verschaffen könnte.« Angedeutetes Grinsen. »Und weiter angenommen, man würde in diesen Datensätzen nachschauen, welche Handys um zwölf Uhr zwei und fünfundfünfzig Sekunden bei dem Handymast um die Ecke von unserem Haus eingebucht waren ...«

»... könnte man sehen, wer in dem Moment, als du die Wanze plattgemacht hast, offline gegangen ist *und wem der Anschluss gehört*. Oh shit, Alter!«

Nick greift unter seinen Stuhl und lässt seinen Dienstrechner vor sich auf den Tisch krachen, als ob er sich keine Sorgen um die feinen Interconnects macht, die in jeder Sekunde brechen könnten.

Anschalten. Einklinken ins DCSNet. Mechanisch führt er die gleichen Befehle aus, die er schon tausend Mal ausgeführt hat, auf der Straße, im Flugzeug, in der Wüste und – ich kenne ihn – im Bett neben Sabina. Für die Leute am Nachbartisch könnte es so aussehen, als würde die Maschine *ihn* bedienen, als wäre er eine Marionette von Skynet. Rastlos hackt er auf die Tasten ein, ohne auch nur eine Sekunde nachzudenken.

Auf einmal hört das Klickern auf. Was?

Was?

Nick starrt wie betäubt erst den Bildschirm, dann mich an. Sein Blick sagt: Überleg dir gut, ob du rüberschauen willst, Kee, denn wenn du es wirklich tust, wird nichts mehr so sein, wie es vorher war.

Stumm dreht er den Rechner rüber.

Die Zeile ist nicht schwer zu finden, sie fällt direkt ins Auge. Denn sie enthält ein Wort, das in unseren Köpfen längst gespeichert ist.

SUBSCRIBER: DATACORP.

Danksagung/Acknowledgements
The author wishes to thank the following individuals who provided assistance and invaluable advice on this project:

Prof. Dr.-Ing. habil. Jens Lienig, Institut für Feinwerktechnik und Elektronik, Technische Universität Dresden
Sellam Ismail, Vintagetech, Livermore/Kalifornien
René Classen
Patrick Gill, Bentstruments.com
Hans-Jürgen Rehm, IBM Deutschland, Stuttgart
Prof. Dr. Tim Weitzel, Department of Information Systems and Services, Universität Bamberg
Irina Gillies
Thomas Falk
Ulrike Floßdorf (Lektorat)